JOE HART E
MICHAEL CROM

ASSUMA O COMANDO

ENCONTRE SUA FORÇA INTERIOR,
CONSTRUA RELACIONAMENTOS DURADOUROS
E VIVA A VIDA QUE VOCÊ QUER

JOE HART E
MICHAEL CROM

ASSUMA O COMANDO

ENCONTRE SUA FORÇA INTERIOR, CONSTRUA RELACIONAMENTOS DURADOUROS E VIVA A VIDA QUE VOCÊ QUER

ACTUAL

Rio de Janeiro - 2025

Assuma o Comando

Actual é um selo da Editora Almedina do Grupo Editorial Alta Books (STARLIN ALTA EDITORA E CONSULTORIA LTDA).

ISBN: 978-65-83400-04-8

Translated from original Take Command. Copyright © 2023 by Dale Carnegie & Associates, Inc. ISBN 9781982190101. This translation is Published by arrangement with the original publisher by Simon & Schuster, LLC., the owner of all rights to publish and sell the same. PORTUGUESE language edition published by Almeidna Brarsil Ltda, Copyright © 2025 by STARLIN ALTA EDITORA E CONSULTORIA LTDA.

Impresso no Brasil — 1ª Edição, 2025 — Edição revisada conforme o Acordo Ortográfico da Língua Portuguesa de 2009.

Dados Internacionais de Catalogação na Publicação (CIP)
(BENITEZ Catalogação Ass. Editorial, MS, Brasil)

H325a
1.ed. Hart, Joe
Assuma o comando : encontre sua força interior, construa relacionamentos duradouros e viva a vida que você quer / Joe Hart, Michael Crom ; tradução Roger Trimer. - 1.ed. - Rio de Janeiro : Actual, 2025.
288 p.; 15,7 x 23 cm.

Título original: Take command.
ISBN 978-65-83400-04-8

1. Autoconhecimento - Aspectos psicológicos. 2. Carreira profissional - Desenvolvimento. 3. Inteligência emocional. 5. Mentalidade positiva. 6. Planejamento e controle. I. Crom, Michael. II. Trimer, Roger. III. Título.

03-2025/215 CDD 158

Índice para catálogo sistemático:
1. Autoconhecimento : Desenvolvimento : Psicologia 158
Aline Graziele Benitez - Bibliotecária - CRB-1/3129

Grupo Editorial Alta Books

Produção Editorial: Grupo Editorial Alta Books
Diretor Editorial: Anderson Vieira
Editor da Obra: Marco Pace
Vendas Governamentais: Cristiane Mutüs
Gerência Comercial: Claudio Lima

Produtora Editorial: Andreza Moraes
Tradução: Roger Trimer
Copidesque: Ludimila Gonçalves
Revisão: Merit Educacional
Diagramação: Merit Educacional
Capa: Beatriz Frohe

ALTA BOOKS
GRUPO EDITORIAL

Rua Viúva Cláudio, 291 — Bairro Industrial do Jacaré
CEP: 20.970-031 — Rio de Janeiro (RJ)
Tels.: (21) 3278-8069 / 3278-8419
www.altabooks.com.br — altabooks@altabooks.com.br
Ouvidoria: ouvidoria@altabooks.com.br

Editora **afiliada à:**
abdr
ASSOCIADO CBL Câmara Brasileira do Livro

SUMÁRIO

PREFÁCIO

Quem o impactou profundamente e o ajudou a despertar o melhor em você? Talvez seu pai ou sua mãe, um amigo ou colega de trabalho. Talvez tenha sido uma celebridade, um herói esportivo ou líder que o inspirou a realizar grandes coisas. Para meu coautor, Michael Crom, e para mim, uma das pessoas mais influentes em nossas vidas foi alguém que nunca conhecemos: Dale Carnegie, autor de *Como fazer amigos e influenciar pessoas* e *Como evitar preocupações e começar a viver* e criador do mundialmente famoso Dale Carnegie Course.

Lembro-me de meu pai falando sobre Dale quando eu era adolescente. Meu pai tinha um pequeno escritório perto de nossa cozinha, e ele me fez sentar um dia para o que parecia ser uma conversa séria. "Joey", ele disse, "viver significa crescimento pessoal e construção de relacionamentos sólidos. Este livro pode ajudá-lo assim como me ajudou". Ele me entregou uma cópia bastante desgastada de *Como fazer amigos*. Conforme folheava as páginas desgastadas, percebi que meu pai era um exemplo vivo dos princípios daquele livro. Para onde quer que fôssemos, meu pai cumprimentava as pessoas com um amplo sorriso e chamava-as pelo nome. Ele realmente se importava com as pessoas que encontrava.

Muitos anos depois, quando era um jovem advogado, decidi fazer um Dale Carnegie Course. Mal sabia eu como esse programa mudaria a direção da minha vida. Inspirado pelo que aprendi e cheio de confiança e visão renovadas, deixei a prática da advocacia, entrei no mundo dos negócios e depois comecei uma empresa de e-learning. A Dale Carnegie Training tornou-se meu primeiro cliente. Minha empresa e eu passamos anos desenvolvendo programas online para reforçar o que os participantes e formandos aprendiam em sala de aula. Ao construir e vender minha primeira empresa, sobrevivendo a desafios assustadores, e ajudando a iniciar uma segunda empresa, as ideias de Dale foram inestimáveis para mim. Seus princípios me ajudaram a ser um pai, marido, amigo e líder mais atencioso, carinhoso e solidário. Atribuo muito do que conquistei a Dale e sua sabedoria. Hoje, tenho o privilégio e a honra de atuar como presidente e CEO da empresa de Dale, a Dale Carnegie Training — uma empresa de treinamento pessoal e profissional com 200 operações em 86 países, que se esforça para ajudar pessoas e equipes a desbloquear sua grandeza e a atuar no seu mais alto potencial.

A história de Michael é um pouco diferente, já que ele é neto de Dale. Sua infância foi alegre, crescendo em uma família que não apenas vivia os princípios de Dale nos negócios, mas também os aplicava nos relacionamentos familiares. O pai de Michael, Ollie, ingressou na empresa de Dale quando jovem, trabalhando como treinador de campo, e acabou se tornando o CEO da organização.

"Eu admirava meu pai e sempre quis seguir seus passos, mas na época eu era terrivelmente introvertido. Eu era tímido, modesto e me sentia desconfortável perto de outras pessoas. Na adolescência, nunca me imaginei um treinador ou líder como meu pai tinha sido. Mas então fiz o Curso Dale Carnegie aos 15 anos, e tudo mudou. De repente, eu tinha novas ferramentas que me ajudavam a ser corajoso e confiante. Era como começar uma nova fase da minha vida." Michael ingressou na Dale Carnegie um ano após se formar na faculdade. Ele trabalhou como assistente de expedição, desenvolvedor de software, designer instrucional, até passar para cargos de vendas e gerenciamento nos Estados Unidos inteiros. "Eu adorava ajudar os clientes a desenvolver habilidades e ferramentas que mudavam suas vidas para melhor, assim como os programas tinham mudado a minha vida." Michael acabou por se tornar vice-presidente executivo e diretor de aprendizado da Dale Carnegie Training. Hoje, ele é ativo em sua igreja e comunidade, e serve em vários conselhos, incluindo o da Dale Carnegie. Embora seu papel mais importante seja como pai e marido, ele encontra grande significado e realização em ajudar os outros a realizarem seu potencial.

Quem foi Dale Carnegie?

Dale nasceu em uma fazenda no interior do Missouri, onde seus pais lutavam para sobreviver. Ano após ano, a família enfrentava infortúnios — enchentes que destruíam suas plantações, doenças que matavam seu gado e dívidas avassaladoras, que forçaram a família a vender a fazenda. Apesar desses desafios, a família de Dale era amorosa e unida. Seus pais, ansiosos para ajudar Dale e seu irmão, Clifton, a terem uma vida mais fácil, mudaram-se para que os meninos pudessem frequentar uma faculdade de pedagogia próxima. Foi lá que Dale descobriu sua paixão pela oratória ao participar de grupos de debates e similares. Por meio de muito trabalho, Dale fez seu nome. Depois da faculdade, decidiu tentar a sorte em vendas, sem sucesso no início, vendendo cursos por correspondência. Ele então passou a vender produtos de carne, em que se tornou o vendedor mais bem-sucedido do país. Em vez de ingressar na gerência, mudou-se para a cidade de Nova York para seguir seu sonho de se tornar ator. Sua carreira de ator não foi bem-sucedida, então ele experimentou vários empregos diferentes antes de encontrar seu verdadeiro propósito — o ensino.

Por meio do trabalho com seus alunos, Dale percebeu como nossos medos, dúvidas e preocupações podem nos atrasar na vida. Ele viu a oratória como uma chave para desbloquear o potencial das pessoas. Em 1912, ele criou o Dale Carnegie Course, originalmente para ajudar pessoas com medo de falar em público. Logo descobriu que falar em público também era uma maneira de ajudar as pessoas a desenvolverem suas habilidades de relacionamento, que eram um fator crítico para seu sucesso.

Dale escreveu *Como fazer amigos e influenciar pessoas* depois que um de seus alunos, um gerente de negócios da editora Simon & Schuster, o convenceu. Para grande surpresa e alegria de Dale, tornou-se um best-seller internacional quase instantâneo. Na verdade, foi um dos livros de não ficção mais vendidos do século XX, vendendo aproximadamente 60 milhões de cópias. Mais tarde, ele escreveu outro livro de grande sucesso, *Como evitar preocupações e começar a viver*. O sucesso desses livros e de seus programas permitiu a Dale começar a desenvolver a Dale Carnegie Training como uma organização global.

Os ensinamentos de Dale tornaram-se incrivelmente populares e, hoje, mais de 110 anos depois, milhões de pessoas ao redor do mundo participaram de um dos programas de Dale, o que as ajudou a alcançar vidas mais ricas e plenas.

Por que escrevemos *Assuma o comando*

Michael e eu devemos muito a Dale por tudo o que aprendemos com ele. Acreditamos que quando as pessoas colocam em prática seus ensinamentos, podem alcançar crescimento pessoal, fortalecer seus relacionamentos e criar a vida que desejam. Somos apaixonados por ajudar as pessoas a acessarem essa sabedoria. Sabemos que quando usamos esses princípios, melhoramos nossas vidas, nossas famílias, nosso trabalho e nossas comunidades.

Se você nunca encontrou Dale Carnegie antes, pode ter a impressão de que essas filosofias, e tudo o que ele representava, se relacionam apenas com negócios. Embora muitas pessoas venham a nós porque foram matriculadas por suas empresas, logo percebem que não se trata apenas de trabalho — que cada princípio se aplica ao resto de nossas vidas também.

Sabemos que muitas pessoas mais jovens não estão familiarizadas com Dale. Embora a sabedoria de Dale seja atemporal, os mais jovens podem não se identificar com suas histórias do início do século XX. Embora os princípios de Dale apliquem-se agora tanto quanto há cem anos, o mundo em que vivemos é muito diferente. As gerações mais jovens da era moderna enfrentam desafios singulares. Viver em um mundo cada vez mais tecnologicamente conectado e, ainda assim, socialmente desconectado, não é fácil, e alguns dos conceitos aparentemente básicos sobre como viver uma boa vida foram perdidos. Acreditamos que as gerações de hoje precisam mais do que nunca dessas filosofias para viver.

Com isso em mente, Michael e eu nos propusemos a escrever *Assuma o comando* para tornar essa sabedoria ainda mais acessível a uma geração mais jovem. Viver uma vida bem direcionada e guiada por princípios nos impactou poderosa e positivamente, e esperamos que seja assim com você também. Entrevistamos centenas de pessoas inspiradoras de todo o mundo, e estamos empolgados para compartilhar suas histórias. Michael entrevistou pessoalmente quase cem pessoas que alcançaram feitos impressionantes antes dos 30 anos. Trabalhamos duro para incluir histórias diversas de indivíduos de diferentes idades, origens e experiências. Essas pessoas podem inspirar todos nós a assumir o comando de nossas vidas e futuros.

Organizamos este livro em três partes. Pense nelas como três círculos concêntricos, com a Parte I como o círculo mais interno e a Parte III como o mais externo.

- **PARTE I: ASSUMINDO O COMANDO DE SEUS PENSAMENTOS E EMOÇÕES** — Vamos nos concentrar em como construir força interior através da compreensão de nossos pensamentos e emoções e desenvolver hábitos e práticas que nos ajudem a cultivar um mindset forte e otimista. Vamos falar sobre como lidar com o estresse, construir coragem e confiança, lidar com mudanças e superar arrependimentos.
- **PARTE II: ASSUMINDO O COMANDO DE SEUS RELACIONAMENTOS** — Aqui, vamos explorar nossas conexões com as pessoas de que gostamos ou com quem interagimos todos os dias — como estabelecer e restaurar a confiança, lidar com pessoas difíceis, manter relacionamentos fortes e ver do ponto de vista de outra pessoa.
- **PARTE III: ASSUMINDO O COMANDO DE SEU FUTURO** — Nessa seção, vamos falar sobre definir seus valores, perseguir seu propósito e criar uma perspectiva para sua vida. Vamos ouvir alguns dos jovens líderes mais incríveis e inspiradores do mundo todo sobre como eles perseguem seus sonhos e deixam um legado duradouro.

Este livro é um convite para você assumir o comando de seus pensamentos, emoções, relacionamentos e futuro. Se você simplesmente ler este livro e disser: "Foi interessante" ou "Gostei deste livro", mas não fizer nada, então falhamos. Este livro não se chama *Aprenda* ou *Estude*. O livro se chama *Assuma o comando*, encorajando você a fazer algo. Praticar as ideias neste livro não é apenas uma busca intelectual. Para fazer isso funcionar, primeiro você precisa entender e depois agir, experimentar coisas novas e estar disposto a aprender com quaisquer erros que cometa. Nosso objetivo é equipá-lo com estratégias poderosas e inspirá-lo a viver uma vida direcionada.

Pense em cada princípio como uma ferramenta. Usamos ferramentas para fins específicos — você usa um martelo para martelar um prego, uma serra para cortar uma tábua e uma chave de fenda para apertar um parafuso. Você pode combinar esses conceitos de uma maneira que funcione para você. Quanto mais usarmos cada princípio, mais entenderemos como ele funciona e ficaremos melhores em usá-lo.

Dale disse que o conhecimento não é poder. O conhecimento aplicado é poder. Você pode saber todas as coisas certas para fazer e, ainda assim, se não as fizer, não obterá os benefícios que as acompanham. A realização geralmente está fora de nossa zona de conforto, não aconchegada dentro dela.

Quando as pessoas estão em seus leitos de morte falando sobre o que fariam diferente, muitas dizem: "Eu teria assumido mais riscos", ou "Eu teria sido mais direcionado. Minha vida simplesmente passou por mim." Se você quiser aproveitar ao máximo este livro, você o lerá, relerá e aplicará repetidamente. As estratégias que delineamos exigem atenção e aplicação contínuas. Nossa convicção é que, se você se concentrar nos pensamentos certos, trabalhar com suas emoções, tornar-se mais destemido e resiliente, desenvolver relacionamentos mais fortes e significativos e tiver a coragem de perseguir suas paixões, então estará preparado para assumir o comando de seu futuro e de sua vida.

Assim como Dale, Michael e eu acreditamos na ideia de "grandeza inerente". Isso significa que não importa quem você seja, o que faça para viver, suas capacidades intelectuais, seu grupo socioeconômico ou qualquer outro fator que possa mencionar, você tem grandeza dentro de você. E, se você optar por desenvolver essa grandeza, não há como prever o que pode fazer, alcançar ou se tornar. Talvez, mais importante ainda, não há limite para a diferença que você pode fazer na vida de outras pessoas. A ideia de grandeza inerente é um pouco como a ponta de um iceberg — a ponta é apenas 10% do iceberg total. Há muito mais a ser descoberto sob a superfície. Conosco é igual quando desenvolvemos nossa crença em nós mesmos, aprendemos a tratar outras pessoas com dignidade e respeito e criamos uma visão para o que queremos alcançar na vida. Assumir o comando significa ver e desenvolver nossa grandeza inerente para que possamos viver a vida ao máximo. Desejamos isso para você no início de sua jornada.

PARTE I

ASSUMINDO O COMANDO DE SEUS PENSAMENTOS E EMOÇÕES

Começamos a assumir o comando de nossas vidas enfrentando nosso maior obstáculo potencial: nós mesmos. Com muita frequência, nós somos o problema. Duvidamos de nossas capacidades; permitimos que nos preocupemos desnecessariamente; evitamos riscos por medo; nos vemos como vítimas, em vez de pessoas que têm influência sobre seus próprios destinos. Todos esses pensamentos e emoções têm origem e existem em nossas mentes, assim como a capacidade de mudá-los. Mas como fazemos isso? Como formamos um mindset que nos fortaleça? Como aprendemos a gerenciar nossas emoções para que elas nos favoreçam em vez de nos sabotarem?

Nesta seção, começamos com nossos pensamentos e emoções — e como podemos controlá-los melhor. Embora isso possa parecer fácil, pode ser nosso maior desafio na vida. Sem a estrutura e as ferramentas corretas, podemos facilmente vagar de um pensamento ou emoção negativos para outro.

Embora a ciência moderna nos ajude a entender nossos padrões de pensamento e comportamentos emocionais, ainda não temos respostas claras. Teóricos evolucionistas, psicólogos renomados e filósofos têm opiniões diferentes sobre o que vem primeiro — pensamentos ou emoções — e como eles influenciam um ao outro. E para sermos honestos quando estamos no meio de uma discussão com um amigo e nossos pensamentos e emoções estão à solta, realmente importa em qual teoria acreditamos? Não. O que importa é aprendermos a trabalhar com nossos pensamentos e emoções e tomar decisões que nos movam em direção à vida que desejamos.

Começaremos a Parte I focando em nossos pensamentos, como eles nos afetam e como escolher os certos. Em seguida, vamos procurar rotinas que nos ajudem a construir um mindset forte. Depois, vamos nos voltar para nossas emoções e aprenderemos como processá-las para que não nos percamos nelas. Esses três primeiros capítulos formam o núcleo da Parte I. Se você for tirar apenas uma coisa dessa parte, esperamos que seja uma melhor compreensão do que está acontecendo em sua mente e em seu coração — e que você enfrente isso.

Em seguida, vamos abordar a construção da autoconfiança, que afeta a maneira como nos apresentamos ao mundo — e impacta como nos vemos e como vemos nossas habilidades. Depois, vamos falar sobre aceitar a mudança. A mudança é a única constante na vida, e a maioria de nós tem dificuldades para aceitá-la. Por fim, vamos explorar como superar arrependimentos, lidar com o estresse e construir resiliência e coragem.

Nossa vida interior — nossos pensamentos, emoções, mindset e reações — estão, em grande parte, sob nosso controle. Podemos escolher um pensamento em vez de outro. Podemos mudar de ideia. Podemos trabalhar com nossas emoções. Podemos construir um mindset que nos apoie. Podemos cultivar força e confiança e aprender a lidar com o inesperado e o indesejável com sabedoria e graça. Sua vida interior está sob seu comando.

1

ESCOLHA SEUS PENSAMENTOS

> Agora sei com uma convicção além de qualquer dúvida que o maior problema com que você e eu temos que lidar — na verdade, quase o único problema que temos que lidar — é escolher os pensamentos certos. Se pudermos fazer isso, estaremos no caminho certo para resolver todos os nossos problemas.
>
> Dale Carnegie

Março de 2020. A covid-19 estava se espalhando pelo mundo, causando doença, morte e isolamento. Eu estava em meu quinto ano como CEO da Dale Carnegie e assistia impotente enquanto nossos escritórios ao redor do mundo fechavam um por um. Todas as noites, eu acordava por volta das três da manhã e não conseguia mais dormir. Pensamentos sombrios e preocupações consumiam minha mente. Eu temia que a empresa de 107 anos que eu estava liderando pudesse falir sob minha liderança; eu me angustiava com o estresse de nossos milhares de colaboradores ao redor do mundo; eu me preocupava com minha mãe de 86 anos que morava sozinha, a centenas de quilômetros; doía-me pensar em amigos, familiares e em todas as pessoas que poderiam morrer. Dias se passaram sem que eu conseguisse dormir mais do que quatro horas. Foi um dos pontos mais baixos de minha vida.

Então, uma noite, quando acordei, tive uma ideia. Peguei *Como evitar preocupações e começar a viver* e comecei a folhear, procurando inspiração. Esse livro me ajudara a lidar com situações estressantes inúmeras vezes no passado. Por que não havia pensado nele antes? Virei para a página com a citação que abre este capítulo. Naquele momento, foi como se o próprio Dale estivesse em meu quarto, falando comigo pessoalmente. Era exatamente o que eu precisava ouvir.

Meus pensamentos haviam me derrotado por semanas, mas agora finalmente parei e comecei realmente a pensar sobre eles. Vi claramente como tinham sido pessimistas e feios. Por que eu tinha permitido que minha mente se preocupasse com coisas que talvez nunca acontecessem? Por que minha mente estava se voltando para os piores resultados possíveis? Por que eu estava permitindo que minha mente se afogasse nessa negatividade tóxica? Mesmo com tudo o que eu sabia, tinha permitido que o medo me mantivesse refém — e isso estava arruinando meu sono, minha saúde e minha vida.

Percebi como minhas emoções estavam entrelaçadas com meus pensamentos — eu pensava em coisas horríveis que poderiam acontecer, ficava doente de preocupação, e então a espiral descendente começava. Mesmo acreditando profundamente nos princípios de Dale sobre estresse e preocupação, eu os esqueci em meio à crise. Eu estava me concentrando em todos os resultados potencialmente terríveis e deixando meus pensamentos e emoções controlarem a situação.

Pensei comigo mesmo: "Quer saber, Joe? Seu problema não é com a covid-19. É com seus pensamentos. Escolha os pensamentos certos e você vai superar isso." Foi quando me ocorreu: "E se eu inverter isso? Em vez de me concentrar na pandemia e nas coisas que não posso controlar, por que não focar nas coisas que posso?" Daí me veio uma epifania: "Se toda ação tem uma reação oposta e igual, então, com uma grande crise, deve haver uma incrível oportunidade. Mas onde ela está?"

Antes da pandemia, já havíamos começado a transição do programa de treinamento global de nossa empresa de quase inteiramente presencial para online, o que não foi fácil, dado que tínhamos milhares de funcionários em 200 operações em mais de 80 países. E se pudéssemos acelerar essa transição? Como poderíamos dobrar ou triplicar nossos esforços para tornar essa iniciativa bem-sucedida? E como eu poderia apoiar melhor nossos clientes, líderes e funcionários da Dale Carnegie ao redor do mundo, que também estavam assustados com tudo o que estava acontecendo? Como eu poderia lhes dar força? Meu humor começou a mudar. Eu estava empolgado com a ideia de assumir o comando, fazer as coisas acontecerem, liderar nossa empresa através da crise e encontrar uma maneira de prosperar durante a pandemia. Lembrei-me do conselho de um sábio amigo. No início da minha carreira, hesitei por medo de que a economia prejudicasse a empresa para a qual eu iria. Meu amigo disse: "Lembre-se, Joe, é o mar agitado que faz o bom marinheiro, não o calmo. Você cresce e melhora nos tempos difíceis." Pensei: "Estes são tempos extraordinariamente difíceis; se eu responder bem, vou me tornar um líder mais forte. Quantas pessoas tiveram a oportunidade de liderar uma empresa de 107 anos através de uma crise como essa? Estou seguindo os passos de Dale. Eu devo a ele e a todos liderar com confiança, não covardia. O que Dale faria?" Nos meses seguintes, observei com admiração e gratidão como nos organizamos com coragem como uma empresa unificada e transformamos todo o nosso modelo de negócio de entrega presencial para online.

Também pensei no que poderia fazer para apoiar minha família e amigos. Sim, eu provavelmente fui bem chato com minha mãe durante nossas chamadas noturnas no FaceTime sobre se manter segura, mas ela gostou. Entrei em contato com amigos e colegas ao redor do mundo para ver como estavam, ouvi-los e lembrá-los de quanto eram importantes para mim. Dediquei ainda mais tempo a minha esposa e filhos, o que não foi difícil, já que estávamos trancados juntos na mesma casa 24 horas por dia, 7 dias por semana, mas fui mais consciente sobre nosso tempo juntos. Comecei a fazer mais exercícios, comer melhor, eliminar o açúcar refinado de minha dieta, tomar vitaminas e fazer tudo o que podia para ajudar a fortalecer meu sistema imunológico, caso eu contraísse a covid-19.

Aquela noite foi uma das mais cruciais da minha vida, e serei eternamente grato por ela. A citação de Dale me lembrou sobre a importância crítica de meus pensamentos. Eu tinha que prestar atenção e ser ativo em relação a eles. Precisava escolher pensamentos que me dessem força e me levassem à ação em vez de pensamentos destrutivos que me arrastassem para a escuridão e o desespero, levando-me à passividade. Percebi que se escolhesse os pensamentos certos, estaria no "caminho certo" para resolver todos os meus problemas. Se não conseguisse fazer isso, continuaria muito mal, mental e emocionalmente. Vi que tudo em nossas vidas — relacionamentos, carreiras, objetivos, saúde, realizações etc. — depende do primeiro passo de assumir o comando de nossos pensamentos. A boa notícia, e o propósito deste capítulo, é mostrar que se você fizer isso também poderá ter, em qualquer situação, muita paz, confiança e força interior. Agora, vamos falar sobre como fazer isso.

Preste atenção em seus pensamentos

Com que frequência você pensa sobre o que está pensando? Quero dizer, realmente pensar nos pensamentos em sua mente. A maioria de nós vai de uma coisa para outra, conversa para conversa, aula para aula, reunião para reunião, reagindo às coisas que nos acontecem. Lemos um e-mail que nos irrita; vemos uma postagem nas redes sociais que nos incomoda; encontramos algo online que nos faz rir; alguém nos prejudica e estamos prontos para brigar. Quando isso acontece, com que frequência paramos e dizemos: "Espere aí, estou realmente pensando nisso da maneira certa? Como estou vendo isso?"

Muitas vezes, nossa mente está no piloto automático. Podemos ouvir as palavras em nossas cabeças, "Eu não posso fazer isso", e aceitamos esse pensamento como um fato. Não paramos para examinar ou duvidar desse pensamento; apenas o aceitamos e continuamos. Nem mesmo tentamos. Ou talvez tenhamos uma opinião forte sobre uma pessoa. Percebemos que somos ameaçados, que alguém não gosta de nós ou nos julga porque nossos pensamentos nos dizem isso, e nem mesmo paramos por um momento para considerar se poderíamos estar vendo as coisas incorretamente.

Emma, uma amiga de longa data, passou recentemente pela minha casa para visitar nossa família. Ela estava me contando sobre como estava incomodada com uma colega, Julie, que viera recentemente para seu departamento e agia de maneira condescendente. "O que aconteceu, Emma? Por que você se sente assim?", eu perguntei.

"Eu cuido do trabalho criativo para todas as nossas campanhas de mídia social, e isso inclui desenvolver imagens e mensagens-chave para nossas postagens. Faço isso há anos, e sou boa nisso. Então, eu estava conversando com a Julie, e ela começou a fazer sugestões sobre como eu poderia deixar meu trabalho criativo melhor. Quem ela pensa que é? Eu sei como fazer meu trabalho!"

"Ela realmente criticou o seu trabalho ou disse que estava ruim?", eu perguntei.

"Não. Não foi isso. Ela apenas me fez perguntas. 'Você já considerou mudar essa cor de amarelo para azul claro? Ou tornar aquela imagem um pouco maior? Ou já tentou uma fonte diferente?' Esse tipo de perguntas", Emma disse.

"Ela estava sendo arrogante, ou tinha um tom crítico? Ficava revirando os olhos?"

"Não, nada disso", Emma respondeu rapidamente. "Mas eu pude perceber que ela não gostou do meu design e achou que poderia fazer melhor."

"Emma", eu disse, "é possível que Julie estivesse apenas tentando ajudá-la? Talvez ela estivesse tentando contribuir para tornar suas postagens em mídias sociais ainda melhores. O que sua mente está lhe dizendo sobre Julie?"

"Bom", disse Emma, "ela me diz que a Julie acha que eu não sei o que estou fazendo."

"Ok, você pode estar certa, mas como sabe o que está na mente dela? Lembro de muitas vezes em que tentei ajudar alguém no trabalho sugerindo maneiras de melhorar. Eu não estava tentando diminuí-los. Por que não presumir que Julie tem uma intenção positiva? Com base em tudo que você disse, acho que ela estava tentando ajudá-la."

Emma olhou para mim e disse "Tanto faz", e saiu abruptamente — tão irritada e convencida de que havia sido prejudicada quanto no começo da conversa. Algum tempo depois, após ter conversado com minha esposa, Katie, sobre a mesma coisa, Emma voltou e disse: "Sabe, estive pensando no que você disse, e é possível que eu esteja errada sobre ela. A Julie não parece uma pessoa ruim. Na verdade, ela até foi bastante simpática. Talvez tenha sido a maneira como ela falou que me incomodou, ou talvez ela tenha me pego em um mau momento. Para falar a verdade, eu não estava nos meus melhores dias quando conversamos, estava realmente irritada. Assim que pensei que Julie estava me criticando, fiquei tensa e na defensiva. Talvez eu devesse dar a ela o benefício da dúvida."

Atribuímos significado às coisas que acontecem em nossas vidas por meio de nossos pensamentos e, para o bem ou para o mal, esse significado afeta como pensamos, sentimos, agimos e reagimos. Todos conhecemos pessoas que são infelizes não importa o que aconteça com elas. Elas podem estar em um relacionamento saudável, mas se preocupam irracionalmente que seu parceiro irá deixá-las. Podem ser promovidas no trabalho, mas reclamam de toda a responsabilidade adicional. Também conhecemos pessoas que de algum modo permanecem imperturbáveis e alegres em uma situação horrível. Não importa o que a vida lhes reserve; elas têm uma perspectiva positiva. Por que é assim? Qual é a diferença entre esses dois tipos de pessoas? A diferença se resume a como pensamos.

Se tendemos a pensar negativamente, podemos nos sentir ameaçados ou sem esperança. Se tendemos a pensar de forma otimista, podemos enxergar oportunidades que outros não veem e ser mais confiantes em relação ao futuro. Seja qual for nosso pensamento, isso afeta tudo. O filósofo romano Marco Aurélio disse que "Nossa vida é o que nossos pensamentos fazem dela."[1] Para a maioria de nós, o desafio é que mal temos consciência de nossos pensamentos e da vida que eles criam. Sabemos que os pensamentos estão lá, mas será que pensamos em como nos limitamos ao ceder a preocupações sombrias, temerosas ou irracionais? Sabemos como nossos pensamentos podem nos levar a sentir raiva, frustração ou ressentimento? Temos que tomar o comando de nossos pensamentos, ou eles tomarão o comando de nós. Isso é a mais simples realidade. Mas como fazemos isso?

Tudo começa prestando atenção à maneira como pensamos. Eis um desafio: da próxima vez que você perceber uma emoção ou pensamento forte, anote-o e observe-o. Faça-se algumas perguntas:

- "Quais são os pensamentos que estou tendo e como os percebo?" Algumas pessoas ouvem uma voz interior, enquanto outras pensam em imagens e impressões. Note como seus pensamentos ocorrem a você naquele momento.
- "Como esses pensamentos me fazem sentir?"
- "Estou fazendo suposições aqui, colocando palavras na boca das pessoas ou tirando a situação do contexto?"
- "Esse é um pensamento útil? Se não, pelo que posso substituí-lo?"

Ralph Waldo Emerson teria dito: "Um homem é o que ele pensa o dia inteiro". Como poderíamos ser qualquer coisa diferente? As ideias que você absorve são como a comida que você come — como qualquer refeição, você tem que digeri-las. Cada filme que você assiste, livro que você lê e feed de mídia social que você rola influencia seus pensamentos.

Como e com quem você passa seu tempo vai impactar seus pensamentos, e é importante prestar atenção às influências em sua vida. Por um breve período, estudei comédia stand-up, e enquanto esperava minha vez, assistia a outros comediantes e ouvia suas rotinas. Algumas de suas piadas eram tão repulsivas que me deixavam nauseado — suas ideias me afetavam. Levava dias para eliminar aquele lixo da minha cabeça. Às vezes, precisamos olhar para nossas vidas e repensar as pessoas com quem convivemos e as coisas que fazemos, se elas influenciarem negativamente nossos pensamentos.

Ver nossos pensamentos honestamente, quer isso aconteça em um momento de insight repentino ou ao longo do tempo, ajuda a entender como eles moldam nossas vidas. Essa clareza nos ajuda a escolher pensar de maneira diferente, a adotar uma atitude diferente sobre os problemas que estamos enfrentando. Escolher os pensamentos certos pode ser difícil; para alguns de nós, pode ser o maior desafio que enfrentamos. Embora possa ser difícil no início, nossos hábitos de pensamento são a base para assumirmos o comando de nossas vidas. Quando podemos consistentemente evitar a negatividade e escolher pensamentos que nos sirvam, estamos no caminho para um mindset saudável que nos ajudará a ter sucesso.

Por que nos fixamos em pensamentos negativos

Infelizmente, estamos programados para pensar de forma negativa. Os primeiros humanos tinham um único objetivo: sobreviver. Se eles estivessem sempre atentos ao perigo, poderiam escapar de carnívoros famintos. Todos os dias eram uma luta por comida, então eles não podiam confiar em ninguém fora de suas tribos nômades. Prestar atenção ao perigo os ajudava a permanecer vivos por mais tempo e a transmitir seus genes. Em outras palavras, nosso instinto de fixar em pensamentos negativos é a maneira que nosso cérebro encontrou para nos manter seguros. Isso é chamado de viés de negatividade.[2]

Isso significa que tendemos a lembrar de eventos tristes ou traumáticos mais do que dos positivos. Insultos são gravados em nossas memórias, mas lutamos para lembrar de elogios. Naturalmente, antecipamos o pior em quase todas as situações. Quando o chefe nos chama, nossa primeira inclinação pode ser "Será que eu fiz algo errado?" Por impulso, liguei para um amigo com quem não falava há anos apenas para dizer olá, e sua primeira pergunta foi "Está tudo bem?" Ele pensou que eu poderia estar ligando para dar más notícias. Esse viés natural para o ruim afeta também nossa tomada de decisões.[3]

Muitas vezes, esses pensamentos começam com "Eu não consigo", "Eu não deveria" ou "Eu não poderia" e são seguidos por "porque" e uma razão autoderrotista. Vamos ver a seguir alguns exemplos de pensamentos limitantes. Ao lê-los, pergunte a si mesmo: "Algum desses se aplica a mim?"

- "Sou um fracasso a menos que faça tudo perfeitamente." Este é um exemplo de pensamento extremo — quando vemos as coisas como tudo ou nada, como se as únicas possibilidades fossem o sucesso ou a falha, ganhar ou perder, sem reconhecer que há muitas áreas cinzentas entre uma coisa e outra.

- "Não posso convidar aquela pessoa para sair. Ele(a) vai dizer não e rir de mim." Chamamos isso de focar em desastres iminentes. Quando acreditamos que o desastre espreita em cada esquina, um único evento indesejado ou uma crítica podem arruinar nossa semana.
- "Estraguei minha apresentação e provavelmente serei demitido." Quando amplificamos o negativo e nos concentramos mais em nossos erros do que nas áreas de bom desempenho, exageramos a realidade da situação. Outros exemplos: ser excessivamente severo consigo mesmo por tirar um B+ em uma prova quando está acostumado a tirar um A ou se punir porque disse "a coisa errada" em uma conversa com alguém de quem gosta.
- "Deveria ter feito mais e não fiz." Quando enfatizamos "deveria" e nos comparamos ao ideal, sempre ficamos aquém. Criticamos a nós mesmos por "falhar", mesmo que tenhamos razões legítimas para não completar nossa lista de tarefas — mesmo que essa lista fosse irrealista desde o início.
- "Sou um idiota, e é tudo culpa minha." Quando nos encaixotamos em um processo de pensamento não racional, nos tornamos infelizes. Não há nada objetivamente verdadeiro sobre a afirmação, mas podemos estar frustrados ou emocionalmente esgotados e por isso acreditamos nesses pensamentos negativos.
- "Não é minha culpa. Eu sou a vítima." Ao contrário dos pensamentos limitantes anteriores, em que nos culpamos por tudo, nesse caso não nos culpamos por nada. Sempre que algo dá errado, outra pessoa é a responsável. Essa crença — mesmo que verdadeira — pode nos desempoderar e nos fazer sentir impotentes. Não é como queremos ser.

Agora, Michael e eu não estamos dizendo que não enfrentamos tragédias e injustiças reais. Enfrentamos. Coisas muito ruins acontecem. E ninguém está dizendo que devemos usar viseiras e negar os desafios diante de nós. Não devemos. O que estamos dizendo é que mesmo nas piores situações, podemos decidir o que vamos pensar —

e essas decisões moldarão nossa ação ou inação. Se nos fixarmos por muito tempo nas tragédias que encontramos, talvez nunca avancemos; e se não avançarmos, podemos perder muito do que é maravilhoso na vida.

Aqui é onde entra o poder de escolha. Sim, podemos estar programados para pensar de certa maneira, mas isso não significa que não temos controle sobre nossos pensamentos. Quando praticamos prestar atenção nos nossos pensamentos, percebemos melhor como cada um nos afeta, determinamos se é útil naquela situação e seguimos com um pensamento mais encorajador.

Não muito tempo atrás, uma grande organização sem fins lucrativos pediu a Michael para dar uma palestra. Quando disse sim, ele se sentiu bem com isso. Mas, conforme o evento se aproximava, Michael se arrependeu: "Por que eu aceitei? Eu simplesmente não vejo isso dando certo. Nunca dei uma palestra sobre esse tópico para um grupo assim. E por que eles pediram para mim? Eles deveriam ter escolhido um palestrante melhor." Assim que Michael percebeu esses padrões de pensamento, ele se deteve e disse: "Espere um segundo. Eu dei centenas de palestras. A maioria foi muito bem. Essa organização me escolheu por um motivo. O que eu preciso fazer para mostrar a eles e a mim mesmo que tomaram a decisão certa?". Michael dedicou-se a se preparar. Ele pesquisou sobre o grupo e se comprometeu a estar duas vezes mais preparado do que normalmente estaria. Quando o mestre de cerimônias o apresentou para falar, Michael olhou para a plateia, sorriu e começou sua palestra com energia sincera e calorosa. Em certo momento, ele pôde ouvir sua voz interior dizendo: "Isso está indo maravilhosamente! Eu deveria fazer isso com mais frequência!" Ao pensar isso, ele sentiu uma energia renovada e uma ótima conexão com seu público. Naquele momento, ele soube que queria dar mais palestras. Os organizadores disseram a Michael que sua palestra foi uma das mais inspiradoras que já tiveram. Michael diz que nunca teria tido sucesso naquele dia se não tivesse desligado os pensamentos sabotadores e os substituído por pensamentos que o empoderaram.

Escolher os pensamentos corretos

Escolher pensamentos construtivos pode ser difícil, especialmente quando estamos enfrentando circunstâncias desesperadas. Mas superar pensamentos desanimadores pode ser tão simples quanto mudar nossa maneira de pensar — e podemos começar agora mesmo. Ao escolher pensamentos melhores, lembre-se destas três estratégias — mas incentivamos você a escolher apenas uma para trabalhar de cada vez:

- Utilize pensamentos negativos como um sistema de alerta antecipado.
- Reorganize seus pensamentos.
- Pratique afirmações.

Utilize pensamentos negativos como um sistema de alerta

Às vezes, pensamentos negativos podem ser úteis, como a luzinha do combustível no painel do seu carro. Não gostamos de ver essa luz acender, mas somos gratos porque ela nos avisa que, se não fizermos algo, teremos um problema ainda maior. Podemos usar pensamentos e emoções negativas da mesma maneira — assim que tomamos consciência deles, podemos parar e perguntar: "O que esse pensamento ou sentimento está me dizendo? O que preciso fazer agora para evitar que essa situação piore?"

Como CEO e cofundador da Pillar Technologies, Alex Schwarzkopf colocava uma pressão tremenda sobre si mesmo para ter um ótimo desempenho. Sua empresa desenvolvia tecnologia de gerenciamento de risco para empreiteiros utilizarem em canteiros de obras, e era um trabalho importante. Depois de meses trabalhando mais de sessenta horas por semana, respondendo e-mails até tarde da noite e trabalhando com sua equipe em correções de bugs, o caos começava a afetá-lo, e ele sabia que algo tinha que mudar.

Alex começou a prestar mais atenção ao que estava pensando e sentindo. Ele percebeu que frequentemente se envolvia em loops de pensamentos negativos: um focava em sua autoestima ("Eu simplesmente não sou bom nisso. Estou completamente perdido") e o outro reforçava seu severo autojulgamento ("Eu sou péssimo. Não consigo fazer nada certo"). Ele se comparava a outras pessoas que pareciam ter mais — sucesso, dinheiro, amigos —, mesmo que sua vida fosse objetivamente muito boa.

Após observar os loops de pensamento, ele percebeu: "Estou literalmente criando isso do nada. Aquelas histórias, aqueles pensamentos, estão me deixando ansioso, e eu sei que não são verdadeiros", disse ele. Como muitos de nós, Alex havia caído no hábito de acreditar que seus pensamentos negativos eram verdadeiros quando, na verdade, eram narrativas falsas que ele inventara sobre si mesmo e outras pessoas. É quando os pensamentos negativos são mais perigosos: quando damos muito crédito a eles. Eles afetam não apenas nossas decisões, mas também nosso humor. Quebrar o ciclo requer que paremos de viver essas histórias negativas e passemos a agir a partir de um lugar de empoderamento.

No caso de Alex, pensamentos autodestrutivos o deixaram deprimido. Ele teve esgotamento duas vezes antes de perceber que precisava de ajuda. "Eu sabia que não queria me sentir assim e que precisava fazer algo a respeito", disse Alex. Ele fez um retiro para reinicializar seu corpo e mente, e quando voltou, passou dezoito meses fazendo diferentes tipos de terapia para chegar à raiz de seus padrões de pensamento negativos. Com esse trabalho, ele adquiriu algumas ferramentas para ajudá-lo a reconhecer esses padrões daninhos.

Agora, assim que ele começa a se sentir ansioso, Alex trata isso como sirenes tocando e luzes vermelhas piscando. Uma manhã, Alex acordou se sentindo preocupado e para baixo. No passado, isso poderia ter arruinado todo o seu dia, mas como ele aprendeu a ver sua ansiedade como um sinal de alerta precoce, reuniu sua equipe. Em vez de ruminar o pensamento, Alex compartilhou o que sabia sobre o problema relacionado ao cliente que o estava incomodando e pediu ajuda para lidar com ele. Em minutos, o grupo o ajudou a desenvolver uma solução, o que imediatamente aliviou sua ansiedade. Quanto mais ele praticava notar seu viés de negatividade e agir, mais confiante ele se sentia de que poderia se livrar de um padrão de pensamento negativo. Assim como focar em pensamentos negativos pode criar uma espiral descendente, concentrar-se em pensamentos positivos pode criar um ciclo animador e autoafirmativo.

Da próxima vez que você perceber um pensamento negativo, considere-o um sinal de alerta. Primeiro, pare e desafie-se. Pergunte: "O que esse pensamento está me dizendo?" Então pergunte a si mesmo: "O que preciso fazer agora?" Decida qual ação você precisa tomar para aliviar o sinal de alerta.

Reestruture seus pensamentos

Outra maneira de escolher os pensamentos certos é retrabalhá-los — pegue o pensamento negativo e pergunte: "Como posso ver isso como algo que pode me ajudar?"

Artis Stevens era um jogador de futebol americano que era destaque no Ensino Médio e sonhava em jogar na Universidade da Geórgia. Ele treinou por anos e estava totalmente comprometido com esse objetivo. Ele foi recrutado, mas, infelizmente, sofreu uma devastadora lesão na perna. Os médicos lhe disseram que, com essa lesão, ele não seria capaz de jogar futebol americano no mesmo nível novamente.

"Quando ouvi isso", disse Artis, "foi como assistir meu sonho virar fumaça."

Artis entrou em depressão. Seus amigos, família e comunidade uniram-se e o ajudaram a perceber que, a longo prazo, ter sucesso no futebol americano não era tão importante quanto ter sucesso na escola. Eles questionaram sua visão de si mesmo e o incentivaram a olhar para sua situação de uma maneira nova. "O ponto de virada para mim foi mudar meus pensamentos e minha definição de sucesso. Eu me disse que o sucesso significava vencer no campo de futebol. Mas quando mudei o que sucesso significava para mim, que era estar mais alinhado com o meu propósito, percebi que todo o meu trabalho anterior não tinha sido em vão — eu poderia usar as mesmas habilidades que eu havia desenvolvido para o esporte para me desenvolver academicamente. Comecei a ver todo o meu trabalho árduo como prática para meu próximo desafio." Quando Artis entrou na Universidade da Geórgia com base em méritos acadêmicos e não em habilidades atléticas, foi uma confirmação de que ele havia adotado a abordagem correta. "Eu sempre soube que tinha que trabalhar incrivelmente duro para chegar onde estava, e a ideia de realizar meus sonhos ainda era realizar meus sonhos — era apenas realizá-los de uma maneira diferente."

Uma vez que Artis redefiniu como ele pensava sobre o sucesso, isso abriu possibilidades inteiramente novas. Ele não apenas se destacou na faculdade e se formou, mas também subiu rapidamente em sua carreira. Hoje, Artis é o presidente e CEO da Big Brothers Big Sisters of America, e ele está trazendo essa mesma visão para a organização. Desafiar e reformular suas definições de sucesso e fracasso podem ser uma maneira de assumir o controle e viver a vida que você realmente deseja.

Todos experimentaremos muitos momentos em nossas vidas em que teremos que reformular a maneira como pensamos sobre uma determinada situação. Nem sempre será sobre sucesso e fracasso — talvez tenhamos que repensar como vemos uma oportunidade ou como pensamos sobre um relacionamento. Reformular nossos pensamentos é uma habilidade que devemos praticar ao longo de nossas vidas. Então, como podemos reformular nossos pensamentos? Aqui estão algumas ideias:

• Primeiro, seja claro sobre o que você está pensando. No caso de Artis, ele acreditava que o sucesso na vida dependia do sucesso no futebol. Você não pode reformular seus pensamentos até saber o que são.

• Em segundo lugar, critique esse pensamento. Pergunte a si mesmo: "De que outra forma eu poderia ver isso?" Considere a alternativa. Se a crença de Artis era "Meu sucesso depende do futebol", ele poderia dizer: "Meu sucesso não depende do futebol" e adicionar a palavra "porque" no final. "Meu sucesso não depende do futebol porque..." e então pensar em algumas razões que poderiam seguir a declaração, como "Meu sucesso não depende do futebol porque minha vida é mais do que apenas um esporte. Tenho muitos outros talentos. Sou inteligente, trabalhador e obstinado. Posso contribuir com meus amigos e com minha família."

• Terceiro, faça uma coisa para apoiar essa declaração. Não precisa ser grande, mas faça algo — mesmo uma coisa pequena pode levar à próxima e criar um movimento. Usando o exemplo de Artis, ele poderia ter perguntado a um amigo ou membro da família sobre os talentos que viam nele; ele poderia ter pesquisado online sobre os requisitos acadêmicos para a Universidade da Geórgia; ele poderia simplesmente ter escrito a declaração acima para que pudesse olhar para ela. Novamente, não importa qual seja a ação, desde que o leve em uma direção nova e produtiva.

Reformular seus pensamentos pode ser como treinar um músculo — quanto mais você faz, mais forte se torna. Pratique essa técnica da próxima vez que perceber uma crença autolimitante ou um pensamento negativo, e você verá como reformular pode começar a mudar tudo.

Pratique afirmações

A maioria das pessoas está familiarizada com o termo afirmações — elas existem há muito tempo, e há uma razão para isso: elas funcionam. Colocado de maneira simples, uma afirmação é uma palavra ou frase que você diz repetidamente para reforçar uma crença que você deseja ter.[4] Isso condiciona a mente, assim como levantar pesos reforça os músculos. As afirmações são uma maneira de fortalecer os pensamentos que você deseja ter e refutar os pensamentos que o atrasam. Acreditamos que todos deveriam usá-las.

Ao escolher nossas afirmações, há algumas coisas importantes a lembrar. Primeiro, precisamos ter fé na afirmação que dizemos a nós mesmos. Se não acreditarmos que o que estamos dizendo é possível, as afirmações não funcionarão. Em segundo lugar, as afirmações devem ser escritas e faladas no tempo presente, como se o que quiséssemos já estivesse acontecendo. Em terceiro lugar, evite usar afirmações "negativas". Por exemplo, se estivéssemos inclinados a dizer: "Vou parar de sentir ansiedade", podemos optar por dizer: "Estou calmo e tranquilo." Por fim, use afirmações todos os dias para tirar o máximo proveito delas. Assim como devemos nos exercitar regularmente e comer bem a cada refeição para sermos saudáveis, também devemos ter uma prática diária que inclua nossas afirmações.

Aqui estão algumas sugestões de afirmações:

- "Sou forte e capaz de alcançar o que quero na vida."
- "Todos os dias, eu me aperfeiçoo e fico melhor."
- "Eu sou poderoso."
- "Tudo que eu preciso para ter sucesso já está dentro de mim."

Você até pode simplificar sua declaração em uma única palavra. Por muitos anos, Michael escolheu uma única palavra na qual se concentrou por um ano inteiro — palavras como entusiasmo, ação, alegria, disciplina. Podemos até criar afirmações para as pessoas que amamos.

Quando os filhos de Camille Chang Gilmore tinham quatro e cinco anos, ambos foram diagnosticados com transtorno do espectro autista. Quando ouviu o diagnóstico, Camille se sentiu tão devastada que entrou em seu closet, caiu de joelhos e chorou, pensando: "Por que eu?" Depois de se permitir um momento para lamentar, ela reconheceu seus pensamentos negativos e lembrou a si mesma de que isso não tinha a ver com ela. Tinha a ver com seus meninos, e era hora de começar a trabalhar.

Camille concentrou-se e tomou medidas para ajudar seus filhos. Encontrou o melhor atendimento médico que pôde receber e garantiu que os meninos tivessem bons tutores. Mas talvez o mais importante que Camille fez foi compartilhar uma afirmação com eles. Todos os dias, ela dizia: "Você é...", e eles respondiam: "Destinado à grandeza!" Os meninos gritaram isso com toda a força durante toda a sua infância.

Os filhos de Camille agora estão na casa dos 20 anos e ambos estão na universidade. Com o incentivo de sua mãe, o apoio dos tutores e acesso a alojamentos adequados, sua confiança e autoconfiança os levaram ao sucesso. Camille trabalhou duro para não deixar seus pensamentos negativos a dominarem e orientou seus filhos a serem positivos.

Se seu sonho é inspirar pessoas, então você pode dizer a si mesmo: "Eu inspiro outros a viverem suas melhores vidas". Use palavras ativas sempre que possível ao construir suas afirmações. As palavras devem ressoar em você.

Você tem afirmações escritas? Se não tiver, Michael e eu desafiamos você a parar de ler agora, definir uma afirmação que o encha de confiança, escrevê-la e começar a dizê-la pelo menos cinco vezes por dia, uma de manhã e à noite e pelo menos três outras vezes. Tento fazer isso todos os dias há anos. As afirmações são uma parte fundamental de assumir o comando, aumentar a confiança e se tornar resiliente.

ASSUMA O COMANDO

Prestar atenção em nossos pensamentos e aprender a trabalhar com eles é uma prática para toda a vida. Devemos ter o compromisso diário de estar atentos e escolher ativamente pensamentos que nos ajudem a construir a vida que desejamos. Se fizermos isso, como disse Dale, estaremos "no caminho certo para resolver todos os nossos problemas".

PRINCÍPIO

Escolha pensamentos fortalecedores.

COMO AGIR

- **PRESTE ATENÇÃO EM SEUS PENSAMENTOS.** Começando agora mesmo, reserve um tempo para perceber seus pensamentos. O que fica evidente quando você presta atenção? Seus pensamentos são prejudiciais ou favoráveis? Você tende a ver o pior em cada situação, ou procura o melhor? Que padrões você percebe?
- **PERCEBA SEUS PENSAMENTOS LIMITANTES.** Revise a lista acima e perceba os tipos de pensamentos negativos que você tem. Você faz disso uma ca-

tástrofe? Amplifica o negativo? Como você se sente quando entra nesses padrões de pensamento? O que aconteceria em sua vida se você mudasse esses pensamentos para algo que colaborasse com você?

- **PRATIQUE ESCOLHER OS PENSAMENTOS CERTOS.** Este é um desafio diário — não é uma solução que você tenta uma vez. Você deve praticar isso todos os dias para treinar o músculo. Quanto mais você praticar, mais forte ficará.
- **USE PENSAMENTOS NEGATIVOS COMO UM SISTEMA DE ALERTA ANTECIPADO.** Quando você perceber um pensamento negativo, pense no que ele pode indicar para você. Há algo em sua vida que está incomodando você?
- **REESTRUTURE SEUS PENSAMENTOS.** Escolha uma maneira diferente de ver a situação. Pergunte a si mesmo: "Como eu poderia ver isso de outra forma?"
- **PRATIQUE AFIRMAÇÕES.** Crie declarações inspiradoras que você possa usar para fortalecer os pensamentos que deseja ter.

2

CONDICIONE SUA MENTE PARA O SUCESSO

Se você não está no processo de se tornar a pessoa que deseja ser, automaticamente está se tornando a pessoa que não deseja ser.

Dale Carnegie

Na casa dos 30 anos, deparei-me com uma citação do lendário jogador de beisebol Mickey Mantle que me impulsionou à ação: "Se soubesse que viveria tanto, teria cuidado melhor de mim mesmo". Naquele momento, eu me vi décadas no futuro como uma pessoa mais velha e não saudável que lamentava suas escolhas anteriores sobre dieta e exercício. Nunca fui muito atlético, mas não podia usar isso como desculpa. Então comecei a correr para ficar em forma. Foi uma das coisas mais difíceis que já fiz.

No início, correr era terrível. Era um sacrifício percorrer mesmo alguns quilômetros, tinha que parar com frequência, e minhas pernas e pulmões doíam. Eu me sentia muito mal. Eu flertava com o pensamento extremo — uma voz muito clara e assertiva em minha mente continuava dizendo: "DESISTA! Você nunca vai conseguir fazer isso". Provavelmente teria ouvido esse pensamento negativo se não fosse por um bom amigo, Eric Eder, que me incentivou a superar esses momentos difíceis. Aliás, todos precisamos de bons amigos para nos manter no caminho às vezes.

Lembro-me de como fiquei emocionado em correr dez quilômetros pela primeira vez, depois 15, depois 20. O que parecia impossível começou a se tornar realidade. Foi então que Eric sugeriu que corrêssemos a Maratona Scotiabank de Toronto. Enquanto isso seria impensável no início, agora que eu podia correr 20 quilômetros, pensei, "O que são mais 22?" (em retrospecto, uma ideia não tão brilhante...).

Para correr uma maratona, eu sabia que precisava de mais do que apenas persistência e disposição para ignorar meus pensamentos negativos e desconforto. Eu precisava de um plano e de uma rotina. Contratei um treinador que disse que treinar para uma maratona era diferente de sair para correr. Eu teria que me condicionar de maneiras muito específicas. Isso envolvia doze semanas de treinamento regrado (correr seis dias por semana, incluindo trabalho intenso de velocidade em uma pista, corridas semanais rápidas e consistentes, corridas longas semanais e três corridas de ritmo fácil), juntamente com nutrição adequada, descanso e hidratação. Meu treinador disse: "Não vou mentir para você. Isso vai exigir consistência — mensalmente, semanalmente, diariamente, a cada hora —, mas se você seguir o plano, ficará bem." Eu fiz isso. Segui religiosamente o plano do meu treinador e corri minha primeira maratona em pouco menos de três horas e meia. Mal conseguia andar, mas não me importava. Foi emocionante.

Assim como correr uma maratona requer treinamento consistente ao longo do tempo, também precisamos condicionar nossas mentes para o sucesso. Precisamos de um plano e precisamos segui-lo. Embora seja ótimo reformular nossos pensamentos ou praticar afirmações uma ou duas vezes, queremos chegar a um ponto em que isso se torne habitual e automático — um ponto onde possamos enfrentar o que quer que aconteça em nossas vidas instintivamente com confiança, coragem e resiliência. Em outras palavras, queremos desenvolver mindsets que funcionem para nós, algo que discutiremos mais adiante neste capítulo. Uma maneira poderosa de fazer isso é construir rotinas que nos ajudem a sermos o melhor possível todos os dias.

Use rotinas para condicionar sua mente para o sucesso

Uma rotina, como definimos, é uma série de práticas orientadas para o crescimento que levam ao desenvolvimento de um mindset saudável. Rotinas não são apenas "desejáveis" na vida, elas são "necessárias". Ter algum tipo de estrutura para o seu dia reduz o número de decisões que você precisa tomar, o que diminui o estresse, aumenta o foco e lhe dá uma sensação geral de paz e estabilidade. Os seres humanos têm praticado rotinas por centenas de anos — Benjamin Franklin, Maya Angelou, T. S. Eliot, Mozart, Jane Austen e Pablo Picasso todos tinham rotinas. Ben Franklin costumava acordar por volta das 4 ou 5 da manhã, tomar banho e tomar café da manhã. Ele se preparava para o dia, perguntando a si mesmo: "Que bem eu farei hoje?" e então começava seu trabalho às 8h. Ao meio-dia, ele parava para o almoço e lia enquanto comia (o que durava duas horas). Depois do almoço, ele retomava seu trabalho até as 18h. A partir daí ele descansava e relaxava, e nesse tempo ele poderia desfrutar de um "banho de ar" frio — sentado nu em frente a uma janela aberta até as 21h ou 22h, quando se deitava para dormir. Antes de dormir, ele revisitava a pergunta daquela manhã e respondia: "Que bem eu fiz hoje?"[1]

Um exemplo mais contemporâneo é o autor de best-sellers internacionais Haruki Murakami. Ele acorda às 4 da manhã e escreve por cinco a seis horas. Depois ele corre ou nada (ou ambos), lê e ouve música. Ele vai para a cama às 21h. Murakami disse: "Eu mantenho essa rotina todos os dias sem variação. A repetição em si se torna o mais importante; é uma forma de hipnose. Eu me hipnotizo para alcançar um estado de espírito mais profundo."[2] As rotinas serão diferentes ao longo das gerações e continentes, mas a motivação principal é a mesma: preparar-nos para o sucesso na mente, no corpo e no espírito.

As rotinas impulsionam nossa saúde mental, ajudando-nos a gerenciar a ansiedade e o estresse. Parte disso vem do foco nas coisas que podemos controlar. As rotinas dão estrutura e previsibilidade ao dia ou semana, especialmente durante momentos de grande estresse. Elas também dão uma sensação de realização quando as completamos. Psicólogos esportivos observam que rituais pré-jogo levam a melhor desempenho e menos ansiedade.[3]

Se não dedicarmos tempo para projetar uma rotina que nos ajude a condicionar nossas mentes, nosso dia e nossos pensamentos serão ditados por eventos e circunstâncias. Como a estrutura de nossa casa, nossas rotinas são a base sobre a qual se estrutura o resto de nosso dia.

Vida sem uma rotina

Se você conhecesse o Michael hoje, diria que é a pessoa mais gentil que já encontrou. Mas quando ele fala sobre como ele era nos seus vinte e poucos anos, ele admite que estava constantemente tentando provar a si mesmo e tinha um temperamento difícil quando pressionado. Ele trabalhava muito — talvez um pouco demais — e ainda não entendia o valor do descanso (o que discutiremos no Capítulo 7, "Lidar com o estresse"). Ele estava determinado a ganhar fama. Nenhum problema nisso, exceto que o levou a uma vida desequilibrada. Seu grupo de amigos não era a melhor influência, e ele não tinha uma rotina — corria de compromisso em compromisso e trabalhava em longas e estressantes jornadas. Ele não tinha tempo reservado em seu dia para refletir ou lidar com suas emoções, que dirá pensar sobre o tipo de vida que queria construir. "A falta de rotina significava que eu não tinha espaço para avaliar meu mindset. Não tinha tempo nem para preparar nem para revisar meu dia", disse Michael. Como resultado, muitas vezes ele se sentia encurralado e emocionalmente reativo.

Em certo ponto, Michael gerenciava uma equipe regional da Dale Carnegie, e um dos maiores vendedores do mundo trabalhava para ele — "Fred" era o número dois da empresa em vendas pessoais. Com um currículo como esse, Michael convenceu a si mesmo de que precisava do Fred, e o Fred percebeu isso. Ele começou a dar ordens para Michael — e até tirou férias de duas semanas no Caribe com um dia de antecedência. "Se ele não estivesse produzindo 80 por cento do meu negócio, e se eu não fosse um garoto de 25 anos nervoso e inseguro, eu o teria demitido", disse Michael. Mas Michael estava ocupado tentando provar seu valor, tinha pouca confiança e simplesmente reagia à vida o melhor que podia. Um dia, as coisas chegaram ao ponto crítico quando Fred invadiu seu escritório, gritando com Michael por perder uma grande venda. Michael estava tão perto de lhe dar um soco que disse a Fred para sair de seu escritório e não voltar com essa atitude.

Essa experiência trouxe um insight para Michael. Ele disse: "Como um jovem de 25 anos, eu não estava preparado — mental ou emocionalmente — para aquele cara. Percebi que precisava fazer algo para me aperfeiçoar, ou teria dificuldade com o próximo Fred. Eu sabia que não cresceria em minha carreira se não me tornasse mais confiante e capaz de lidar melhor com as pessoas." Michael avaliou do que precisava: espaço para pensar e planejar seu dia e tomar decisões sobre como trabalhar com as pessoas ao seu redor. Ele começou uma prática diária de reservar tempo para refletir sobre o que estava indo bem e o que precisava ser melhorado, e pensar sobre como poderia se tornar um líder melhor. Ele também adotou a prática de escrever uma declaração de missão para si mesmo (o que discutiremos na Parte III). Em sua declaração de missão, ele descreveu detalhadamente o tipo de pessoa que queria ser: ele queria usar seus dons e talentos para fazer uma diferença significativa na vida das pessoas. A declaração de Michael também afirmava que ele estava no controle de seus pensamentos e emoções para que pudesse ser um líder positivo em sua organização. "Eu carregava essa declaração comigo o tempo todo, e a olhava todos os dias. Essa declaração tornou-se uma parte crítica de minha nova rotina diária, que incluía afirmações positivas e reservar tempo para refletir e planejar antes do trabalho. Essa nova rotina me ajudou muito e continuou me ajudando por décadas. Eu me tornei a pessoa que descrevi em minha declaração de missão — e me tornei muito melhor em lidar com pessoas e situações difíceis."

Construa uma rotina

Por muito tempo, Jéssika Santiago sabia que deveria fazer escolhas mais saudáveis, mas a vida sempre atrapalhava. Ela queria se exercitar mais, mas nunca tinha energia, pois priorizava o trabalho acima de tudo. Queria comer alimentos mais saudáveis, mas não tinha tempo para cozinhar. Embora estivesse estressada o suficiente para perceber que seu corpo não se sentia bem, não conseguia mudar — até que sua saúde realmente começou a sofrer.

O médico de Jéssika foi direto: "Você tem uma infecção para a qual não há medicamento. A única maneira de curar isso é vivendo uma vida mais saudável e equilibrada." Além disso, Jéssika descobriu que estava pré-diabética por causa da maneira como estava se alimentando. Isso foi um grande alerta de que algo precisava mudar.

Jéssika sabia que não conseguiria fazer isso sozinha, então pediu ajuda a um amigo. A primeira coisa que fizeram foi sentar e criar um plano para melhorar sua alimentação. "Conversamos sobre as coisas que eu gostava de comer e decidimos que não faríamos mudanças radicais nem cortaríamos as coisas de que gosto, mas trabalharíamos para incluir uma coisa saudável de cada vez", disse ela. Ela começou criando uma rotina matinal que facilitava comer uma refeição saudável assim que acordava. Ela ajustou o despertador para a mesma hora todos os dias, criando um ritmo natural de sono. Depois de algumas semanas adaptando-se a essa rotina, ela incorporou o exercício, saindo para uma caminhada imediatamente após comer.

O benefício de ter uma rotina matinal ficou evidente em menos de duas semanas. "Quando acordava, não precisava pensar a que hora começar meu dia, e como não estava mais tão cansada, parei de apertar o botão de soneca repetidamente", disse Jéssika. A rotina significava que tudo já estava decidido, o que acalmava sua mente. Com a rotina, ela não perdia tempo ou energia tentando "descobrir" como seria sua manhã porque ela já sabia — e sua rotina apoiava seu objetivo, e novo valor, de uma vida saudável. "Aquelas pequenas decisões que tirei de minha mente fizeram uma enorme diferença. Eu não tinha ideia de quanto tempo, espaço mental e energia essas decisões ocupavam", ela disse.

Jéssika sentiu-se completamente diferente depois de incorporar essa rotina. Era como flexionar e fortalecer um músculo novo, o que a ajudou a criar confiança e acreditar que ela poderia fazer isso. "Não era apenas o que eu estava fazendo — comer de maneira saudável e me exercitar. A parte mais importante era a confiança que eu senti. Eu vinha dizendo a mim mesma que precisava me exercitar nos últimos três ou quatro anos, e nunca tinha conseguido", ela disse. "Isso me ajudou a construir um mindset melhor porque comecei a acreditar que poderia fazer coisas difíceis. Quando enfrentava outros desafios na vida, eu pensava, 'Ah, eu consigo. Eu posso fazer isso. Se der um passo de cada vez, sou capaz de crescer e mudar.'"

Uma das coisas mais importantes que ensinamos em nosso Dale Carnegie Course é a importância de viver uma vida direcionada. Vamos tratar dessa ideia em detalhes na Parte III, mas queremos destacar agora que criar e seguir rotinas saudáveis são partes críticas de viver uma vida direcionada. A diferença entre ter ou não ter uma rotina pode realmente ser como a diferença entre um barco que tem ou não tem um leme. O autocuidado que inclui nossa mente e corpo aumenta nossa energia, mantém nossa atitude positiva e nos ajuda a gerenciar o estresse. Tirar um tempo para refletir e planejar o dia ajuda-nos a nos tornar as pessoas que queremos ser.

Criar um mindset de crescimento

Michael e Jéssika usaram rotinas não apenas para melhorar suas vidas, mas para criar um novo mindset — que os ajudou a se tornarem mais confiantes, resilientes e capazes de lidar de forma mais eficaz com os outros. Quando enfrentavam situações desafiadoras, suas reações não eram apenas positivas, eram automáticas. A psicóloga e pesquisadora da Universidade de Stanford, Carol Dweck, escreveu sobre isso em seu inovador livro *Mindset*. Quer estejamos conscientes disso ou não, todos temos uma certa maneira de ver o mundo. Dweck escreveu que pessoas com um mindset "fixo" acreditam que habilidades, inteligência e personalidade são fixas e não podem ser mudadas. Essa é a visão de que ou você nasce com habilidade, talento ou inteligência... ou não. Em contraste, aqueles que acreditam que nossas vidas e habilidades são flexíveis e podem ser moldadas pelo aprendizado e pelo trabalho duro têm um mindset de "crescimento".[4]

Normalmente, não temos um mindset universal. Você pode ter um mindset de crescimento em seu trabalho, mas também achar que nunca será bom em falar com as pessoas. Nesse caso, você teria um mindset de crescimento em relação ao seu trabalho e um mindset fixo quanto a suas habilidades sociais. Seja qual for seu mindset, ele tem um efeito profundo em sua vida. Pesquisas mostram que aqueles que têm um mindset de crescimento têm mais motivação e sucesso. Eles também tendem a ter níveis mais baixos de ansiedade, depressão e esgotamento.[5]

Formar uma abordagem de mindset de crescimento para a vida é fundamental para assumirmos o comando — e é uma das razões pelas quais ter a rotina certa é tão importante. Ter uma rotina que nos dê tempo e espaço para pensar e refletir sobre nossos pensamentos, emoções e experiências nos ajuda a escolher nosso curso de ação. Ao pensar e construir sua rotina, preste atenção nos pensamentos que podem dizer se você pode ou não fazer algo. Cultivar um mindset de crescimento é possível e começa quando prestamos atenção na maneira como nossos pensamentos nos afetam.

Inicie uma rotina que leve a um mindset de crescimento

O objetivo de construir uma rotina é se tornar a pessoa que você quer ser — uma pessoa mais saudável, um pai paciente, um professor compassivo, um escritor prolífico ou alguém que chega no horário —, o que quer que seja importante para você. Sua rotina precisa adequar-se à sua vida e necessidades, então dedique tempo para descobrir quais rotinas vão preparar você para o sucesso.

Desenvolvi minha rotina aos poucos. Na maioria das noites, vou para a cama por volta das 23h e acordo às 6h. Normalmente, estou mais alerta, energizado e criativo pela manhã, então faço dos primeiros 45 a 60 minutos a base do meu dia. Evito olhar para meu celular, que já me atrapalhou muito no passado. Concluí que esse é meu tempo focado; e-mails, mensagens de texto e outras podem esperar. Faço uma xícara de chá verde quente (embora em algumas manhãs uma bebida mais cafeinada possa ser necessária) e vou para uma pequena sala ao lado do quarto onde tenho uma escrivaninha.

Eu medito, reflito, oro, planejo e escrevo. Penso sobre o dia anterior e me pergunto: "O que aconteceu ontem pelo qual sou grato? O que deu certo? Onde fui eficaz?" Depois, passo para a melhoria: "O que não correu tão bem quanto eu gostaria? Eu disse ou fiz algo que preciso corrigir hoje? Se sim, quando vou fazer isso?" Por exemplo, se eu olhar para minhas interações e decidir que fui rude ou pouco atencioso com alguém, vou conversar com essa pessoa e fazer as pazes. Em seguida, reviso minha visão e metas pessoais e penso sobre o dia que está por vir: "Quais são as coisas críticas que devo fazer hoje? Quando farei isso? Como posso me preparar para o sucesso hoje?" No final de meu tempo, escrevo em um diário quaisquer insights significativos que eu tenha tido. Essa rotina me dá tempo e espaço para pensar sobre meus pensamentos e ações e para planejar enquanto estou no meu melhor. Não aconteceu sozinha — no começo, era difícil me levantar e eu estava um pouco disperso. Ao longo do tempo, contudo, tornou-se automática.

Uma rotina diária não é apenas uma configuração ou um fim para o dia. Serve como o portal para uma maneira diferente de pensar. Quando termino minha rotina matinal, sinto-me revigorado, focado e capaz de escolher a direção do meu dia.

Manter uma rotina é um hábito que você tem que construir. Para progredir, não só devemos evitar maus hábitos, mas também escolher conscientemente construir hábitos que afetam positivamente nossa força mental e clareza. O escritor e pesquisador James Clear, autor de *Hábitos atômicos*, passou mais de uma década pesquisando e escrevendo sobre como formar hábitos positivos. Clear diz que devemos pensar sobre o seguinte ao construir novos hábitos:

- **COMECE COM UM HÁBITO MUITO PEQUENO.** Temos mais chances de falhar se formos direto para o mais difícil. Por exemplo, nosso objetivo não deve ser "Terei apenas pensamentos positivos". Esse será um objetivo muito ambicioso para começar e, quando inevitavelmente enfrentarmos dificuldades, nos deixará desencorajados. Em vez disso, comece com um hábito fácil, algo como "Vou dizer uma afirmação positiva todos os dias".

- **AUMENTE SEU HÁBITO POUCO A POUCO.** Aumentos de um por cento acumulam-se rapidamente. Construa seu novo hábito pouco a pouco a cada dia. Por exemplo, depois de adquirir o hábito de dizer sua afirmação, adicione a prática de se olhar no espelho enquanto a diz. Na próxima semana, medite sobre a afirmação por 30 segundos. Construir um hábito pouco a pouco ajuda a manter o objetivo alcançável e viável.
- **DIVIDA OS HÁBITOS EM PEDACINHOS.** Digamos que você queira construir o hábito de meditar para pensar com mais clareza e escolher melhores pensamentos. Se dividir o hábito em dois pedaços, digamos, dez minutos de manhã e dez minutos à noite, o compromisso de tempo não parecerá tão pesado.
- **QUANDO SAIR DO HÁBITO,** volte a ele o mais rápido possível. Todos saem do caminho, mesmo os melhores. A pesquisa mostra que fugir de seus hábitos diários uma vez não vai atrapalhar seu progresso a longo prazo. O problema surge quando temos um mindset de tudo ou nada sobre nossos hábitos. Se você perder um dia e pensar: "Bem, quebrei minha sequência, e tudo isso foi para nada", você agrava o problema. Aceite que você vai sair do caminho ocasionalmente, e está tudo bem. A consistência geral é mais importante que a perfeição, então volte ao caminho no dia seguinte.[6]

Ao longo do tempo, minha rotina mudou conforme minha vida mudou, mas o fato de eu fazê-la todos os dias não mudou nada. Hoje, posso olhar para o meu dia de anos ou décadas atrás e ver a mudança que veio do uso de uma rotina orientada para o crescimento para construir um mindset saudável. O tempo que dediquei a isso me dá uma perspectiva valiosa. Isso me ajudou a tornar-me mentalmente mais forte, mais confiante e reflexivo, e, espero, uma pessoa mais gentil. A rotina que funciona para mim pode não funcionar para você. Todos temos necessidades diferentes. Marie Kondo, autora de *A mágica da arrumação*, acorda às 6h30 todas as manhãs, abre as janelas para receber o ar fresco e queima incenso para purificar sua casa. Ela gosta de tomar uma bebida quente e depois tomar um café da manhã simples com seu marido e filha. Eles vão orar juntos, agradecer e visualizar seu dia ideal. Marie gosta de arrumar sua casa antes de sair para o trabalho e antes de ir dormir à noite. Enquanto algumas rotinas mostram uma disciplina e dedicação incríveis, nem todos têm o luxo do tempo. Talvez você tenha exatamente 20 minutos para si mesmo todos os dias, das 17h às 17h20. Você pode usar esse tempo de uma maneira que o ajude a refletir sobre o dia anterior ou se preparar para o próximo. Talvez você escreva em um diário ou medite, exercite-se ou alongue-se, ou apenas fique em silêncio e não pense em nada.

Pense na rotina que você tem agora. Você decide conscientemente sobre as atividades que faz todos os dias, ou elas apenas acontecem? Sua rotina é moldada por você ou pelas necessidades de outras pessoas? Todos nós temos famílias e obrigações, mas queremos desafiá-lo a encontrar uma maneira de reservar um tempo para si mesmo todas as manhãs (ou à noite, se isso funcionar melhor) para se envolver em práticas que ajudem você a construir um mindset construtivo.

Leva tempo e esforço criar o tipo de mindset que permite que você alcance o que deseja na vida. Você terá que decidir o que funciona melhor para você ao longo do tempo, mas queremos que você se desafie — todos os dias — com este conjunto de perguntas:

- O que está indo bem em sua vida? Pelo que você é grato? Isso o ajuda a se concentrar primeiro nas coisas de sua vida que trazem alegria, que o deixam feliz.
- O que não está indo bem? Quais partes de sua vida você gostaria de mudar? Você pode até classificar essas coisas para descobrir por onde começar. As coisas que você relacionar devem ser pontos específicos que você pode melhorar. Por exemplo, em vez de dizer: "Meu relacionamento com minha mãe está ruim", você pode dizer: "Meu relacionamento com minha mãe poderia se beneficiar se passássemos mais tempo juntos".
- Em que você precisa acreditar para poder melhorar a área que é mais importante para você? Digamos que você está preocupado com o seu relacionamento com sua mãe. Pode ser que a crença subjacente por trás dessa preocupação seja que você não será capaz de melhorá-lo. Mas para poder fazer qualquer tipo de melhoria em uma área como essa, você precisa acreditar que pode ter um relacionamento próximo e conectado com sua mãe.

• O que você precisa fazer para se lembrar do novo mindset? Aqui é onde você pode usar afirmações ou tomar medidas específicas — como marcar uma visita semanal a sua mãe — para resolver o problema.

Você pode incorporar outras práticas construtivas em sua rotina que o ajudarão a melhorar seu mindset, como *mindfulness*, meditação, exercícios respiratórios, oração, escrita em diário ou visualização. O exercício também é uma ótima adição à rotina. A ideia é fazer isso funcionar para você. Quaisquer práticas que você escolha devem ajudá-lo a se tornar a pessoa que você deseja ser. Talvez você queira ser mais empático, proativo, ético, responsável, generoso, honesto, calmo, confiante ou disponível. Escolha uma prática que o guie em direção a esse objetivo.

Um aviso sobre rotinas: seja realista

Lembre-se, criamos rotinas para nos servir, não para servirmos a elas. É muito provável que você não seja perfeito, e pode acabar saindo do rumo, mas isso não significa que você deva se sentir culpado ou mal consigo mesmo. Enquanto tenta criar ou manter uma rotina, você pode estar viajando ou de férias; pode precisar cuidar de uma criança doente no meio da noite, ou você mesmo pode estar doente; você pode sair com amigos até tarde da noite, ter que trabalhar até tarde ou enfrentar qualquer número de situações que podem atrapalhar sua rotina planejada. Isso é vida. O que você não quer é se culpar por sair do caminho por um motivo legítimo. Dê a si mesmo uma folga e retome sua rotina assim que puder. Continue tentando até ter sucesso, e não desista. Por outro lado, se você pular sua rotina porque está sendo preguiçoso ou inventando desculpas fracas, então ignore tudo o que acabamos de dizer. É hora, então, de se esforçar, assumir o comando e fazer sua rotina acontecer.

ASSUMA O COMANDO

Não se trata apenas da rotina em si, mas de como a rotina nos prepara para alcançar nossos objetivos e nos tornar as pessoas que queremos ser. Quando decidimos conscientemente como vamos começar, terminar ou viver nosso dia, e incorporamos práticas que cultivam um mindset forte, condicionamos nossas mentes para o sucesso. Fazer isso é fundamental para viver a vida que queremos.

PRINCÍPIO

Use hábitos de apoio para desenvolver seu mindset.

COMO AGIR

- **CONSTRUA UMA ROTINA.** Pense em como você começa seu dia. O que você pratica agora que já o ajuda? Você medita, escreve em um diário, planeja, ora, lê ou faz exercícios? Como você pode ampliar esses hábitos úteis? Se perceber que não tem práticas úteis, o que pode incorporar em sua manhã para apoiá-lo ao longo do dia?

- **FAÇA UM PLANO PARA ADICIONAR PRÁTICAS DE APOIO AO SEU DIA.**

  - Comece com um hábito pequeno.

  - Aumente-o pouco a pouco.

  - Divida o hábito em partes.

- Se sair do hábito, retorne rapidamente e não se culpe por isso.

- **USE ESTA ROTINA PARA CONSTRUIR UM MINDSET DE CRESCIMENTO.** Pegue papel e caneta ou use seu aplicativo de escrita favorito. Pergunte a si mesmo:

  - O que está indo bem em sua vida? Pelo que você é grato?

  - O que não está indo bem? Que partes de sua vida você gostaria de mudar?

  - Em que você precisa acreditar para poder melhorar a área mais importante para você?

  - O que você precisa fazer para lembrar-se de seu novo mindset?

- **PRESTE ATENÇÃO A SEU MINDSET.** Conforme você pratica sua rotina, observe como ela afeta seu mindset. Como você se sente depois? Como se sente quando a ignora? Como precisa ajustar sua rotina para alcançar o mindset que deseja?

3

TRABALHE COM SUAS EMOÇÕES

Ao lidar com pessoas, lembremos que não estamos lidando com criaturas da lógica. Estamos lidando com criaturas da emoção.

Dale Carnegie

Deborah Ann Mack vinha construindo seu negócio de lavanderia a seco há quase uma década. Ela começou com um serviço de coleta e entrega em 2004, fazendo marketing literalmente de porta em porta. Deborah passou de zero clientes para mais de novecentos em apenas alguns anos. Devido a esse crescimento, ela contratou vários funcionários e acabou por construir uma lavanderia a seco orgânica com uma loja adicional para acomodar seu negócio.

Deborah encontrou um prédio que precisava de reformas para alugar, mas o proprietário, que possuía uma empresa de construção, gastou o dinheiro que ela deu para as reformas. Agora Deborah tinha um prédio decadente e desgastado e um acúmulo de quatro dias de roupas para limpar. Em vez de esperar o proprietário se endireitar, ela arrumou mais dinheiro e recomeçou do zero em outro espaço alugado. Ela gastou todo o dinheiro no prédio, então não tinha fundos para contratar alguém para instalar ou operar seu equipamento de lavanderia a seco. Deborah abriu os manuais de instrução, ligou para seu irmão e alguns de seus amigos e começou a trabalhar.

A essa altura, Deborah estava frustrada, irritada e ansiosa. Ela havia investido tanto dinheiro no negócio que achava que não podia desistir. Ela tinha que fazer funcionar, pois não havia outra opção.

Com a ajuda do fabricante do equipamento, seu irmão e seus amigos conseguiram concluir a reforma. As coisas finalmente estavam avançando... até que Deborah apareceu às 5h30 de uma manhã, como sempre fazia, e abriu a porta para encontrar um pequeno oceano de água em sua lavanderia a seco. Um cano havia estourado. Deborah simplesmente ficou ali, congelada.

Ela pegou um balde de esfregão laranja, virou-o e sentou-se no meio da sala inundada. Deborah sentiu-se derrotada. Ela disse a si mesma: "O que mais pode dar errado? Estou em um lugar alagado. Estou tentando fazer isso funcionar. É uma coisa atrás da outra. Viemos aqui para reconstruir e então os canos e os proprietários e...". Deborah estava em desespero.

Ela tentou chorar. E tentou. E tentou. Não conseguiu fazer uma única lágrima sair de seus olhos. Então ela começou a rir — achou engraçado estar na pior confusão de sua vida e não conseguir derramar uma lágrima sequer. Ela se sentou naquele balde de esfregão e riu até a barriga doer e não conseguir mais respirar. Ela ligou para o marido e, ainda rindo, disse: "Querido, você não vai acreditar. O lugar está inundado. Um cano estourou!" Seu marido disse: "Amor, por que você está rindo?" E Deborah disse: "Porque é engraçado!".

Em questão de minutos, as emoções de Deborah foram da surpresa, descrença, desespero, desesperança e frustração para surpresa, alegria e liberdade. Ela havia trabalhado tão duro por tantos anos que quando tentou desistir, tudo o que pôde fazer foi rir da ridícula situação em que estava. Todas as emoções surgiram nela de uma vez, praticamente no mesmo fôlego. Deborah poderia ter deixado suas emoções transbordarem. Ela poderia ter cedido ao sentimento de fracasso e frustração e desistido naquele momento. Mas ela sabia que as emoções vêm e vão, e sabia como trabalhar com elas para que a beneficiassem. Ela se levantou do balde e voltou ao trabalho, com coragem renovada.

Depois que as instalações foram concluídas, Deborah contratou atendentes, prensadores de lavanderia a seco e motoristas para o serviço de coleta e entrega. Ela nunca olhou para trás porque sabia que o fracasso não era uma opção. Depois de ser dona do negócio por muitos anos, ela o vendeu e decidiu voltar para a faculdade, cursando design de moda. Hoje, é a fundadora e designer de uma marca de moda de luxo que leva seu nome.

Você pode não ter um negócio de lavanderia inundado em suas mãos, mas todos nós lidamos com emoções difíceis às vezes — problemas de imagem corporal podem nos deixar inseguros ou envergonhados; conflitos familiares podem nos enfurecer ou frustrar; dramas no grupo de amigos podem nos deixar isolados e sem valor; doenças crônicas podem nos esgotar e assustar. A vida pode ser difícil. Mas, se não aprendermos a administrar nossas emoções, assim como fizemos com nossos pensamentos nos Capítulos 1 ("Escolha seus pensamentos") e 2 ("Condicione sua mente para o sucesso"), nunca seremos capazes de assumir o comando de nossas vidas.

Pense em um momento de sua própria vida em que você foi dominado por uma emoção negativa, quando se sentiu impotente. Talvez você estivesse com raiva, com ciúmes, ressentido, frustrado, com medo ou ansioso. Talvez você esteja nessa situação agora enquanto lê isso. O que significaria para você se libertar dessa emoção? E se você pudesse aprender a trabalhar com suas emoções para que, quando as experimentasse, ainda se sentisse no controle? É útil ver nossos pensamentos como nuvens passageiras e nossas emoções como tempestades que trazem raios e trovões. O céu não se apega às nuvens ou tempestades — ele as deixa vir e ir. É sobre isso que vamos falar neste capítulo.

Por que temos emoções?

A maioria dos pesquisadores acredita que as emoções evoluíram para nos ajudar a sobreviver, reproduzir-nos, encontrar comida e permanecer seguros.[1] Elas impactam a maneira como interagimos com o mundo. Emoções que tendemos a rotular como "negativas" — como tristeza e raiva — alertam-nos e ajudam-nos a responder a uma ameaça ou desafio, ou a evitá-los. A tristeza pode nos mostrar que precisamos da companhia e do cuidado das pessoas ao nosso redor, enquanto a raiva pode ser um sinal de que alguém ultrapassou um limite e precisamos lidar com isso. Essas emoções têm o efeito de estreitar nosso foco para que possamos lidar com o problema imediato. Emoções que rotulamos como "positivas" — como alegria ou empatia — nos ajudam a ampliar nossa consciência e revelar oportunidades e possibilidades. Elas ajudam a aumentar nossa atenção e memória, considerar novas ideias e aprender.[2]

Lembre-se, nossas emoções podem ser tão negativas ou positivas quanto nossos pensamentos. Há uma razão para isso — assim como nossos pensamentos, as emoções são difíceis de entender. Todos esses processos são controlados por diferentes partes do cérebro (por exemplo, a amígdala classifica e envia emoções para o córtex pré-frontal, onde são tratadas adequadamente).[3]

Pesquisadores identificaram pelo menos cinco categorias de emoção, incluindo alegria, tristeza, raiva, medo e nojo.[4] Podemos pensar nelas como "agradáveis" ou "desagradáveis", mas na verdade têm um propósito:

1. **A ALEGRIA** descreve os bons sentimentos que surgem de experiências familiares e novas.
2. **A RAIVA** é aquele fogo que nos impulsiona quando algo está em nosso caminho, ou quando acreditamos que estamos sendo tratados injustamente.
3. **O MEDO** nos permite antecipar ameaças à nossa segurança.
4. **O NOJO** nos permite saber o que não é bom para nós.

5. **A TRISTEZA** surge como resposta à perda. Sentir-se triste nos permite diminuir o ritmo e mostrar aos outros que precisamos de apoio.

Nossas reações emocionais têm três partes: como percebemos a emoção, como nossos corpos experimentam a emoção e como agimos em resposta à emoção.[5] Neste capítulo, aprenderemos a trabalhar com nossas emoções. Queremos escolher a maneira como agimos quando sentimos algo. Para fazer isso, vamos usar um processo simples de quatro etapas para ver e entender nossas emoções. Pergunte a si mesmo:

1. Como estou me sentindo?
2. O que o sentimento está me dizendo?
3. O sentimento está me servindo?
4. Como posso lidar com essa emoção e seguir em frente?

Passo Um: Como estou me sentindo?

A maioria de nós luta para identificar ou entender nossas emoções porque não temos as ferramentas para fazê-lo. Em seu livro *Atlas of the heart* (*Atlas do coração*), a autora e professora de pesquisa em serviço social Brené Brown descreve como a maioria das pessoas se relaciona com seus sentimentos: "O que significa se a vastidão da emoção e da experiência humana só pode ser expressa como raivosa, triste e feliz? E quanto à vergonha, decepção, maravilha, reverência, nojo, embaraço, desespero, contentamento, tédio, ansiedade, estresse, amor, sobrecarga, surpresa e todas as outras emoções e experiências que definem o que significa ser humano? (...) A linguagem nos mostra que nomear uma experiência não dá à experiência mais poder, nos dá o poder de entender e dar significado."[6]

Aprender a descrever nossas emoções nos ajuda a desenvolver uma maior resiliência e autoconsciência. Afinal, como você pode trabalhar em direção a uma solução se não consegue nomear o que está acontecendo?

Na próxima vez em que tiver sentimentos intensos, reserve um momento para registrar a experiência. Você está experimentando apenas uma emoção ou várias? Você consegue nomear as emoções e seu efeito sobre você? Faça isso sem julgar ou tentar consertá-las.

Se as emoções parecerem muito avassaladoras e você não quiser escrevê-las, tente simplesmente observá-las. No Curso de Apresentação de Alto Impacto que ministramos na Dale Carnegie, nossos participantes fazem uma apresentação na frente dos outros. Nós gravamos a apresentação e, assim que terminam, o participante vai para a sala de revisão e assiste à gravação. Você já assistiu a uma gravação de si mesmo falando? Como a maioria de nós, pode fazê-lo torcer o nariz. Mas aqui está o truque: o instrutor diz ao participante para assistir como se nem conhecesse essa pessoa. Então, o participante se pergunta: "O que essa pessoa está fazendo bem? O que não está fazendo? O que essa pessoa está sentindo ao falar? O que sua expressão facial ou linguagem corporal dizem?" Ao nos afastarmos de nós mesmos por um momento, podemos observar os sinais que estamos dando e começar a nomear nossa experiência interna. Também ajuda a dizer coisas como "Eu percebo que estou me sentindo triste" em vez de "Estou triste". Você não é suas emoções, e não precisa se identificar com elas.

Outra maneira útil de começar a entender suas emoções é por meio da psicoterapia. Felizmente, a terapia é mais aceita agora do que era há 20 anos. Às vezes, somos tentados a ver a terapia como um último recurso para pessoas que lidam com traumas intensos. Mas a terapia é útil para qualquer pessoa, em qualquer estágio da vida, independentemente de "precisarmos" dela ou não. Trabalhar com um terapeuta treinado pode lhe dar o espaço e o tempo dedicados para desvendar emoções difíceis.

Passo Dois: O que o sentimento está me dizendo?

Mesmo as emoções difíceis têm algo a nos ensinar, por isso é importante que trabalhemos para entendê-las em vez de torcer para que desapareçam. Edith Eger, uma sobrevivente do Holocausto e psicóloga especializada em transtorno de estresse pós-traumático, escreveu: "Suprimir os sentimentos apenas torna mais difícil abandoná-los. A expressão é o oposto da depressão."[7] Depois de reconhecer um sentimento, você pode começar a lidar com ele adequadamente. Talvez nos sintamos tristes porque não estamos vivendo todo o nosso potencial. Talvez sintamos raiva porque falhamos em defender nossos valores. Seja qual for a causa, lembre-se de que seus sentimentos são neutros e temporários — o que significa que simplesmente sentir algo não é errado nem ruim, e esses sentimentos certamente não durarão para sempre.

Algo que ouvimos muito dos participantes de nossos cursos é o desejo de "corrigir" seus sentimentos. Se estão tristes, acham que só precisam parar de se sentir tristes. Isso também vale para raiva, ciúme, medo, frustração, culpa etc. A ideia é que qualquer emoção positiva pode permanecer, e toda emoção dolorosa precisa ser afastada. Muitos de nós passamos por situações tão avassaladoras que era mais fácil ignorar ou suprimir nossas emoções do que lidar com elas. Mas nossos sentimentos geralmente têm uma mensagem para nós. Como escrevemos anteriormente no capítulo, emoções difíceis como medo ou solidão muitas vezes podem apontar para a necessidade de mudança. Talvez precisemos abordar o que está nos fazendo sentir medo ou passar um tempo com pessoas que se importam conosco. Quando realmente nos aproximamos da emoção, praticamos a paciência e perguntamos "Por quê?" até chegarmos ao fundo do sentimento, podemos aprender a mensagem que ele nos traz.

O objetivo desse exercício não é "corrigir" nossas emoções, mas trabalhar com elas. Depois de nomear seu sentimento, escreva o que você acha que o sentimento pode estar tentando lhe dizer. Qual é a causa do sentimento? O que essas emoções o fazem querer fazer (ou não fazer)?

Para mim, escrever em um diário tem sido uma parte inestimável do esforço de definir e entender minhas emoções e colocá-las em perspectiva. Às vezes, minha definição inicial de uma emoção é superficial (por exemplo, "Estou preocupado"), mas, à medida que aprofundo e escrevo sobre isso, descubro que há mais. Escrever em um diário me ajuda a chegar à pergunta maior — o "porquê" de senti-la. Chegar ao seu "porquê" requer uma introspecção honesta. Para mim, isso muitas vezes envolve um diálogo interno, fazendo-me perguntas, pensando nas respostas e, às vezes, escrevendo-as. Por exemplo, posso começar com:

"Estou me sentindo preocupado."

Depois pergunte: "Preocupado com o quê?"

"Tenho essa grande palestra chegando, e simplesmente não me sinto preparado. Tenho medo de estragar tudo."

"Por quê? Você já não escreveu? Ainda tem uma semana para se preparar e praticar."

"Sim, mas eu realmente não sei muito sobre esse público, e estou preocupado que minha fala não seja bem aceita."

"Ok, então o que você pode fazer agora para se sentir melhor com isso?"

"Bem, eu poderia ligar para algumas pessoas que sei que estarão lá e perguntar quais são seus objetivos e o que faria minha palestra ser útil para eles."

"Ótimo! Mais alguma coisa?"

"Eu poderia pesquisar sobre a organização. Eu poderia verificar o site deles e ver se consigo encontrar alguma notícia atual sobre eles para adaptar minha fala a eles."

"E se você fizesse isso, o que isso faria com sua preocupação? Como você se sentiria?"

"Eu me sentiria melhor porque estarei muito mais preparado, serei mais convincente e darei algo mais valioso ao meu público."

"Ótimo. Então, vá em frente."

Quando escrevo, estou sendo completamente vulnerável. Não estou escondendo nada. Estou documentando a conversa interna para ajudar a definir, entender e assumir o comando das minhas emoções.

O que eu amo sobre escrever em um diário é que posso voltar e ver o que estava sentindo e pensando semanas, meses ou anos antes e ganhar perspectiva sobre como cresci e mudei. Essa retrospectiva me ajuda a ver as coisas com mais clareza. Sem o diário, o que tenho? Minha memória de curto prazo? Eu me lembraria de algo disso? Não. Escrever tudo me ajuda a documentar minha vida e a valorizar minhas próprias experiências.

Passo Três: Essa emoção está me ajudando?

Quando você se perguntar: "Essa emoção está me ajudando?", lembre-se de ser flexível. A dra. Susan David, psicóloga sul-africana e autora de *Agilidade emocional*, diz que nossa tendência de ter respostas rígidas em relação a nossas emoções — como considerá-las "boas" ou "ruins" ou nos dizermos que não devemos sentir de determinada maneira — é inútil.[8] Ter uma fixação em qualquer emoção pode nos manter presos — até mesmo a positividade. Se nos permitirmos sentir apenas positividade e otimismo, podemos permanecer em um relacionamento tóxico ou em um ambiente de trabalho prejudicial porque não estamos ouvindo nosso medo, tristeza ou raiva.

Podemos querer estar felizes o tempo todo, mas a felicidade constante não é saudável nem possível. Ao mesmo tempo, aqueles de nós que já experimentaram depressão ou ansiedade podem reconhecer que às vezes permanecemos nesse estado emocional porque é o que conhecemos, e quase esquecemos como sentir outras emoções. Está tudo bem sentir tudo — e está tudo bem deixar de lado. "As pesquisas agora mostram que a aceitação radical de todas as nossas emoções — mesmo as complicadas e difíceis — é a pedra angular da resiliência, da perseverança e da verdadeira felicidade," disse a dra. David.

Quando você se pergunta se uma emoção está ajudando, olhe para o que está acontecendo em sua vida. Se você está se sentindo contrariado e ressentido porque seu chefe lhe atribuiu uma tarefa que você não quer fazer, temos que admitir que manter esses sentimentos não é útil. Por outro lado, se você está experimentando luto pela perda de um ente querido, pode ser que você não queira sentir a tristeza, mas o luto leva tempo para ser superado.

Pergunte a si mesmo: essa emoção está me ajudando a me tornar a pessoa que quero ser?

Passo Quatro: Como posso lidar com essa emoção e seguir em frente?

Para a maioria de nós, nossas experiências emocionais do dia a dia são simples o suficiente para que possamos encontrar uma maneira de passar por elas. No entanto, com emoções mais intensas é mais difícil, podemos ficar presos nelas; isso significa que precisamos procurar maneiras de nos livrarmos delas. Quando nos perguntamos: "O que posso fazer para lidar com essa emoção e seguir em frente?", estamos buscando clareza para dar o próximo passo. Focar no que precisa acontecer não significa necessariamente ignorar a emoção, especialmente se ela for persistente ou difícil. O que estamos tentando é evitar ficar presos em um espaço emocional que não nos seja favorável.

Você pode pensar na sua jornada emocional como uma viagem de carro. Conforme você viaja de estado emocional para estado emocional, acelerando em alguns pontos, demorando-se em outros, você pode se perder e acabar em algum lugar desconhecido, mas ainda está dirigindo o carro. As emoções são inerentemente temporárias. Não precisamos nos mudar permanentemente para os lugares emocionais que visitamos. Assim como podemos reformular nossos pensamentos, podemos reformular nossas emoções. Digamos que você esteja se preparando para fazer uma apresentação e esteja nervoso por ficar na frente de um grupo de pessoas. Você sente seu coração batendo forte logo antes de começar sua fala. Se você descrevesse isso como nervosismo ou medo de palco, como muitos de nós, não estaria necessariamente errado. Mas pense que também podemos interpretar um coração acelerado como um sinal de que seu corpo está preparado e pronto para um desafio. Se nos dissermos que essa energia nervosa é na verdade determinação, podemos seguir em frente com confiança.

Quando estiver pronto para abandonar a emoção, experimente uma pausa de 90 segundos. A dra. Jill Bolte Taylor, neurocientista de Harvard, escreve: "Quando uma pessoa tem uma reação a algo em seu ambiente, há um processo químico de 90 segundos que acontece no corpo; depois disso, qualquer outra resposta emocional é apenas a pessoa escolhendo permanecer nesse ciclo emocional. Isso significa que por 90 segundos você pode assistir ao processo acontecendo, você pode sentir que está acontecendo, e então você pode vê-lo desaparecer".[9] Mudar nosso ambiente, conversar com um amigo, dar um passeio, escrever em um diário, passar tempo com nossos hobbies favoritos ou fazer exercícios também podem nos ajudar a abandonar uma emoção que não queremos mais.

ASSUMA O COMANDO

Metade da batalha de lidar com nossas emoções é decidir fazê-lo. Em um mundo onde somos incentivados a ignorar ou suprimir nossos sentimentos em vez de vivenciá-los plenamente, até mesmo reconhecê-los pode ser uma conquista. Quando nos pegamos afastando nossas emoções, devemos, em vez disso, escolher trabalhar com elas— encontraremos uma força interior para enfrentar qualquer situação.

PRINCÍPIO

Faça amizade com suas emoções.

COMO AGIR

- **TRABALHE COM SUAS EMOÇÕES.** Pense em uma emoção negativa que está dominando ou limitando você agora. O que significaria para você libertar-se dessa emoção? Como isso impactaria sua vida?
- **USE O PROCESSO.** Da próxima vez que sentir uma emoção intensa como raiva, tristeza, frustração ou inveja, pare e reserve um momento para trabalhar com ela. Passe por estas quatro perguntas:

- Como estou me sentindo?
- O que a emoção está me dizendo?
- A emoção está me ajudando?
- Como posso lidar com essa emoção e seguir em frente?

- **OBSERVE SUAS EMOÇÕES À MEDIDA QUE SURGEM.** Se você tiver uma emoção intensa no meio de uma conversa ou experiência difícil, tente a pausa de 90 segundos.
- **MUDE SEU ESTADO.** Mude seu ambiente, converse com um amigo, dê uma caminhada, trabalhe em um hobby ou faça exercícios em vez de ficar remoendo a emoção.

4

CONSTRUA SUA CONFIANÇA

Quase todo aluno piloto fica melhor depois de seu primeiro voo solo. É verdade, ele pode não ter aprendido nada de novo naqueles dez minutos sozinho no ar, mas ele adquiriu algo vitalmente importante: confiança. E como ele adquiriu isso? Fazendo o que temia fazer até ter um histórico de sucesso.

Dale Carnegie

Era março de 2014, e eu estava junto à porta do palco no Mark Ridley's Comedy Castle em Royal Oak, Michigan. Em menos de um minuto, o mestre de cerimônias diria meu nome, a porta se abriria, eu subiria ao palco e minha estreia no stand-up começaria. O único problema: eu estava petrificado. Meu coração acelerava, meu estômago revirava de ansiedade e tudo o que eu conseguia pensar enquanto olhava para a saída de incêndio próxima era fugir. "Ainda não é tarde para sair daqui", pensei. Embora eu tivesse dado muitas palestras ao longo dos anos, era completamente diferente ficar diante de 200 pessoas bebendo e esperando que eu as fizesse rir. Tudo o que conseguia pensar era em falhar — ser recebido com um silêncio total e olhares vazios para as minhas piadas, ser xingado porque eu era tão ruim, algum bêbado jogar cerveja em mim. Pressão total.

Meu pai me inspirou a me inscrever em uma aula de comédia stand-up. Ele fez isso aos setenta e poucos anos e disse que foi emocionante. Ele também achou que poderia me ajudar nos negócios. Eu estava fazendo muitas vendas, e ele disse: "Todo mundo gosta de gente que os faça rir. Seja mais simpático e venderá mais!" E, embora eu nem pensasse em trocar meu emprego pela comédia, estava me sentindo um pouco acomodado na minha vida. Queria me desafiar a sair da zona de conforto, o que pensei que seria emocionalmente saudável. Decidi que seria comédia stand-up ou saltar de um avião. Naquele momento, eu preferia ter escolhido o avião.

Então ouvi a voz retumbante do mestre de cerimônias preencher o prédio: "Por favor, aplaudam nosso próximo comediante, Joe Hart!" Abri a porta, saí, peguei o microfone e comecei meu set de seis minutos, a maioria sobre minha família. "Tenho seis filhos. Quatro filhas de quinze, quatorze, doze e dez anos, e dois meninos gêmeos de oito... e oito...". Sim, era uma abertura horrivelmente piegas, mas, para minha grande gratidão, algumas pessoas riram. À medida que fui ficando mais à vontade, piadas melhores e risadas maiores vieram. No geral, foi bem. Todas as coisas que eu temia nunca aconteceram. Na verdade, foi o oposto. Foi realmente divertido. E emocionante. A adrenalina e a confiança que experimentei foram extraordinárias.

Quanto mais eu fazia comédia stand-up depois daquela noite, mais confiante eu me tornava, mesmo que nem sempre desse certo. Às vezes, eu fracassava terrivelmente. Eu poderia contar a mesma piada exatamente da mesma maneira em dois shows na mesma noite; uma plateia riria, a outra me daria um silêncio humilhante. Duas vezes enfrentei provocadores, e uma vez fui retirado do palco por exceder meu limite de tempo. Em todas essas situações, até as piores não foram tão ruins quanto eu imaginava que poderiam ser. Com o tempo, melhorei minha capacidade de ler uma plateia e interagir com ela; de ser menos roteirizado, mais natural e presente no momento; de planejar minhas piadas para obter risadas mais longas (um comediante até me ensinou sobre RPM — risadas por minuto — uma métrica que eu não fazia ideia de que existia). Descobri que as plateias mais difíceis afiavam minhas habilidades muito mais do que as mais fáceis, e que uma noite "ruim" levava a mais noites "boas". Tudo isso expandiu minha zona de conforto, e essa confiança se estendeu a todos os outros aspectos da minha vida.

Para assumir o comando de nossas vidas, primeiro precisamos assumir o comando de nós mesmos. Para fazer isso, precisamos de confiança. Confiança real, autêntica e honesta — não arrogância — é o combustível que pode nos impulsionar através da adversidade. Pode nos ajudar a interagir com os outros de maneira saudável, a correr riscos e a aproveitar oportunidades. A autoconfiança é uma das partes mais importantes de viver uma vida plena. O oposto — viver com medo, dúvida, insegurança e preocupação — pode nos destruir.

Então, como podemos construir nossa autoconfiança? O que devemos fazer para ir de onde estamos para onde queremos estar? Duas coisas se destacam: autoeficácia e autoestima.

Autoeficácia

Autoeficácia é nossa crença de que somos capazes de fazer algo. Ela está diretamente relacionada a nossa capacidade de alcançar um objetivo que estabelecemos para nós mesmos. Pessoas com muita autoeficácia veem as dificuldades como desafios, não como ameaças, porque acreditam que são capazes e confiam em si mesmas para realizar o trabalho, não importa o que seja. Mesmo que não alcancem seu objetivo, sabem que crescerão e se tornarão melhores.

Quando duvidamos de nós mesmos, podemos evitar tarefas que consideramos muito difíceis e nos concentrar em nossos fracassos e resultados negativos. Um senso saudável de nossa própria capacidade nos ajuda a ver desafios como tarefas a serem dominadas, formar compromissos mais fortes com nossos interesses e nos recuperar rapidamente de experiências decepcionantes. Então, como construímos a autoeficácia? Mesmo que sintamos que não a temos agora, podemos desenvolvê-la ao assumir riscos, celebrar pequenas vitórias e imitar as ações de pessoas inspiradoras ao nosso redor.

Assuma riscos

Em primeiro lugar, podemos construir nosso senso de autoeficácia assumindo riscos. Eu assumi um risco quando subi ao palco — e com a primeira pequena risada, comecei a acreditar que seria capaz. O desafio é que aquilo que você não quer fazer — aquilo que o assusta — é a mesma coisa que vai ajudá-lo a construir sua confiança. Quando faz algo que não pensa que pode fazer, você fortalece esse músculo.

O problema está em descobrir o que constitui um risco. Para mim, parecia um risco real começar a treinar para uma maratona ou fazer comédia stand-up. Para outra pessoa, nada disso seria um desafio. Cada pessoa vê o risco de maneira diferente, com base em sua criação, habilidades, experiências passadas ou constituição física. Uma criança pequena pode pensar que descer pelo escorregador grande no parquinho é um grande risco, enquanto uma criança mais velha desce de frente sem hesitar. Algumas pessoas têm medo da espontaneidade; outras têm medo de estrutura. Um escalador experiente pode sentir que há pouco risco em escalar um penhasco, enquanto eu estaria no chão me perguntando no que me meti. Como quer que você veja o risco, construir autoeficácia e confiança muitas vezes significa agir mesmo quando você não tem certeza do resultado.

Às vezes, construir autoconfiança parece ir contra as crenças da sua família sobre desenvolvimento pessoal. Tara Westover cresceu em uma montanha no interior de Idaho. Seus pais eram sobrevivencialistas e paranoicos com a interferência do governo em suas vidas, o que afetou profundamente o modo como ela foi criada. Tara e seus irmãos não podiam frequentar a escola, obter certidões de nascimento ou receber tratamento médico. Qualquer tentativa de ir contra os desejos de seus pais resultava em abuso verbal e físico — toda tentativa de fazer algo que violasse suas regras parecia um risco gigantesco com consequências incrivelmente intensas. “Minha vida era narrada por outros. Suas vozes eram fortes, enfáticas, absolutas. Nunca tinha passado pela minha cabeça que minha voz pudesse ser tão forte quanto a deles”, escreveu Tara em sua autobiografia best-seller, *Educated: a menina da montanha*.

O pai de Tara acreditava que o principal objetivo de uma mulher deveria ser se casar e criar filhos. Ele a fazia vestir roupas largas que não mostrassem sua silhueta e a obrigava a trabalhar em seu ferro-velho em vez de estudar. Com a ajuda de alguns livros didáticos antigos no porão, ela conseguiu secretamente aprender a ler e depois fazer álgebra. Acabou aprendendo o suficiente para fazer o ACT (American College Testing). Tara sabia que se conseguisse entrar na faculdade, poderia sair de casa para sempre. Foi difícil e aterrorizante. "A habilidade que eu estava aprendendo era crucial", ela disse, "a paciência para ler coisas que eu ainda não conseguia entender".

Trabalhando duro e indo contra a filosofia de sua família, ela conseguiu uma bolsa de estudos na Universidade Brigham Young e escapou de sua casa de infância. Mais tarde, recebeu uma bolsa de estudos para a Universidade de Cambridge, onde obteve um PhD em história. A cada risco que assumia, a autoeficácia de Tara se tornava mais forte. Mesmo que sua família não acreditasse nela, ela aprendeu a confiar em suas próprias capacidades e a dar pequenos passos para mudar sua situação.[1]

Quando o autor Keith Ferrazzi veio ao meu podcast, falamos sobre a relação entre medo e autoconfiança. Ele disse: "Toda insegurança e medo são superados pela prática. Na verdade, há um termo psicológico chamado 'saliência da mortalidade na previsão eficaz', que é uma forma elegante de dizer: 'Não posso fazer isso. Eu morreria.' Bem, você não morreria. E a única maneira de perceber que você não morreria é tentar e perceber que não é tão ruim assim. A única maneira de descobrir isso é indo. Tudo se resume a prática."

Criar e celebrar pequenas conquistas

Depois que começamos a assumir riscos, precisamos criar algumas pequenas vitórias. Se você está enfrentando um desafio assustador que abalou sua crença em si mesmo, pense em como se come um elefante — uma mordida de cada vez, e com cada mordida virá uma percepção crescente de que vai conseguir.

Se está com dificuldades para aprender uma nova habilidade, você pode dividir cada passo em algo mais facilmente alcançável. Digamos que você queira aprender um novo idioma. Leva muito tempo — às vezes anos — para se tornar fluente, então o objetivo pode parecer assustador. Mas se você dividir e decidir que gostaria de aprender as 200 palavras mais usadas no idioma primeiro, você tem um alvo muito mais alcançável. Isso é algo que você pode fazer em questão de semanas. Dividir qualquer coisa que pareça assustadora ou difícil em metas menores torna a coisa muito mais acessível.

Em seguida, devemos reconhecer e celebrar nossos sucessos quando os alcançamos. Pense em momentos do seu passado em que você dominou algo que era difícil ou quando teve sucesso em algo que não achava possível. Como se sentiu quando teve sucesso? Com muita frequência, passamos rapidamente pelo momento e partimos para o próximo objetivo. Devemos tirar um tempo para celebrar nossas pequenas vitórias de maneira significativa. Para alguns de nós, isso pode significar sair para um jantar especial com amigos. Para outros, pode ser tirar um dia de folga para fazer algo que amamos.

Além disso, pense em como você alcançou essa pequena vitória. O que você fez para chegar lá? Não foque na atividade em si, mas em como você a abordou, a maneira como se direcionou através dela. Ter uma visão retrospectiva clara de como você alcançou sua vitória o ajudará a fazer isso novamente no futuro.

Olhe para seus modelos

Inspire-se em pessoas que têm uma forte crença em si mesmos. Quando vemos outras pessoas agirem com confiança, aprendemos e aumentamos nossa própria crença de que também podemos fazer isso. Uma maneira de tornar isso mais impactante é inspirar-se em alguém que seja parecido com você. Quanto mais parecidas forem suas experiências, mais provável será que sua crença em si mesmo cresça. Também ajuda buscar o apoio das pessoas que admiramos, especialmente daquelas que nos conhecem e amam. Peça que lhe digam por que acreditam que você é capaz.

Por fim, lembre-se de usar o reforço positivo. Lembra das afirmações que criamos no Capítulo 1, "Escolha seus pensamentos"? Criar uma afirmação que o lembre de que é totalmente capaz de fazer a coisa difícil que se propôs a fazer é um exercício poderoso.

Autoestima

Outra maneira de construir nossa confiança é focando em nossa autoestima. Autoeficácia e autoestima podem parecer a mesma coisa, mas têm diferenças importantes. Enquanto a autoeficácia é a crença em sua capacidade de agir e alcançar, a autoestima é saber-se bom o suficiente e merecedor de amor. A autoeficácia tem a ver com o que você pode fazer; a autoestima expressa quem você é. A autoestima é frequentemente confundida com confiança ou realização, mas esses termos muitas vezes dependem de coisas que estão fora de nós, como sucessos e fracassos. Nossa autoestima vem exclusivamente de dentro. Podemos descrevê-la como "um sentimento de que você é uma boa pessoa que merece ser tratada com respeito".

Podemos ter baixa autoestima por causa de como fomos tratados ao crescer, de eventos dolorosos ou desencorajadores na vida, ou mesmo de traços de personalidade (perfeccionismo, ansiedade social, busca de aprovação etc.). Seja qual for a causa raiz, baixa autoestima é a crença intrínseca de que você simplesmente não é bom o suficiente. Enquanto nossa confiança e nosso senso de autoeficácia podem mudar ao longo do tempo à medida que enfrentamos novos desafios e papéis em nossas vidas, nossa autoestima permanece — ou deveria permanecer — constante e estável, porque todos nós somos inerentemente dignos de respeito e bondade.

Embora esperemos que nosso senso de autoestima seja estável, é difícil mantê-lo assim em um mundo inundado de mensagens negativas. Com a influência avassaladora das mídias sociais, muitos de nós tivemos a experiência de ver um comentário severo ou crítico de alguém em uma postagem e instantaneamente tomar para nós — deixando-o significar algo sobre quem somos como pessoa. Há muitas pessoas maldosas por aí. A internet facilita às pessoas serem horríveis umas com as outras, mas não precisamos permitir que isso afete nossa autoestima.

Aos dois anos de idade, Anmol Rodriguez e sua mãe foram atacadas por seu pai, que estava irritado porque sua esposa não lhe tinha dado um filho.[2] Em um acesso de raiva, ele jogou ácido nelas. A mãe de Anmol morreu em decorrência de seus ferimentos e o rosto e o corpo de Anmol ficaram permanentemente marcados. Seu pai foi preso, e os parentes de Anmol a abandonaram. Ela passou o restante de sua juventude em um orfanato em Mumbai, onde tinha amigos e se sentia segura e cuidada.

Sua infância foi em grande parte feliz, mas quando foi para a faculdade, outros alunos cochichavam sobre ela e a olhavam torto. Depois de se formar, ela conseguiu um emprego como desenvolvedora de software, mas foi demitida dois meses depois. A razão? Bem, não havia nenhuma. Ela descobriu mais tarde com seus colegas de trabalho que seu rosto deixava alguns deles desconfortáveis.

Para muitas pessoas, isso poderia ter sido um convite para se esconder do mundo. Mas para Anmol, o comportamento mesquinho que enfrentou levou-a a uma mudança fundamental. Ela não queria ser vítima das opiniões de outras pessoas. Ela sentia um senso inato de autoestima que era inabalável, e queria assumir o controle de sua própria situação. Então, em 2016, ela decidiu começar a compartilhar sua história nas mídias sociais.

Inicialmente, seus amigos a advertiram contra isso. Achavam que ela seria intimidada e assediada. "Fui a primeira sobrevivente de ataque de ácido a compartilhar fotos nas redes sociais", disse ela. Em vez de causarem uma enxurrada de comentários odiosos, as postagens de Anmol foram compartilhadas e receberam uma resposta tremendamente positiva.

Anmol geralmente posta conteúdo sem filtros porque quer que as pessoas vejam sua versão real e natural. "Não é que eu não receba críticas por isso. As pessoas me trollam e postam comentários negativos. Mas eu sempre tenho em mente que é um espaço virtual, então nunca levo nada a sério", disse. Anmol agora é uma influenciadora nas redes sociais e criadora de uma fundação para apoiar sobreviventes de ataques de ácido chamada Sahas Foundation. Ela participou de desfiles de moda ao redor do mundo, fez palestras no TEDx e atuou em um curta-metragem que lhe rendeu o prêmio de "Melhor Performance Feminina" no Casttree Film Festival em 2018. Comentários, críticas e julgamentos não abalam seu senso inato de autoestima. Nada altera o modo como ela se vê.

Os traços de autoestima são sutis e internos. Pesquisadores acreditam que um forte senso de autoestima tende a surgir da compaixão por nós mesmos.[3] Não é baseado em realizações ou condições, como conseguir aquela promoção ou completar toda a sua lista de tarefas. Está intimamente ligado à estabilidade emocional (por isso é tão importante trabalharmos com nossos pensamentos e emoções!). Não muda apenas porque falhamos ou cometemos um erro. E não depende de nos compararmos com os outros e sair por cima.

Para praticar a construção da autoestima:

- **SEJA GENTIL COM VOCÊ MESMO.** Fale consigo mesmo como falaria com seu melhor amigo. Volte às suas afirmações e à sua rotina saudável para continuar cuidando da sua mente e do seu corpo.
- **BUSQUE A APROVAÇÃO INTERNA.** Evite procurar validação externa para se sentir bem consigo mesmo. Embora seja ótimo construir autoeficácia por meio de conquistas externas, a autoestima só pode vir de dentro.
- **SEPARE QUEM VOCÊ É DO QUE VOCÊ FAZ.** Muitos de nós baseamos nossa autoestima no trabalho, na identidade ou em posição social. Uma autoestima forte não tem a ver com realizações externas, mas sim com seu valor inato.
- **NÃO SE COMPARE COM OS OUTROS.** A "armadilha da comparação" é uma das coisas mais tóxicas em que podemos cair, especialmente online. A comparação pode nos levar a uma espiral de pensamentos negativos que podem nos afastar de nosso propósito de

vida. Comparar-nos com os outros, online ou não, nunca é saudável. Evite a armadilha da comparação a todo custo!

Autoconfiança

Quando combinamos nossa autoestima e nossa autoeficácia, podemos começar a construir nossa confiança — o sentimento ou crença de que podemos confiar em nós mesmos. Ter uma forte confiança é como aquela forte crença que você tem sobre um amigo, familiar ou colega de trabalho. Você sabe que eles têm um valor inerente, e você vê o lado bom neles, não importa o que façam. Com essa autoafirmação, você sente que sempre tem seu próprio apoio — não importa o que aconteça.

Quando a especialista em marketing Portia Mount foi enviada para trabalhar em Xangai, China, ela experimentou uma extrema síndrome do impostor e dizia a si mesma que não era boa o suficiente — ela duvidava de suas habilidades e sentia-se uma fraude por estar lá. Foi um momento de dúvida tanto em sua autoeficácia quanto em sua autoestima. Foi necessária muita confiança para ela chegar aonde estava, mas seu novo papel estava abalando essa confiança. Ela era uma das duas únicas norte-americanas trabalhando na empresa de relações públicas, e ela se sentia completamente despreparada para trabalhar em um ambiente tão novo. Seus clientes estavam geralmente satisfeitos, mas ela estava convencida de que não estava fazendo um bom trabalho e que não seria capaz de acompanhar o ritmo acelerado da Xangai corporativa. "Foi uma combinação de sobrecarga de choque cultural e preocupação de que falharia nesse trabalho que havia trabalhado tanto para alcançar. Eu me chamo de vencedora em recuperação. Olhando para trás, eu tinha colocado uma tonelada de pressão desnecessária sobre mim mesma para ter sucesso", disse Portia.

Certa noite, bem tarde, o telefone de Portia tocou — era o CEO. "Pensei, 'Por que ele está me ligando às dez da noite?' O CEO disse: 'Ei, Portia. É o Chris. Eu só queria ver como você está. Ouvi dizer que você está fazendo coisas boas, e só queria que você soubesse que se precisar de ajuda, é só me ligar.'" Portia disse: "Lembro-me de pensar: 'Por que diabos o CEO está me ligando? Será que ele tem espiões me observando para que possa me demitir?' Isso é o que faz a autodúvida — faz com que duvide de sua competência e qualificações, mesmo que, objetivamente, você seja 100% qualificado." Depois dessa ligação, Portia reservou um tempo para refletir sobre o que o CEO tinha dito, e percebeu que tinha o apoio dele. Ele não apenas queria que ela tivesse sucesso, mas acreditava que teria. "Eu só precisava diminuir o medo em minha cabeça, aceitar o que eu não sabia, pedir ajuda e abandonar a ideia de perfeição."

Portia não superou sua dúvida da noite para o dia, mas ao longo do tempo ela se acostumou a viver na China e sentiu-se confortável em pedir ajuda. Ela recebeu encorajamento dos amigos de Nova York e construiu relacionamentos de apoio com seus novos colegas em Xangai. Sua confiança em suas habilidades começou a crescer. Ela teve boas experiências com seus clientes, e começou a se tratar melhor. "Eu me dei um tempo. Estava vivendo do outro lado do mundo em uma cidade totalmente nova onde não falava o idioma. Ninguém esperava que eu tivesse todas as respostas nesse novo ambiente de trabalho."

Ela se dizia: "Sou uma fraude. Todo mundo vai descobrir o quanto sou uma fraude assim que eu abrir a boca." Ela teve que reescrever como falava consigo mesma. "A realidade é que as empresas não fazem grandes investimentos para enviar ao exterior pessoas que não são competentes — isso não acontece", disse ela. Ela se forçou a se elogiar. Quando sua confiança fraqueja, ela olha suas conquistas anteriores para se lembrar do que fez. "Posso sentar e olhar meu perfil do LinkedIn e dizer a mim mesma: 'Olhe suas últimas três avaliações. O que você vê aqui? Os dados mostram que você é exatamente quem você é, merece estar aqui e é competente.'"

Portia estava usando uma conversa positiva consigo mesma para ajudar a construir sua confiança. Aqui está algo que podemos fazer agora mesmo para mudar as coisas: não diga nada a si mesmo que não diria a alguém que você ama e respeita. Escolha alguém em sua vida agora. Pense em alguém com quem nunca falaria de maneira agressiva. Finja que essa pessoa cometeu um erro que o afetou. O que você diria? Muito provavelmente, você não diria: "Você é um idiota", ou "Você é um perdedor".

Muitos de nós achamos que podemos falar conosco dessa maneira. Em vez disso, fale consigo mesmo como falaria com a pessoa que está imaginando. Você provavelmente diria algo como "Eu sei que você cometeu um erro, e todos cometemos erros. Vamos falar sobre como podemos consertar." Ao decidir conter a autocrítica negativa, podemos criar um ambiente para nós mesmos onde é permitido tentar coisas novas, correr riscos e cometer erros.

Quando começar a duvidar de si mesmo, recorra às suas fortalezas. Por exemplo, se estiver preocupado com uma tarefa, e achar que não sabe o suficiente para concluí-la, concentre-se no que sabe. Se estiver enfrentando o que parece ser um grande desafio, pense nas razões pelas quais sua solução pode funcionar. Se estiver se sentindo para baixo sobre a vida, mude seu pensamento para as coisas pelas quais você é grato agora. Ao falar sobre soluções para nossos problemas, enfatizamos pensamentos positivos em vez de nos entregarmos aos negativos.

Caso decida que há realmente uma lacuna de conhecimento ou experiência que precisa remediar, pode agir rapidamente para isso. Michael experimentou a síndrome do impostor quando era um jovem gerente de filial (falamos sobre sua experiência turbulenta no Capítulo 2, "Condicione sua mente para o sucesso"). Por ser apenas um jovem de 25 anos, ele não achava que era digno de ocupar sua posição e temia ser exposto como incompetente para seus colegas. "Eu era jovem e não sentia que sabia muito, então percebi que tinha duas escolhas", disse Michael.

"Eu poderia continuar me sentindo péssimo comigo mesmo, ou poderia fazer algo. Eu disse a mim mesmo: 'Se meu problema é falta de conhecimento, posso resolver isso aprendendo o máximo possível.' Perguntei aos vendedores se poderia acompanhá-los em visitas. Todos disseram que sim. Entrava nas aulas que nossos treinadores estavam ministrando para que eu pudesse ouvir. Em ambas as situações — visitas de vendas e programas de treinamento — fiz muitas perguntas aos vendedores e treinadores sobre o que estavam fazendo e por quê. Eles foram ótimos — e eu absorvi anos de aprendizado em seis meses. Quanto mais eu aprendia, mais minha confiança crescia, e em pouco tempo, eu realmente sabia o que estava fazendo. Antes que percebesse, a síndrome do impostor tinha desaparecido."

A confiança vem de acreditar em si mesmo e nas habilidades únicas que você possui. Por esse motivo, a comparação pode minar nossa confiança. Não podemos ser ninguém além de nós mesmos, e podemos escolher ser a melhor versão possível de nós mesmos.

Quando Victor Rojas era um locutor de jogos ao vivo para o Texas Rangers, ele queria ser igual ao principal locutor da época, Eric Nadel. Eric era um lendário locutor do Hall of Fame, e Victor fez o melhor para imitá-lo. No meio da temporada de beisebol, Victor estava conversando com sua esposa e ela lhe disse: "Você passou todo o seu tempo com os Rangers tentando ser Eric Nadel. Você tem que ser você mesmo." As palavras dela fizeram Victor perceber: "Não posso ser o segundo melhor Eric Nadel. Tenho que ser o melhor Victor Rojas."

Ao deixar de lado quem pensava que deveria ser e abraçar quem era, Victor foi capaz de passar uma década anunciando para o Los Angeles Angels. Victor aceitou sua voz única, e essa liberdade o levou adiante e o tornou mais bem-sucedido do que ele jamais pensou ser possível. Ele se tornou lendário por seus próprios méritos.

ASSUMA O COMANDO

Autoconfiança não é algo que alcançamos permanentemente. Todos passaremos por períodos em que sentiremos falta de confiança, mesmo após anos de experiência. Quando esses momentos chegam, especialmente após falhas ou dificuldades, precisamos nos recentrar e reconstruir nossa autoeficácia e nossa autoestima. É um movimento constante, cujo ápice é um sentimento de autoconfiança — uma sensação de estar preparado para enfrentar o que quer que apareça em seu caminho.

Construir autoconfiança leva tempo, energia e prática, mas é possível se lembrarmos de adotar um mindset de crescimento em relação à autoconfiança. Temos fé em nós mesmos — ou não — com base em nossas crenças sobre nossas habilidades, quem somos e nossos fracassos e conquistas anteriores. Depois de trabalharmos com nossos pensamentos e emoções, construir autoconfiança é uma das coisas mais importantes que podemos fazer para assumir o comando de nossas vidas.

PRINCÍPIO

Reconheça e aprecie sua grandeza inerente.

COMO AGIR

- **CONSTRUA AUTOEFICÁCIA.**

  - Assuma riscos. Quais pequenas oportunidades você pode aproveitar para se sentir confiante fora da sua zona de conforto?

  - Crie algumas pequenas vitórias para si mesmo. Comece praticando coisas que estão ao seu alcance, para que você ganhe um senso de realização.

  - Celebre seus sucessos. Reserve um momento no final de cada dia para comemorar o que realizou.

- **PRATIQUE A AUTOESTIMA.**

  - Seja gentil consigo mesmo.

  - Procure aprovação dentro de si.

  - Separe quem você é do que você faz — seu valor não é baseado no seu trabalho ou no seu título.

  - Não se compare com os outros.

  - Fale consigo mesmo como falaria com um ente querido.

- **CONSTRUA AUTOCONFIANÇA.**

  - Elogie-se.

  - Inspire-se em pessoas que têm muita crença em si mesmos.

  - Use reforço positivo.

  - Busque apoio e feedback positivo de pessoas que o conhecem e amam.

5

ACOLHA A MUDANÇA

Um homem não é tão ferido pelo que acontece quanto pela sua opinião sobre o que acontece.

Dale Carnegie

Luke Maguire Armstrong sentiu tanto como ouviu as notas do gongo vibrando pelo ar. Eram três da manhã, e o gongo sinalizava que era hora da meditação matinal. Ele seguiu os monges silenciosos e vestidos de túnicas enquanto eles iam de seus quartos para o templo. Ele pensou, pela milionésima vez, que o objetivo de sua viagem para a Ásia não era levá-lo a um mosteiro budista Theravada na Tailândia, cujo nome, traduzido livremente, era "O Templo da Não Preocupação".

Ele deveria viajar de Bangkok para o Nepal para promover seu livro recém-lançado, mas o repentino início de uma forte dor no pescoço mudou seus planos. Múltiplas visitas a médicos e quiropratas não trouxeram respostas, e ele não conseguia encontrar nada que aliviasse a dor. Uma série de sincronicidades o levou ao mosteiro, onde ele pensou que uma semana de meditação e "não preocupação" o ajudaria a se sentir melhor. Mas isso foi apenas o começo de sua experiência.

Com as reflexões silenciosas no mosteiro, Luke olhou profundamente para dentro de si. Um dia, durante a meditação, percebeu que não era apenas com a dor física que estava lidando. Ele estava lutando ainda mais com as emoções que sua dor repentina lhe estava causando. "Descobri a profundidade dos meus sentimentos — a ansiedade, o medo, a decepção e a traição que sentia em meu corpo — que eu não sabia que estavam lá".

Luke havia trabalhado duro para se estabelecer como escritor. Havia escrito um livro e mantido um blog, tudo enquanto realizava uma miríade de tarefas necessárias para se tornar um escritor solo. Agora, não conseguia ficar sentado em frente ao computador por mais do que alguns minutos sem sentir uma dor aguda. Parecia que tudo pelo que ele tinha trabalhado estava sendo lentamente destruído porque a dor estava dominando sua vida. "Percebi que esses sentimentos com que estava lutando estavam me dizendo que eu não havia aceitado a mudança nos meus planos e que tinha uma sensação de fracasso", disse ele.

Esse foi o pior momento para Luke, mas pelo menos ele estava desenvolvendo uma consciência do que o havia levado até ali.

O autor e sobrevivente do Holocausto Victor Frankl escreveu: "Quando já não somos capazes de mudar uma situação, somos desafiados a mudar a nós mesmos".[1] Luke não podia fazer muito sobre suas circunstâncias, então teve que mudar a maneira como as via. Primeiro, Luke se rendeu à realidade. Estava apegado a como queria que sua viagem fosse, e isso lhe causava quase tanta dor quanto seu pescoço machucado.

"Quando você deixa de lado como quer que a vida seja, volta à realidade e começa de onde está agora", disse ele. Luke criou uma rotina na qual praticava diariamente ioga e meditação, o que o ajudava a cultivar uma mentalidade esperançosa sobre as mudanças em sua vida. Ele adotou o conceito budista de "silêncio nobre", não falando nem se envolvendo — pessoalmente ou online — entre as 22h e as 8h. Ele reduziu o número de coisas que estava tentando fazer e focou em fazer algumas coisas muito bem. Ele fez mais retiros pessoais, então teve mais tempo para reflexão. Todas essas práticas o ajudaram a manter uma mente aberta sobre seu plano de vida em mudança e ter confiança de que faria o melhor, o que quer que a vida colocasse diante dele.

Sua aceitação da mudança valeu a pena. Nos últimos quatro anos, Luke fundou um centro de retiro artístico e de ioga chamado Karuna Atitlan, na

Guatemala; escreveu quatro livros; ajudou muitos outros escritores a serem publicados; lançou seis álbuns musicais e arrecadou US$100.000 para 85 estudantes guatemaltecos. Por causa de sua capacidade de se adaptar, reimaginou completamente seu futuro de uma forma que atende profundamente a si mesmo e aos outros.

Passamos os últimos quatro capítulos aprendendo como prestar atenção a nossos pensamentos, lidar com nossas emoções, condicionar-nos para o sucesso e construir nossa confiança. Todos esses passos nos tornam mais fortes, mas quando experimentamos uma mudança, pode parecer que fomos desviados do curso. A mudança pode desviar nossos planos e desencorajar qualquer um de nós.

Nosso objetivo neste capítulo é que você acolha a mudança e busque oportunidades nessa mudança.

Angela Duckworth, acadêmica e autora best-seller de *Garra: O poder da paixão e da perseverança*, disse: "Quando você tem eventos negativos repetidos em sua vida que estão além de seu controle, você aprende que é relativamente impotente diante da adversidade. Em contraste, uma resposta resiliente seria aquela em que você está buscando aquele pequeno pedaço que você pode controlar — não a ilusão de que pode controlar tudo, mas um indivíduo resiliente está sempre tentando pensar: 'Isso não funcionou. Isso não funcionou. Aquilo não funcionou. Mas ainda não tentei isto.'"[2]

Esperarmos ou não a mudança não diminui o potencial de frustração ou resistência. É normal sentir pânico ou emoção intensa em face de uma mudança repentina. Nossa resposta emocional muitas vezes está ligada às nossas expectativas. Nossa capacidade de sermos ágeis, de acordo com a dra. Susan David, que apresentamos no Capítulo 3, "Trabalhe com suas emoções", é uma habilidade que nos permite "navegar pelas reviravoltas da vida com autoaceitação, clareza de visão e mente aberta".[3]

Da próxima vez que você enfrentar uma mudança, tente isto:

1. Reconheça seus sentimentos de resistência.
2. Colabore com o inevitável (aceite o que você não pode mudar).
3. Faça o que puder.

Ser capaz de surfar nas ondas do caos e aceitar a mudança não significa se render e aceitar todas as experiências ruins sem lutar. Não mesmo. A dra. David escreveu: "Aceitação é um pré-requisito para a mudança. Isso significa dar permissão para que o mundo seja como é, porque é apenas quando paramos de tentar controlar o universo que fazemos as pazes com ele. (...) E uma vez que a guerra acaba, a mudança pode começar."

Reconheça seus sentimentos de resistência

Aluna de uma universidade religiosa, Faith Smith-Place não esperava ficar grávida antes de se formar. Mas lá estava ela, no outono de 2019, inegavelmente grávida. Ela percebia uma infinidade de obstáculos: ainda não havia se formado na faculdade, morava nos alojamentos, não era casada com o pai de seu filho e não tinha seguro saúde. Não era assim que ela havia imaginado seu último ano na faculdade — ou sua vida.

Parecia um desafio que ela não conseguiria enfrentar. E pior ainda, isso tinha consequências a longo prazo: se ela não pudesse se formar na faculdade, o que isso significaria para sua carreira? E se sua gravidez afetasse suas chances de conseguir um emprego, como ela poderia cuidar de seu filho? "Eu tinha um plano para minha vida. Quando engravidei, senti como se esse plano tivesse sido arrancado de mim, como se tirassem o chão de sob meus pés", disse Faith.

Faith se sentiu sobrecarregada, furiosa e preocupada com seu futuro. No início, ela sentiu uma forte resistência a sua nova realidade. Mas, no meio de todo o estresse e enjoo matinal, percebeu que tinha uma escolha — poderia se concentrar nas coisas que não pareciam estar "certas", ou no que estava indo bem em sua vida. Também estava ciente de outro sentimento — uma doçura. Havia doçura quando seu melhor amigo, o pai de seu filho, a tranquilizou de que ele não iria a lugar algum — não havia ninguém com quem ele preferisse estar e criar uma família. Sentiu doçura quando seu pai a abraçou silenciosamente depois que ela compartilhou suas notícias, e sua mãe disse: "Não temos muito, mas o que temos é seu". E sentiu doçura quando sentiu seu filho se mover pela primeira vez. Faith disse: "Chegou um momento em que percebi que não podia mudar minha situação, mas podia escolher ver o bem nela."

Ela também percebeu que precisava mudar sua abordagem em relação ao que estava tentando realizar antes do bebê nascer. Pouco antes dos exames finais, a pandemia de covid-19 fechou sua universidade. O que foi um enorme obstáculo para muitos alunos, tornou-se uma vantagem para ela. Ela passou as últimas duas semanas de sua gravidez em isolamento, terminando as tarefas, fazendo provas online e preparando suas apresentações finais. Após sua última aula virtual como tutora de redação, entrou em trabalho de parto. Dez dias depois de trazer seu bebê para casa, ela obteve seu diploma.

"Hoje, tenho o emprego dos meus sonhos, que posso fazer do conforto da minha casa. Passo meus dias com meu filho e meu marido, as duas pessoas que mais amo no mundo. Há muitas coisas que você não pode controlar, mas se você se concentrar nas coisas que lhe trazem alegria, isso pode ajudá-lo em praticamente qualquer situação. E às vezes essas coisas dolorosas se transformam em coisas realmente bonitas. Deixe acontecer."

Faith poderia ter cedido à sua resistência inicial aos eventos em sua vida. Ela poderia ter se apegado à ideia de "como deveria ser", mas escolheu não o fazer. Em resposta a mudanças drásticas na vida, ela mudou sua perspectiva e sua abordagem à situação.

Muitas vezes, é nossa resistência à mudança que cria essa "guerra" dentro de nós. Luke passou semanas lutando contra a realidade de sua situação até aceitá-la e seguir em frente. Faith reconheceu sua resistência e decidiu aceitar as mudanças em sua vida — e então fez o que pôde para tornar sua transição mais suave. Ambos estavam enfrentando grandes desafios, mas qual deles você acha que teve uma vida mais fácil? Uma vez que deixamos de resistir, podemos criar um plano e assumir o controle do que acontece em seguida.

Colabore com o inevitável

Enquanto escrevia este livro, voei para a Califórnia para dar uma palestra ao vivo em uma importante conferência estadual. Seria minha primeira palestra presencial desde o início da pandemia, e eu queria ter certeza de que tudo corresse bem. No dia anterior, fui ao local do evento e me encontrei com os organizadores para revisar a logística. Testei o pequeno microfone de lapela que prenderia na minha gravata — gosto de usar as mãos enquanto falo, e segurar um microfone dificulta isso. No palco, fiquei feliz em ver que eles tinham um monitor de três por três metros pendurado no teto, para que eu pudesse olhar para cima e ver meus slides sem precisar virar para ver nas telas grandes atrás de mim ou na pequena na frente do palco. Tudo parecia perfeito, e os organizadores me asseguraram que tudo correria bem.

Na manhã seguinte, era hora da minha palestra. Eu estava nos bastidores atrás de uma cortina que ia do chão ao teto e que se estendia de um lado ao outro do palco, separando-me da plateia. Enquanto o mestre de cerimônias me apresentava, subi rapidamente as escadas até o palco... e tropecei, caindo de quatro. Não doeu, e a plateia não viu porque eu ainda estava atrás da cortina, mas me perguntei se ouviram o alto "tum" que fiz quando atingi o chão do palco. Eu me levantei, arrumei a roupa e corri para o palco — com um largo sorriso no rosto —, pronto para esquecer do tombo. "Nunca deixe que te vejam suar", pensei comigo mesmo. E então comecei: "Vocês, como líderes, são mais importantes para suas organizações do que nunca". Assim que falei, percebi que meu microfone não estava funcionando. Esperei um momento e tentei novamente. "Vocês, como líderes, são mais importantes para suas organizações do que nunca!" Fui ainda mais enfático que da primeira vez. A plateia olhou para mim e uns para os outros. "Não podemos te ouvir!", alguém da plateia gritou. Depois de um minuto desconfortável no palco enquanto a equipe de áudio tentava fazer meu microfone funcionar, a plateia esperando pacientemente, o organizador finalmente subiu ao palco e me entregou um enorme microfone de mão — exatamente o que eu mais odiava, aquele que eles me disseram que eu não precisaria usar porque teria o microfone que queria. Lembrei-me do processo por que passei para me tornar um instrutor da Dale Carnegie e sobre o valor de ser flexível no momento, então comecei minha palestra como se nada tivesse acontecido. Então, quando olhei para cima, vi que o monitor do teto — que estava lá apenas doze horas antes —

havia desaparecido. "Você só pode estar brincando comigo", pensei. Toda a preparação do dia anterior havia sido em vão.

Então lá estava eu, no palco na frente de uma grande plateia, minha primeira palestra presencial em dois anos, sentindo-me frustrado, decepcionado e irritado. "Bem, isso vai render uma ótima história algum dia", disse a mim mesmo. "Hora de arrasar nesta palestra."

Um de meus princípios favoritos da Dale Carnegie é "Cooperar com o inevitável". Temos que aprender a aceitar o que não podemos mudar e depois mudar a maneira como abordamos a situação. Aceitei o inevitável e escolhi continuar em frente e fazer o meu melhor. No final, a palestra correu bem. Quando desci do palco, o engenheiro de áudio pediu mil desculpas. Olhei para ele e disse: "Sabe de uma coisa, Tom? Se meu microfone não funcionar for a pior coisa que vai me acontecer hoje, então é um dia muito bom."

Embora essa história seja um pequeno exemplo de as coisas não saírem como queremos, ela ilustra que temos que ser flexíveis. A melhor maneira de lidar com algo assim é aceitar e continuar em frente.

Faça o que pode

Nem toda mudança vem em grandes reviravoltas. Nem toda mudança nos é imposta. E a vida não é composta apenas de momentos cruciais que vêm para definir quem somos. Às vezes, nos deparamos com momentos mundanos que exigem uma disposição para mudar, mesmo diante da tradição.

John e Betty Mobbs administram uma fazenda em Hauser, Idaho, usando práticas de agricultura regenerativa — eles não usam herbicidas, pesticidas ou fertilizantes, todos os seus animais nascem na fazenda e deixam a natureza cuidar de sua terra. Os avós e os pais de John estabeleceram a fazenda em 1972 e o ensinaram tudo o que sabiam. Mas, à medida que a agricultura convencional se tornava a prática padrão nos Estados Unidos, John e Betty não pararam para avaliar os novos métodos que usavam produtos químicos sintéticos para manter os campos.

Quando John e Betty participaram de uma conferência sobre agricultura regenerativa, em 2018, descobriram que os produtos sintéticos (fertilizantes, produtos químicos e herbicidas) estavam matando os micróbios e insetos que promoviam a saúde do solo. John percebeu que as práticas agrícolas do início do século XX ainda eram as melhores para o planeta, porque seus avós não usavam produtos químicos — usavam esterco de galinha. Também foi fortemente sugerido na conferência que eles mudassem sua estação de nascimento para se ajustar à natureza. Eles sempre começavam sua estação de nascimento em fevereiro, porque era assim que a família de John o ensinara a fazer, então era assim que sempre tinham feito. Ao discutir isso com outro fazendeiro regenerativo, ele disse a John e Betty: "Mas é inverno, a temperatura cai para zero. Então a temporada de lama começa. Por que não começar a estação de nascimento quando a grama brota, assim como na natureza?"

"Tivemos que pegar essa informação e dizer: Ei, espere um pouco. Meu avô e meu pai administravam dessa maneira. Queremos continuar assim, ou devemos romper essa tradição?'", disse John. Eles nunca tinham considerado que poderia haver uma maneira melhor de fazer as coisas. Queriam respeitar a sabedoria do avô e do pai de John, o que os tornava resistentes à mudança, mas, à medida que aprendiam mais sobre a ecologia agrícola, concluíram que estavam prejudicando o gado e a saúde de sua terra. Em vez de adotar uma abordagem "tudo ou nada", John e Betty descobriram que podiam manter seus valores familiares ao abraçar a agricultura ecológica e adotar práticas regenerativas, ao mesmo tempo em que admitiam que alguns métodos (como iniciar a estação de nascimento em fevereiro) não faziam mais sentido para eles.

Juntos, decidiram enfrentar o trabalho árduo de mudar a maneira como cultivavam. Betty disse: "Nosso principal valor é sermos guardiões da terra, dos animais e de nossos clientes. Tratamos as pessoas como gostaríamos de ser tratados." Ao acolher a mudança, John e Betty tornaram sua parte do mundo um lugar mais saudável e feliz.

Parte de aceitar a mudança é entender que, às vezes, teremos que fazer uma escolha — continuar fazendo o que é confortável ou mudar e aceitar uma nova maneira de viver, uma que pode ser melhor para nós e para aqueles ao nosso redor. A mudança nem sempre virá até você. Às vezes, você terá que sair e enfrentá-la de frente.

Mas sabe, também pode acontecer de a mudança tornar-se um hábito prejudicial. Yuri Kruman achava que era bom em lidar com a mudança. Quando tinha nove anos, imigrou da Rússia para os Estados Unidos e aprendeu um novo idioma e cultura. Casou-se com uma engenheira francesa, deixou o campo da neurociência para estudar direito e ganhou confiança de que poderia lidar com as mudanças da vida. Sua vida parecia ser definida pela mudança — de uma boa maneira. Mas, quando jovem adulto, as mudanças constantes o perturbaram. Formou-se na faculdade de direito em 2009, no meio da crise financeira, com US$ 250.000 em dívidas estudantis. Havia poucos empregos, então teve que aceitar um emprego em finanças para pagar as contas — não era o tipo de carreira que imaginava. Odiava finanças, então pulou de um emprego para outro em saúde, consultoria, startups, gestão de produtos e recursos humanos, e nunca se sentiu satisfeito.

Quando sua filha de dois meses foi diagnosticada com câncer, a vida de Yuri parou de repente. "Simplesmente parei e pensei comigo mesmo: 'O que estou fazendo? Estive me esgotando. Meu casamento não está indo bem. Minha filha está com câncer. Preciso parar de apenas reagir às coisas que mudam e começar a ser proativo em relação a elas. Preciso cortar o excesso e focar no que importa.'"

Yuri percebeu que achava que era "bom" em lidar com a mudança, mas, na verdade, estava deixando a mudança constante guiar sua vida, em vez de parar o suficiente para pensar no que queria e no que sua família precisava. Yuri não estava fazendo suas escolhas conscientemente — a mudança tornara-se uma reação ao desconforto. Decidiu assumir o comando e escolher o que queria na vida, em vez de usar a mudança como muleta.

Na época, sua família morava em Nova York, então decidiram priorizar a saúde e a segurança mudando para Israel, onde ele sentia que seria mais seguro, acessível e tranquilo. "Eu sabia que a mudança estava chegando, então pensamos: 'Por que não a aceitar e seguir em frente? Vamos fazer algo a respeito, em vez de esperar que aconteça'", disse Yuri. Ele parou de pular de emprego em emprego e começou a fazer o que amava e em que era bom — contar histórias e capacitar pessoas. Seu livro B*e your own commander in chief* (*Seja seu próprio comandante*) compartilha sua nova compreensão sobre como viver uma vida significativa em um mundo caótico.

Hoje, Yuri é CEO de RH, Talento e Sistemas, um premiado diretor de pessoas e um coach de liderança bem avaliado. Ele tirou proveito de suas experiências — e da sabedoria que adquiriu com elas — e construiu uma plataforma para oferecer programas de aprendizado e desenvolvimento corporativo para empresas Fortune 500 e startups de tecnologia e ajudar millennials e Gen Zs a encontrar sua direção na vida.

"Seu objetivo na vida não deve ser ganhar prêmios, mas encontrar a verdade. E estou aprendendo que buscar a verdade significa não apenas acolher a mudança, mas também conduzi-la de maneira ponderada. Descubra quem você é e no que é bom, e dirija a mudança em sua vida para esse foco", disse Yuri. Logo aprendeu que, se está disposto a acolher a mudança, terá que acolher também o fracasso. "Mas o fracasso é apenas iteração", disse Yuri. Às vezes, podemos perceber uma mudança em nossas vidas como um fracasso — ser demitido, o fim de um relacionamento, perder uma oportunidade. Mas, como disse Yuri, "Aceite as surpresas e decepções e incidentes não planejados de sua vida e use-os para direcionar sua vida para onde você quer ir". Acolha essas mudanças. Leve essas mudanças adiante em direção a algo novo. E busque verdade e crescimento no processo.

ASSUMA O COMANDO

No cerne de todas essas histórias está a experiência de atravessar a resistência, acolher a mudança e experimentar a alegria e o significado apesar das dificuldades. Embora todos possamos lutar com a mudança, isso não precisa ser doloroso. Na verdade, se abordarmos as mudanças em nossas vidas com direção e consciência, podemos encontrar uma oportunidade de crescimento que não esperávamos. Pode-se até dizer que os momentos mais importantes de nossas vidas são os mais difíceis, e a maneira como triunfamos é criando significado que nos ajuda a seguir em frente. Para isso, devemos manter uma mente aberta e estar dispostos a enfrentar o que está por vir.

PRINCÍPIO

Encontre oportunidade na mudança.

COMO AGIR

Pense em uma situação que você está enfrentando agora que requer mudança — seja externa ou interna. Faça o seguinte exercício:

- **RECONHEÇA SEUS SENTIMENTOS DE RESISTÊNCIA.** É sua resistência à mudança que torna tudo mais difícil. Como você está resistindo à mudança necessária? Como isso se manifesta — em sua mentalidade, pensamentos, sentimentos ou ações?
- **COOPERE COM O INEVITÁVEL (ACEITE O QUE NÃO PODE MUDAR).** Pense sobre o que é inevitável nessa situação. O que está destinado a acontecer, não importa o quanto você deseje que não aconteça? Quais são os fatores sobre os quais não pode fazer nada? O que deve aceitar para poder seguir em frente?
- **ESCOLHA SUAS AÇÕES E FAÇA O QUE PODE.** Uma vez aceito o inevitável, pense no que pode ser feito. Mesmo quando você aceita o que está por vir, ainda existem ações que você pode tomar para tirar o melhor da situação. Escreva as ações que pode pôr em prática, faça um plano e comece imediatamente.

6

SUPERE O ARREPENDIMENTO

Este dia é precioso demais para ser corroído por preocupações ácidas e arrependimentos venenosos. Mantenha a cabeça erguida e os pensamentos cintilantes, como um riacho de montanha saltando sob o sol da primavera. Aproveite este dia. Ele nunca mais voltará.

Dale Carnegie

Ally Love cresceu com uma mãe negra e um pai branco em uma época em que casais birraciais eram raramente aceitos na cultura americana.

Quando criança, Ally sabia que todo feriado era dividido ao meio — ela passaria a manhã com os avós paternos e a tarde com os avós maternos. Nada lhe parecia particularmente incomum nisso até seus dez anos. Um Natal, ela e sua família chegaram à casa dos avós paternos. Sua mãe estava no banco do motorista, e Ally, sua irmã e seu pai saíram do carro. Eles se despediram de sua mãe, algo que tinham feito todos os anos antes, em todos os feriados.

Mas naquele dia, não pareceu certo para Ally. "Havia uma dor em meu coração porque enquanto minha mãe estava se afastando de sua família, meus avós estavam lá na porta, nos recebendo com abraços e sorrisos", disse ela. Ela nunca havia questionado o fato de se separarem nos feriados.

"De repente, isso não fazia sentido para mim. Meus pais estavam juntos e casados, mas não passavam feriados juntos, como se estivéssemos em algum tipo de lar desfeito. Eu não conseguia entender por que ou o que isso significava", disse ela.

A mãe de Ally partiu para ver seu lado da família. Embora Ally também fosse ver seus avós maternos mais tarde naquele dia, feria seus sentimentos o fato de sua mãe não estar lá com ela. "Eu não estava brava com ela por não entrar. Eu não estava brava com meus avós por não perguntarem por que ela não entrou. Estava magoada e ofendida de modo geral — tão jovem, sem a capacidade de entender o que estava acontecendo — com o fato de minha mãe e meus avós não poderem compartilhar os feriados juntos", disse ela.

O que ela não sabia na época era que seu avô paterno não concordava com a decisão do pai de Ally de se casar com uma mulher negra — ela nunca foi convidada para a casa deles.

O avô de Ally faleceu enquanto ela estava na faculdade, o que levou ao seu primeiro grande arrependimento na vida. "Embora eu não tenha muitos arrependimentos, este me atingiu em cheio: realmente gostaria de ter lembrado de questionar sua posição, perguntar por que ele acreditava no que acreditava, reunir insights e ser curiosa", disse ela. "Meu arrependimento é que eu não fui curiosa o suficiente para fazer essas perguntas quando me sentia desconfortável. Embora eu confiasse em meus pais e avós, e sentisse que eles demonstravam muito amor por mim e minha irmã, nunca tive a chance de perguntar: 'Por que você tratou minha mãe daquela maneira?'." Ela lamenta nunca ter tido a oportunidade de ensinar seu avô, entender sua perspectiva, ou compartilhar sua experiência de ser uma mulher negra birracial nos Estados Unidos.

Embora Ally não possa voltar no tempo, seu arrependimento moldou a maneira como ela pensa sobre seus relacionamentos com seus parentes vivos e lhe deu coragem para ter conversas difíceis com familiares. Ela conseguiu falar corajosa e abertamente sobre sua perspectiva, ao mesmo tempo que tentava entender os pontos de vista de seus parentes — mesmo quando não concordava com eles. "Nossas famílias acabaram se reunindo. Minha avó ainda está viva e faz parte da minha vida. Hoje estamos mais integrados como família, e crescemos juntos", disse Ally. "Estou orgulhosa do meu pai e da minha família como um todo por causa do crescimento, da coragem e do fato de todos estarem dispostos a ouvir e melhorar e mudar e se unir em direção a ser uma família."

Todos cometemos erros, e às vezes o arrependimento — ou os sentimentos de culpa ou vergonha que o acompanham — nos impede de avançar. Embora o arrependimento, a vergonha e a culpa sejam emoções diferentes, todos contribuem para a maneira como lidamos com os momentos em que inevitavelmente tropeçamos, e como os superamos.

Podemos sentir arrependimento quando cometemos um pequeno erro no trabalho, ou quando deixamos de agir ou tomamos a decisão errada em outra situação, e não gostamos de como as coisas aconteceram. Pode ser algo pequeno, como se arrepender de ter comido demais. Ou você pode ser algo importante, como magoar alguém que você ama ao dizer algo desrespeitoso ou cruel. Existem tons e graus variados de arrependimento, mas o principal é que algo que você fez ou deixou de fazer teve um impacto que você gostaria que não tivesse. Os arrependimentos passados podem ser opressivos; podem tornar-se barreiras entre você e a vida que deseja viver, corroer sua autoconfiança e manter seus níveis de estresse elevados. Quando você resolve os arrependimentos passados, é muito mais fácil assumir o controle de seus pensamentos e emoções.

O autor Dan Pink conduziu a World Regret Survey (Pesquisa Mundial sobre Arrependimentos), que coletou respostas de 17.000 participantes em 105 países. Após o estudo — que ele compartilhou em seu livro *The power of regret* (*O poder do arrependimento*) — ele passou a considerar o arrependimento como a emoção mais incompreendida... e mais transformadora. Os resultados revelaram que, por baixo da razão superficial para o arrependimento — arrependimentos por não convidar aquela pessoa para sair, ou não arriscar e iniciar seu próprio negócio —, existem o que ele chama de arrependimentos centrais. Os arrependimentos centrais são divididos em quatro categorias:

- **ARREPENDIMENTOS FUNDAMENTAIS:** arrependimentos ligados à construção de uma base adequada para a vida. Você teria um arrependimento fundamental se lamentasse não ter ido à escola ou não ter economizado para a aposentadoria.
- **ARREPENDIMENTOS DE AUDÁCIA:** esses se concentram no que você não fez, como não arriscar iniciar um negócio, ou não convidar alguém que você realmente gostava para sair.
- **ARREPENDIMENTOS MORAIS:** quando você sente que perdeu a chance de fazer a coisa certa, ou quando agiu de forma errada.
- **ARREPENDIMENTOS DE CONEXÃO:** arrependimentos em torno de relacionamentos que se desfizeram, ou por você não investir energia em um relacionamento e ele acabar.

Pink escreve: "Esses quatro arrependimentos funcionam como um negativo fotográfico de uma boa vida. Se entendermos o que as pessoas mais lamentam, também entenderemos o que elas valorizam mais. Então, essa emoção negativa do arrependimento nos dá uma ideia do que faz a vida valer a pena."[1]

O arrependimento pode ser muito mais benéfico do que pensamos. Embora o arrependimento e as outras emoções que o acompanham possam parecer desconfortáveis, e a maioria de nós preferiria evitar sentir essas emoções, elas podem nos sinalizar que fizemos algo que gostaríamos de corrigir ou nunca mais fazer. Essas emoções podem nos dizer que precisamos compensar o que fizemos, pedir desculpas ou tomar medidas que nos levem na direção que queremos seguir. O arrependimento e a culpa podem indicar o tipo de comportamento que nos ajudará a evitar esse sentimento.

Analise mais de perto os arrependimentos centrais acima. O que você percebe? Quando você os analisa, fica evidente que os arrependimentos em relação às ações que não tomamos superam os arrependimentos sobre as ações que tomamos. É muito mais provável que nos arrependamos do que não fizemos do que do que fizemos.

Precisamos lidar com o arrependimento como lidamos com outras emoções. Assim como não devemos suprimir ou ignorar qualquer emoção, também não devemos negar nossos arrependimentos. A filosofia "sem arrependimentos" é tão útil e realista quanto dizer "sem emoções". A questão não é se devemos sentir arrependimento, mas o que fazer quando ele surge.

Quando você pensa em situações que o deixam com um sentimento de culpa e arrependimento, faça o seguinte exercício: reveja a situação para entendê-la completamente.

Ao olhar para a matriz a seguir, considere:

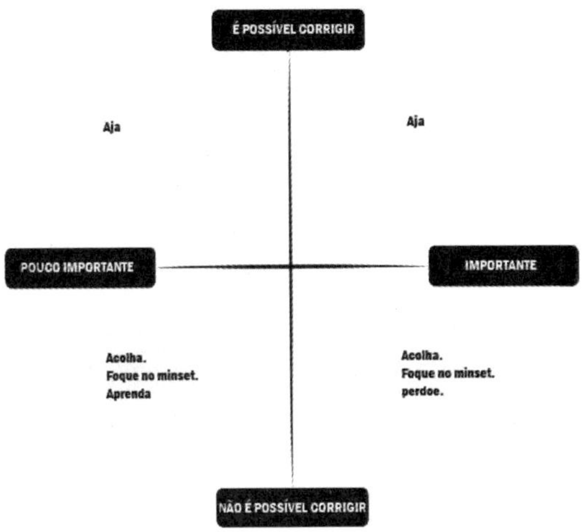

1. O impacto do que fiz ou deixei de fazer foi importante ou não?
2. É possível corrigir ou não?

Michael e eu utilizamos uma matriz simples de eixo x/y como ferramenta para lidar com o arrependimento. No eixo x, da esquerda para a direita, está a importância. Devemos nos perguntar se o tema de que nos arrependemos é muito importante (lado direito) ou pouco importante (lado esquerdo). Usamos o eixo y para considerar se aquilo de que nos arrependemos pode ser corrigido (em cima) ou não (embaixo). Usando esse modelo, podemos considerar se algo é importante e corrigível, pouco importante e corrigível, importante e não corrigível, ou pouco importante e não corrigível. O local onde o evento ou circunstância se encontra na matriz orientará suas ações.

Depois de considerarmos o evento e onde ele se encaixa na matriz, devemos decidir sobre as ações que podem ser tomadas e realizá-las. Pode haver coisas que podemos fazer para reparar ou amenizar a situação, e não devemos perder tempo em fazê-las. Depois de fazer o que pudermos, devemos refletir sobre o que aprendemos com a situação, para não a repetir. O que podemos fazer para garantir que não cometamos o mesmo erro novamente? Por fim, trabalhe com as emoções que restarem, como tristeza, culpa ou vergonha, usando o modelo que delineamos no Capítulo 3, "Trabalhe com suas emoções".

Por exemplo, certa vez eu estava em uma ligação com um colega, e estava irritado. Estava impaciente e falei com ele de um jeito que não gostaria que falassem comigo. Pareceu não ter tido muito impacto durante a ligação, mas senti arrependimento depois que desliguei e tive um momento para pensar sobre a conversa. Fiz o exercício anterior e percebi que, embora o incidente fosse de pouca importância, eu certamente poderia fazer algo para corrigi-lo. Após refletir, liguei para meu colega e disse que não gostei da maneira como minhas palavras saíram quando falamos no dia anterior. Não me representava, nem os princípios que defendo, então pedi desculpas. Ele me disse que eu não precisava me desculpar, mas também tenho certeza de que ele gostou. O incidente era de pouca importância e corrigível, e consegui superá-lo rapidamente.

Por outro lado, também enfrentamos situações que são de pouca importância e não corrigíveis e, apesar de seu pequeno impacto, ainda ficamos remoendo sobre elas. Ainda se resume ao que é possível fazer. Wendy Wang estava iniciando em seu primeiro emprego em tempo integral e precisava liderar uma videoconferência com um grupo de participantes externos. Seu gerente deixou que ela preparasse sozinha — a confiança era maravilhosa, mas Wendy não tinha um cronograma ou um procedimento operacional padrão (SOP) para seguir. Ainda mais preocupante, seus clientes solicitaram o uso de um software de videoconferência diferente do que Wendy havia usado no passado, o que a deixou ainda mais despreparada. Wendy fez o seu melhor para testar o software e se familiarizar antecipadamente, mas não ajudou. A aula foi um desastre — a internet ficava caindo, o software se desconectava e seu colíder também estava tendo dificuldades técnicas. Todas essas distrações a levaram a cometer grandes erros durante a apresentação. Wendy não tinha um plano B para remediar a sessão de treinamento e os participantes ficaram muito decepcionados. Era a primeira vez dela liderando um grupo assim, e ela sentiu vergonha e arrependimento pelo que havia acontecido.

Embora Wendy não pudesse voltar atrás e refazer a apresentação, ela podia aprender com essa experiência e fazer mudanças na maneira como se apresentaria no futuro. Ela dedicou tempo para desenvolver um SOP e um cronograma para as próximas sessões de treinamento. Em seguida, certificou-se de entender como solucionar quaisquer problemas técnicos que pudessem surgir. Na próxima aula, ela se sentiu completamente preparada. Seu arrependimento valeu a pena, pois ela aprendeu com ele para melhorar seu desempenho.

Arrependimentos importantes e corrigíveis nem sempre podem ser corrigidos da maneira que esperamos. Ron Carter desenvolveu a tecnologia de streaming para campainhas de vídeo que mudou a maneira como protegemos nossas casas. Quando Ron veio ao meu podcast, contou-me a história de um de seus maiores arrependimentos e como ele lidou com a situação.

"Em 2003 e 2004, estávamos longe de ter a capacidade de transmitir vídeo", disse ele. "Naquela época, tudo era considerado circuito fechado, em que o conteúdo de vídeo era transmitido por meio de antena ou cabo." Quando a mãe de Ron passou por duas cirurgias no quadril e não podia atender à porta, Ron teve a ideia de conectar um celular BlackBerry com um gravador de vídeo Panasonic, para que sua mãe pudesse ver quem estava na porta e decidir se precisava atender ou não. "Levou um dia e meio para conseguir o vídeo, mas funcionou", lembra Ron. Ele gastou anos e todas as suas economias desenvolvendo a tecnologia de streaming que alimenta muitos dos dispositivos que usamos hoje. "Uma das razões pelas quais recebi uma patente para essa tecnologia é que eu estava muito à frente de todos", disse Ron.

Vendo uma enorme oportunidade de negócios, Ron trouxe um sócio para comercializar sua invenção. "Ele era uma pessoa muito, muito inteligente, e eu confiava nele completamente. Esse foi meu erro. Não percebi que ele ia me destruir. Por meio de uma série de manobras, ele tomou o controle do negócio... e depois me expulsou. Fiquei arrasado", diz Ron. "Confiei nele, e ele tirou tudo de mim. Perdi minha empresa e fiquei sem nada. Foi uma surpresa total." Essa traição corroeu Ron, angustiando-o por meses e afetando sua capacidade de confiar em outras pessoas em sua vida. Ron sentiu-se impotente, como se não pudesse fazer nada e não tivesse opções.

Como Ron havia perdido todas as suas economias, arrumou um emprego como motorista da UPS para sobreviver. Foi então que descobriu que o comércio eletrônico estava em alta... assim como o roubo de produtos entregues nas portas das pessoas. "Quando fiz a pesquisa, percebi que o comércio eletrônico era uma indústria de cinco trilhões de dólares, então tive a ideia de desenvolver um produto de segurança por drones baseado em IA que pudesse proteger as entregas em domicílio e impedir ladrões." Depois de anos de desenvolvimento, Ron agora detém uma patente de uma nova tecnologia que será lançada em breve e está pronta para virar o setor de segurança residencial de cabeça para baixo — a inteligência artificial é uma atualização significativa em relação aos sistemas de campainha de vídeo anteriores.

Mas como Ron superou seu arrependimento por confiar em seu ex-sócio para poder seguir em frente? Ron diz que se resumiu a aceitação e ação. "Acabei concluindo, especialmente pela minha fé — que, como sobrevivente de câncer, é especialmente importante para mim —, que o momento para minha primeira empresa não estava certo. Eu acreditava que Deus tinha coisas melhores reservadas para mim, então me abri para receber algo melhor do que minha primeira empresa. Além disso, sabia que tinha que deixar para trás o que havia acontecido, porque estava me matando."

Você consegue imaginar ter tudo tirado de você, o sentimento de desespero que teria se fosse traído por alguém em quem confiava? Ron poderia ter sucumbido a seu arrependimento, raiva e tristeza, mas suas crenças e sua mentalidade o ajudaram a superar sua experiência, seguir em frente dia após dia e se perdoar.

Por fim, vamos analisar situações que são importantes e não corrigíveis. Michael tinha arrependimentos sobre o final da vida de sua mãe. Eles estavam em uma convenção juntos quando sua mãe, Rosemary, de repente ficou muito doente. Ela foi levada às pressas para o hospital, onde foram diagnosticados câncer uterino e ovariano. Rosemary começou o tratamento imediatamente e ia ao hospital semanalmente.

"Por muito tempo, não parecia real", disse Michael. "Não acho que eu pudesse aceitar que não era apenas real, mas era um dos piores tipos de câncer que ela poderia ter. Continuei tentando encontrar uma solução fácil para toda a questão, mas não havia solução fácil." Ao mesmo tempo, Michael estava em um ponto de sua carreira em que trabalhava em média noventa e cinco horas por semana, e nas primeiras etapas do tratamento de sua mãe, ele deixava o trabalho ocupar seu tempo em vez de passá-lo com ela. Rosemary morava em Nova York e Michael na Califórnia, então Michael só a visitava uma vez por mês, por alguns dias. Ele ainda dizia a si mesmo que ela ficaria bem.

Quatro meses após o diagnóstico, Rosemary aceitou que seu câncer era terminal e decidiu interromper o tratamento. A mudança de direção abalou Michael, e ele teve dificuldade para aceitá-la. Ele estava com raiva da situação e ainda não conseguia se afastar do trabalho. Enquanto sua mãe fazia uma última viagem à Europa com outros membros da família, Michael continuou com a vida como de costume.

Em certo momento, Michael livrou-se de sua negação. Uma vez que aceitou que a vida de sua mãe estava acabando, lamentou o tempo perdido com ela. Esse foi um grande arrependimento, e o tempo perdido era irrecuperável. Mas ele decidiu agir para estar lá para ela pelo tempo que lhe restava. "Passei as últimas semanas de vida dela com ela, e foi muito especial. Fazia cinco anos que eu não me afastava por tanto tempo do trabalho, muito menos de uma só vez", disse ele. "Eu a vi viver cada momento que podia. Ela era gentil e amável com as outras pessoas e se animava a cada ligação ou visita. Nunca reclamou. Segurei sua mão enquanto ela falecia, e fiquei feliz por estar lá — ela foi um exemplo de como morrer bem."

Michael poderia ter ficado se remoendo e se culpando por seus arrependimentos, mas isso provavelmente o teria distraído das últimas semanas de vida de sua mãe. Ele aceitou que precisava focar no momento presente e, no final, perdoou-se, o que o ajudou a estar lá para ela.

Às vezes, temos que nos render a nossas experiências. Penso na Oração da Serenidade aqui, que ajudou tantas pessoas a sair de experiências difíceis na vida que parecem fora de controle: "Deus, conceda-me a serenidade para aceitar o que não posso mudar, a coragem para mudar o que posso e a sabedoria para reconhecer a diferença". Como dissemos no capítulo anterior, não estamos sugerindo que você se force a aceitar o que aconteceu. Acolher e aceitar nossos erros passados significa que tiramos lições deles e seguimos em frente. Ficar preso em arrependimento, culpa ou vergonha não ajuda ninguém.

É aqui que nossa perspectiva se torna incrivelmente importante, e entra em jogo tudo o que aprendemos sobre lidar com pensamentos e emoções. Tendo a achar que tudo acontece para o melhor. Isso me ajuda a seguir em frente em uma situação difícil, mesmo quando desejo profundamente ter feito outra escolha. Mesmo que eu não consiga corrigir o erro, ainda me pergunto o que posso fazer daí para frente e como posso melhorar as coisas.

Perdoar a si mesmo e aos outros pode ser mais difícil do que parece. A maioria de nós tem dificuldade com o perdão, tanto a nós mesmos quanto aos outros. Em uma entrevista para o podcast Take Command da Dale Carnegie, Marshall Goldsmith, autor de *A vida merecida*, falou sobre a ideia de impermanência. Ele gosta da ideia do ensinamento de Buda de que "Cada vez que respiro profundamente, sou um novo eu". Marshall me disse que estamos sempre recomeçando com cada respiração. Temos a chance de recomeçar a cada novo momento. "O que é saudável sobre isso é que, em primeiro lugar, você é muito melhor em perdoar a si mesmo por pecados anteriores quando pensa neles como os erros de uma versão anterior de você", disse ele. Em outras palavras, coloque alguma distância entre você e as ações que tomou ou deixou de tomar. Elas não fizeram de você uma pessoa ruim — apenas contribuíram para uma versão melhor de você. “E a outra coisa sobre esse mindset é que ela impede você de viver no passado”, disse ele. A última coisa que queremos é deixar o arrependimento ou a culpa nos impedirem de superar os erros inevitáveis que cometemos.

ASSUMA O COMANDO

Aprender a deixar nossos arrependimentos para trás é uma habilidade que devemos desenvolver se quisermos assumir o comando de nossas vidas. Comece a praticar agora. Embora o passado não possa ser refeito, podemos moldar o futuro que desejamos se decidirmos fazê-lo.

PRINCÍPIO

Enfrente seus arrependimentos, corrija-os e siga em frente.

COMO AGIR

Pense em uma situação sobre a qual você tenha algum arrependimento. Anote as respostas para as seguintes perguntas:

- **REVEJA A SITUAÇÃO PARA ENTENDÊ-LA PLENAMENTE.** O que aconteceu? Note que você deve separar o que realmente aconteceu — os eventos — de como você se sente sobre eles.
- **TRABALHE COM A MATRIZ DE ARREPENDIMENTO.**

  - O impacto do que fiz ou deixei de fazer é grande ou pequeno?

Pense no impacto para todas as pessoas envolvidas. Como suas ações impactaram a outra pessoa? Como elas impactaram você?

- É possível consertar ou não? Há alguma coisa que você possa fazer para melhorar a situação — mesmo que ligeiramente? Se não, seja honesto consigo mesmo sobre isso.

- **DECIDA O QUE PODE SER FEITO E FAÇA.** Sempre há algo a ser feito — um pedido de desculpas, uma correção ou simplesmente se perdoar. Decida o que pode fazer para lidar com a situação e faça.
- **DETERMINE O QUE APRENDEU COM A SITUAÇÃO PARA EVITÁ-LA NO FUTURO.** Depois de fazer a reparação, reflita sobre o que aprendeu com essa situação. O que você pode fazer para garantir que isso não aconteça novamente? O que precisa mudar em seus comportamentos ou mindset para refletir seu novo entendimento?
- **PERDOE-SE E TRABALHE COM AS EMOÇÕES QUE SURGEM AO SENTIR ARREPENDIMENTO.** Use o quadro emocional do Capítulo 3, "Trabalhe com suas emoções", para lidar com quaisquer emoções persistentes da experiência.

7

LIDE COM O ESTRESSE

Nossa fadiga muitas vezes é causada não pelo trabalho, mas por preocupação, frustração e ressentimento.

Dale Carnegie

"Que diabos é isso?" perguntei ao meu dermatologista enquanto apontava para a erupção dolorosa no meu pescoço e ombro esquerdo.

"Acho que você tem herpes-zóster," ela disse.

"O quê? Herpes-zóster? Como pode ser? Eu pensei que herpes-zóster afetasse apenas pessoas mais velhas, e eu não sou tão velho assim."

"Bem," ela disse, "pessoas mais jovens também podem ter. Você tem passado por muito estresse ultimamente?"

A pergunta me atingiu com força. Nas últimas doze semanas, eu tinha viajado para Taipei, Taiwan; Rio de Janeiro, Brasil; Atenas, Grécia, e Carolina do Sul, Michigan, Illinois, Washington, Oregon, Carolina do Norte e Missouri nos Estados Unidos. A maioria dessas viagens envolvia reuniões e apresentações, algumas das quais eram de alta pressão e muitas das quais incluíam mudanças de fuso horário de uma a doze horas. Fazer exercícios consistentemente era praticamente impossível. Eu estava comendo fora na maioria das refeições e me via dependendo de bebidas energéticas para superar a fadiga persistente de manhã e no final da tarde. Eu tinha me forçado a dar o meu melhor em todas as minhas reuniões, enquanto tentava ser o melhor marido e pai que eu poderia ser — mas, para ser honesto comigo mesmo, estava absolutamente esgotado.

"Sim, tenho me esgotado muito nos últimos meses. E sei que o estresse pode causar problemas cardíacos e outros problemas físicos, mas herpes-zóster? Pensei que isso fosse causado por um vírus. Como o estresse causa um vírus?" perguntei.

"Bem, é causado por um vírus, mas o estresse pode enfraquecer seu sistema imunológico, o que pode torná-lo mais suscetível a uma infecção viral, ou pode reativar o vírus se você já o teve e ele esteve dormente."

Isso foi um sinal de alerta. Mesmo tendo apenas 49 anos (e continuando a me dizer que 49 era o novo 29), tive que ser honesto sobre o terrível estresse a que estava me submetendo — não apenas o esgotamento físico de viagens e trabalho, mas também eu mesmo me pressionar a ter um alto desempenho, o medo de cometer um erro e passar vergonha e a preocupação sobre o que as pessoas diriam. Mas pensar que qualquer uma dessas tensões emocionais poderia causar uma reação física como herpes-zóster me mostrou que eu tinha que lidar melhor com o estresse — e tinha que ser mais indulgente comigo mesmo. Durante as férias, desconectei-me do e-mail, do trabalho e de outras responsabilidades e resolvi prestar mais atenção aos meus níveis de estresse no futuro, desacelerando quando começassem a ficar fora de controle. Eu me saí bem, mas isso é um esforço contínuo.

Todos enfrentamos situações estressantes que podem prejudicar nossa saúde, relacionamentos e vidas. Controlar nosso estresse significa reconhecê-lo e agir sobre ele antes que nos machuque ou a outros. Você pode dizer: "Isso é mais fácil falar do que fazer", e estará certo. Às vezes, sentimos um estresse tão esmagador que parece quase impossível se libertar. Embora possa parecer assim às vezes, o trabalho que fizemos nos capítulos anteriores foi para criar um senso de autonomia e capacidade, para aprender a trabalhar conosco e com os desafios que enfrentamos. Até agora, trabalhamos duro para escolher os pensamentos certos, lidar com nossas emoções, desenvolver nossa mentalidade e confiança, acolher a mudança e esquecer o arrependimento. Todas as ferramentas que adquirimos estão diretamente relacionadas à nossa capacidade de lidar com o estresse. Lembre-se de que sempre temos uma escolha; tomar boas decisões sobre nossos pensamentos e emoções em situações estressantes é mais da metade da batalha. É disso que se trata este capítulo: aprender a agir sobre o estresse antes que ele aja sobre nós.

O que é estresse?

O estresse é uma reação humana normal. É uma resposta a eventos internos (como um pensamento ou memória) ou externos, também chamados de "agentes estressores". Esse estímulo pode vir de dentro ou de fora de nós, e pode perturbar nossas emoções. O estresse pode parecer uma emoção negativa, mas é na verdade uma resposta fisiológica. É normal experimentar estresse quando enfrentamos desafios ou ameaças. Ele pode nos ajudar a nos adaptar a novas situações e nos manter motivados e alertas.[1] Quando nos sentimos estressados, podemos sentir nosso coração bater mais rápido, podemos respirar mais pesado, nossas palmas das mãos podem ficar suadas ou podemos ter dificuldade para pensar claramente. Todos nós já sentimos essa resposta de luta ou fuga.

Os agentes estressores vêm em todas as formas e tamanhos. São grandes agentes estressores perder um emprego, mudar-se, perder um ente querido ou passar por uma separação. Entre os agentes estressores menores podem estar conversas difíceis no trabalho, sentir-se sobrecarregado pela lista de tarefas ou estar atrasado para a escola.

Estresse x ansiedade

Antes de prosseguirmos, vamos diferenciar estresse e ansiedade, palavras que frequentemente usamos de forma intercambiável. Embora estejamos constantemente aprendendo mais sobre estresse e ansiedade e como funcionam, sabemos o suficiente para distinguir entre as duas experiências.

Experimentamos ansiedade quando temos preocupações persistentes, irreais ou exageradas que não cessam, mesmo depois que o estímulo estressor desaparece. Sentimos estresse em relação a coisas reais que acontecem (como esperar pelo pagamento para pagar nossas contas). A ansiedade é quando interpretamos essas coisas reais de maneira exagerada (mesmo depois de pagarmos as contas, ainda nos preocupamos em não conseguir fechar o mês e que "nunca temos dinheiro suficiente"). A ansiedade pode parecer angústia ou medo, mesmo quando a situação não representa uma ameaça real. A ansiedade pode persistir após o evento estressante ter terminado e, se for grave o suficiente, pode se transformar em um transtorno. (Apenas para deixar claro, pelo resto do capítulo, falaremos sobre estresse e ansiedade em geral, não sobre transtornos de ansiedade, que são mais graves e requerem ajuda médica para tratar. Transtornos de ansiedade enquadram-se na categoria de sofrimento extremo, em oposição ao estresse comum.) Você pode sentir ansiedade se costuma dramatizar ou dar muita ênfase a erros ou coisas que você considera "erradas".

Geralmente, o estresse é de curto prazo. A ansiedade pode persistir. O estresse é uma resposta a uma ameaça conhecida. A ansiedade pode não ter um gatilho identificável.[2]

Como o estresse se manifesta

Todos reagimos de maneira diferente ao estresse. Posso me sentir estressado para chegar a algum lugar na hora certa, enquanto você pode não sentir o mesmo tipo de pressão. Talvez você se sinta estressado com a ideia de fazer uma palestra, mas para outra pessoa isso é apenas mais uma tarefa. Se você se sentir tão assustado em cometer um erro durante a palestra que isso o mantenha acordado à noite e o deixe nervoso, mesmo depois que o evento passou, você pode estar sentindo ansiedade.

O importante é entender o que nos estressa e encontrar maneiras de lidar com isso antes que se torne crônico. Pense em um momento em que você experimentou estresse significativo. Como se sentiu? Como seus níveis de estresse afetaram sua vida? Ao pensar em exemplos, você pode notar que o estresse às vezes é útil. Como qualquer estudante que decidiu terminar aquele trabalho em cima da hora sabe, algum estresse nos ajuda a concluir as tarefas. Antes de prosseguirmos, vamos entender a diferença entre estresse comum e estresse crônico.

Estresse comum

Na verdade, precisamos de algum grau de pressão para funcionar. Há um termo que expressa a ideia de "estresse bom", o eustresse. Esse tipo de estresse é benéfico. Experimentamos eustresse quando estamos aprendendo algo novo ou assumindo tarefas que estão apenas um pouco além de nossa zona de conforto, desafiando-nos, mas não são tão difíceis a ponto de sentirmos que não podemos ter sucesso.[3]

Tim Reilly estava começando como advogado em uma agência governamental e estava mediando uma negociação para um caso com uma colega chamada Rachel. Eles estavam do lado de fora da sala onde as duas partes opostas de um caso de direitos civis estavam esperando o início da mediação. Rachel olhou para Tim e disse: "Às vezes eu fico nervosa antes de essas coisas começarem. E se algo der errado, ou se não conseguirmos fazê-los concordar?" Tim disse: "Sempre me dá frio na barriga... mas em vez de me sentir estressado por isso, vejo como um sinal de que me importo com o que está acontecendo". Tim reformulou sua experiência emocional como um sinal de cuidado (em vez de um sinal de angústia) e enfrentou o desafio. Reconhecer o que ele estava sentindo e poder usar isso de maneira construtiva permitiu que Tim não apenas evitasse os impactos negativos da preocupação, mas também apresentasse um desempenho excepcional. O tipo certo de estresse pode nos ajudar a ter um bom desempenho e alcançar nossos objetivos.

Estresse crônico

O estresse torna-se um problema quando nossas reações a ele nos mantêm em um estado de ansiedade ou desconforto por um longo período. Com o estresse crônico, nunca há alívio, e parece que a pressão não diminui. Quando estamos sob estresse constante, nossos corpos e mentes não têm tempo para se recuperar. Pense em nossos sistemas imunológicos. Eles precisam encontrar bactérias e germes estranhos para permanecerem robustos. Esse é um exemplo de bom estresse, ou eustresse. No entanto, até mesmo um sistema imunológico saudável vai fraquejar sob um ataque constante de germes e bactérias com que não está preparado para lidar.

Nossos corpos estão bem equipados para lidar com pequenas quantidades de estresse, mas o estresse crônico e de longo prazo causa danos graves ao nosso sistema imunológico — aumento da frequência cardíaca e da pressão sanguínea, susceptibilidade a infecções, risco de diabetes, queda de cabelo, dores de cabeça, problemas digestivos ou até mesmo um surto de herpes-zóster. É por isso que gerenciar nosso estresse é tão importante. Se não conseguirmos, podemos sofrer consequências a longo prazo.[4]

Como repensar o estresse

Um estudo interessante acompanhou 30 mil adultos nos EUA ao longo de oito anos. Foi perguntado aos participantes: "Quanto estresse você experimentou no último ano?" Os participantes também tiveram que dizer se acreditavam que o estresse que experimentaram era prejudicial para sua saúde. Ao longo do estudo, os pesquisadores examinaram registros públicos de óbitos para determinar quem morreu. Infelizmente, aqueles participantes que disseram ter experimentado muito estresse no ano anterior tiveram 43% mais risco de morte. A boa notícia, no entanto, é que isso só foi o caso para aqueles que acreditavam que o estresse era prejudicial para sua saúde. Aqueles que não viam o estresse como prejudicial não tinham probabilidade maior de morrer. Surpreendentemente, tinham um risco menor de morrer do que outros grupos no estudo — incluindo aqueles que relataram baixos níveis de estresse. O estudo mostrou que nossas crenças sobre o estresse e como ele nos impacta podem ter tanto ou mais efeito do que o próprio estresse.[5]

Outro estudo na Universidade de Harvard mediu o que aconteceu quando os participantes pensaram em seu estresse como útil, como Tim Reilly na história acima. Eles foram instruídos a pensar no coração acelerado e na respiração rápida simplesmente como sinais de preparação para a ação. Aqueles que foram treinados para ver seu estresse como benéfico para seu desempenho geral sentiram-se mais confiantes e menos estressados e ansiosos.[6]

A dra. Kelly McGonigal, psicóloga de saúde e professora da Universidade de Stanford, diz: "Quando você opta por ver sua resposta ao estresse como útil, você cria a biologia da coragem. E quando você opta por se conectar com os outros sob estresse, você pode criar resiliência. (...) Quando você opta por ver o estresse dessa maneira, não está apenas melhorando do estresse, está fazendo uma afirmação bastante profunda. Você está dizendo que pode confiar em si mesmo para lidar com os desafios da vida."[7]

Uma ferramenta simples para aliviar o estresse

Quando você está estressado, com que frequência sente que pode fazer algo a respeito? Muitas vezes, a maneira como lidamos com uma situação específica causa mais estresse do que o problema em si. Uma das partes mais notáveis do estresse e da ansiedade é sentir falta de controle. Se tememos o resultado de uma situação específica, podemos evitar tomar decisões, o que agrava os sentimentos de ansiedade. Se não temos certeza do que fazer, podemos passar muito tempo pensando em nossas opções e não o suficiente agindo. Isso cria um ciclo de feedback negativo. Não é apenas o estressor que causa problemas, mas a crença de que você não pode fazer nada a respeito.

Discutimos nos capítulos anteriores o poder de nosso mindset, e isso inclui a maneira como pensamos sobre nossas experiências emocionais. É totalmente normal sentir muitas emoções quando estamos estressados. Alguns de nós são simplesmente mais emocionais do que outros. Mas não queremos ficar presos na emoção — a chave para gerenciar o estresse é saber como pensar sobre o problema e agir, não importa o que estejamos sentindo. Mesmo que possa parecer assim no momento, nunca estamos impotentes.

Uma das ótimas ferramentas que Dale destacou em *Como parar de se preocupar e começar a viver* e que Michael e eu usamos o tempo todo para gerenciar o estresse é a "técnica de resolução de problemas". Essa abordagem nos ajuda a chegar à causa raiz de nosso estresse. Quando se sentir estressado, escreva e responda às seguintes perguntas:

1. **QUAL É O PROBLEMA?** Desafie-se bastante aqui, porque às vezes o que pensamos ser o problema não é. Antes de aceitar a primeira coisa que vem à mente, certifique-se de ter chegado à questão real.
2. **QUAIS SÃO AS CAUSAS DO PROBLEMA?** Você pode relacionar algumas ou muitas coisas, mas seja qual for o número de "causas", faça seu melhor para resumi-las e classificá-las.
3. **QUAIS SÃO AS SOLUÇÕES POSSÍVEIS?** Fique à vontade para fazer um brainstorming, mas, novamente, desafie-se e procure as melhores soluções potenciais.
4. **QUAL É A MELHOR SOLUÇÃO POSSÍVEL?** Agora é hora de se concentrar. Escolha a melhor solução e, em seguida, comprometa-se com pelo menos uma coisa que você pode fazer, agora mesmo, para avançar em direção a essa solução. A ação é fundamental porque fazer algo é uma parte crítica da redução da preocupação.

Ahmed Kamal é um bom exemplo de alguém que aplicou essa abordagem de resolução de problemas para entender e agir sobre seu estresse. Ahmed serviu no conselho do condomínio onde ele e sua família moram em Alexandria, Egito. Nesse papel, ele se sentia incrivelmente estressado. Como tesoureiro, Ahmed ajudava a gerenciar mais de 500 unidades — o que significava centenas de pessoas com reclamações como canos vazando, vizinhos barulhentos, banheiros entupidos e eletrodomésticos que não funcionavam. Além disso, Ahmed também trabalhava em tempo integral na área de vendas. Um dia, depois de uma enxurrada de mensagens raivosas em um grupo de WhatsApp que os inquilinos usavam para se comunicar entre si, Ahmed se sentiu sobrecarregado. O estresse de ser tesoureiro estava afetando seu sono, e ele passou muitas noites em claro. Sem perceber, Ahmed trouxe esse estresse para sua vida familiar. A esposa de Ahmed disse que seu estresse estava afetando ela e suas duas filhas. Como ele não queria que sua família suportasse o peso de seu estado emocional, Ahmed sabia que precisava fazer mudanças — e decidiu começar com a técnica de resolução de problemas.

Primeiro, ele se perguntou: "Qual é o problema?" Isso foi fácil para ele definir: seu trabalho como tesoureiro o estava estressando e claramente afetando seu sono, sua saúde e sua família. Se ele não fizesse algo, todas essas coisas piorariam. Ahmed não queria nem pensar nisso.

Em segundo lugar, pensou sobre as causas do problema. Por um lado, ele sabia que o grupo do WhatsApp que todos usavam para se comunicar estava cheio de negatividade, agressividade passiva e críticas — cada vez que ele participava daquela conversa, ficava de mau humor por horas. Também pensou nas interações que teve com seus colegas do conselho, dos quais esperava mais. Sentia que estava fazendo todo o trabalho, quando eles deveriam contribuir mais. Ele identificou essas como as duas maiores causas de seu estresse.

Então Ahmed elaborou uma longa lista de soluções potenciais e, por fim, identificou suas três "melhores soluções". Primeiro, parou de participar da conversa no WhatsApp e saiu do grupo. Comprometeu-se a abordar situações com as pessoas individualmente, mas recusou-se a participar de um bate-papo em grupo insultuoso e tóxico. Em seguida, Ahmed decidiu abandonar suas expectativas em relação aos outros e, em vez disso, focar em sua própria carga de trabalho. Por fim, decidiu que, embora tivesse que honrar seu compromisso de servir como tesoureiro, não se candidataria novamente ao cargo quando seu mandato expirasse. Ahmed sabia que não podia fazer com que todos no conselho agissem de maneira mais civilizada, mas podia afastar-se da situação e desligar as notificações que constantemente o lembravam da dinâmica estressante. Ahmed assumiu o comando da situação da melhor maneira que pôde.

Essas ações imediatamente mudaram o humor e a perspectiva de Ahmed. Ele se sentiu relaxado, especialmente quando estava em casa com a família. Ele também se esforçou para ficar mais atento ao estresse — para reconhecê-lo assim que ele aparecesse. Ahmed disse que precisava "ter seus sensores ligados" para o estresse crônico, para que soubesse quando estava se tornando um problema antes que dominasse sua vida. Ele disse a si mesmo que poderia "lidar com isso", e talvez pudesse, mas sua família — seus filhos — não podiam.

Quando não ouvimos a necessidade de nosso corpo de desacelerar, podemos experimentar o esgotamento. O esgotamento não é apenas um estado de espírito ou uma resposta emocional ao estresse prolongado. Pesquisas mostram que ele pode prejudicar nosso funcionamento pessoal e social, sobrecarregar nossas funções cognitivas, afetar nossos sistemas hormonais... tudo isso leva a mudanças na maneira como nossos cérebros funcionam. Junto com os efeitos mentais e emocionais, o esgotamento pode causar insônia, náuseas, dores de cabeça, palpitações cardíacas, falta de ar e ataques de pânico.[8]

Um estudo recente da Gallup mostrou que 2,7 milhões de trabalhadores na Alemanha sentem esgotamento. No Reino Unido, uma pesquisa com diretores de recursos humanos mostrou que quase 30 por cento dos entrevistados relataram um esgotamento generalizado em suas organizações.[9]

Negin Azimi experimentou o esgotamento de uma maneira dramática. Negin nasceu no Irã e saiu aos três anos de idade. Sua mãe imigrou para a Suécia e, embora pensassem que a vida seria mais fácil, tiveram dificuldades financeiras por anos. Depois de frequentar um Dale Carnegie Course quando tinha 14 anos, Negin aprendeu a falar na frente das pessoas — e adorou. Ela não conseguia um emprego, então começou sua própria empresa de consultoria aos 16 anos. Ela se tornou muito boa nisso, e as maiores empresas da Suécia a contrataram para falar. Adoravam ouvir uma pessoa jovem de origem diferente falar sobre a vida. Ela se tornou a organizadora mais jovem do TEDx do mundo. Ganhou prêmios por organizar o TEDx na Suécia, e o coordenou por vários anos. Ela também foi membro do conselho das Aldeias Infantis SOS por quatro anos.

Tudo isso foi maravilhoso até Negin encontrar um grande obstáculo. Aos 18 anos, teve um esgotamento. O esgotamento foi sério, ela não saiu da cama por dois anos. Estava tão doente que parou de frequentar a escola no último ano do Ensino Médio.

Com tanto tempo de cama, Negin pensou em como havia chegado a esse ponto. Em retrospecto, seu esgotamento não foi uma surpresa total. Seu corpo havia lhe dito muitas vezes que estava estressada, cansada e não se sentia bem, mas ela não ouviu. Negin sente que essa experiência foi a pior e a melhor coisa que já lhe aconteceu. Embora tivesse que lutar contra a doença e o cansaço, isso a ensinou a ter uma conexão melhor com sua mente e corpo. Estava ansiosa para realizar tudo o que queria, mas também aprendeu que nada disso importava se não tivesse saúde. A maior lição de Negin foi que "tudo é como água — tudo muda o tempo todo, você tem que ir com o fluxo e ouvir seu corpo e alma". Negin recuperou lentamente sua força e voltou a trabalhar em sua área — cuidando muito melhor de si mesma dessa vez. Atualmente, Negin é consultora de RP e comunicações na agência global Burson Cohn & Wolfe. Ela também escreveu um livro chamado *Fight smart and dream big* (*Lute com inteligência e sonhe grande*).

Dicas para lidar com o estresse

O estresse precisa ser encarado de frente, então aqui estão algumas maneiras práticas de lidar com o estresse para que não sejamos dominados por ele:

- **CONVERSE.** Seja um terapeuta, coach, parceiro de responsabilidade, familiar, amigo ou outra pessoa, todos precisamos de alguém em quem confiar e com quem conversar. Conversar com alguém pode nos ajudar a superar o estresse e outras dificuldades emocionais que enfrentamos.
- **MOVIMENTE-SE.** Milhares de estudos mostram que o exercício nos ajuda a aliviar a tensão e o estresse e que nos apoia em nosso bem-estar geral. Minha esposa, Katie, sempre percebe quando eu perco meu treino. Simplesmente não sou a mesma

pessoa. Mexer-se não precisa ser uma corrida de dez quilômetros. Pode ser uma caminhada, andar de bicicleta, praticar um esporte, nadar ou fazer qualquer atividade física. A chave é fazer o que funciona para você.

- **DESCONECTE-SE.** Você já deu um tempo da TV, das notícias e das redes sociais por apenas um dia? Se sim, como se sentiu? Embora seja bom saber o que está acontecendo, a constante avalanche de más notícias, pontos de vista polarizados e postagens insultuosas nas redes sociais pode criar um estresse significativo. Por muitos anos, tenho feito jejuns de notícias e redes sociais — passando um dia ou dias sem acessá-las — e sempre me sinto melhor depois. Faça uma pausa — um dia ou mesmo uma semana — e veja se você consegue sentir a diferença.
- **RESPIRE.** Os principais benefícios da respiração para a saúde são o relaxamento, o alívio do estresse e a autoconsciência. Exercícios de respiração podem nos ajudar a permanecer atentos e a nos acalmar. Por exemplo, a respiração em caixa é um exercício em que inspiramos pelo nariz, contando até quatro, seguramos a respiração por quatro segundos, expiramos por quatro segundos e seguramos a respiração novamente por quatro segundos. Outra técnica simples é a técnica 4-7-8: inspire por quatro segundos, segure a respiração por sete segundos e expire por oito segundos. A respiração pode estabilizar nossa frequência cardíaca e nos ajudar a nos sentir menos ansiosos.

Descanso

Todos fazemos escolhas melhores quando estamos bem descansados. Quando você lê a palavra descanso, no que você pensa? Se você é como a maioria de nós, pode pensar em sono. A dra. Saundra Dalton-Smith é uma especialista em bem-estar, palestrante e autora que ensina sobre descanso e recuperação. De acordo com Dalton-Smith, nos prejudicamos quando confundimos descanso com sono. Existem muitas formas de descanso, e o sono é apenas uma delas. Eis uma lista:

1. **DESCANSO FÍSICO,** que pode ser passivo (dormir ou cochilar) ou ativo (atividades restaurativas como ioga e massagem).
2. **DESCANSO MENTAL,** que pode incluir pequenas pausas ao longo do dia para nos lembrar de desacelerar por um momento.
3. **DESCANSO SENSORIAL,** em que desconectamos de luzes brilhantes, telas, barulho e conversas (seja pessoalmente ou online).
4. **DESCANSO CRIATIVO,** em que despertamos nosso senso de maravilhamento através da natureza ou da arte.
5. **DESCANSO EMOCIONAL,** que é ter tempo e espaço para expressar livremente emoções sem precisar agradar a outra pessoa.
6. **DESCANSO SOCIAL,** em que tiramos um tempo para descansar de socializar, especialmente daquelas relações que nos deixam exaustos.
7. **DESCANSO ESPIRITUAL,** que é o tempo e o espaço para conectar-se com um propósito maior na vida, como quer que seja.[10]

Descanso não é preguiça. Ele aumenta nossa eficácia. O US Office of Disease Prevention and Health Promotion (Escritório de Prevenção de Doenças e Promoção da Saúde) dos EUA diz que adultos que dormem no mínimo sete horas por noite são menos propensos a doenças, capazes de manter um peso saudável, pensar com mais clareza, ter interações sociais mais positivas, tomar melhores decisões e estão em um estado de espírito mais feliz do que aqueles que não dormem.[11] O mesmo é verdade para todos os tipos de descanso.

Quando Michael tinha 15 anos, fez um mochilão pela Europa. Em algum lugar ao longo do caminho, ficou muito doente. Ele teve que parar de viajar e se refugiar no Vale do Loire, na França. Estava acostumado com a mentalidade de vai-vai-vai de um jovem viajante, e a parada repentina foi uma experiência chocante. Forçado a não fazer nada além de descansar por 48 horas, Michael percebeu — pela primeira vez — que era OK ficar parado. Ele não precisava ler ou ser produtivo a cada momento. Essa experiência ainda molda como Michael encara o descanso, especialmente em uma sociedade que valoriza a produtividade constante.

ASSUMA O COMANDO

O estresse é inevitável. Embora a maioria das pessoas o veja como uma experiência negativa, a verdade é que precisamos do estresse para nos manter em movimento. Não conseguiríamos realizar nada, nem mesmo funções básicas como comer e tomar banho, sem o benefício do eustresse. A chave é não deixar o estresse nos dominar. Lembre-se, a experiência negativa do estresse está mais relacionada à preocupação e à ansiedade sobre os problemas que enfrentamos do que aos problemas em si. Se pudermos trabalhar para minimizar nossas reações ao estresse, podemos usá-lo a nosso favor.

PRINCÍPIO

Use o estresse a seu favor.

COMO AGIR

- **EM VEZ DE FICAR** pensando no problema e ser arrastado para uma espiral emocional descendente, use a técnica de resolução de problemas e anote suas respostas.

  - **QUAL É O PROBLEMA?** Separe as circunstâncias reais do problema de seus sentimentos e pensamentos sobre ele.

- **QUAIS SÃO AS CAUSAS DO PROBLEMA?** Vá até a raiz: quais fatores levaram a isso?

- **QUAIS SÃO AS POSSÍVEIS SOLUÇÕES?** Anote todas as soluções possíveis, não importa quão drásticas ou comuns pareçam.

- **QUAIS SÃO AS MELHORES SOLUÇÕES?** Considere o resultado: quais soluções lhe darão o melhor resultado possível? Existem soluções que você possa combinar? Assim que decidir sobre as soluções que acha que funcionarão melhor, tome providências em relação a elas.

• **CULTIVE MÉTODOS PARA ALIVIAR O ESTRESSE.** Pense nas coisas que você faz que lhe trazem alegria e ajudam a relaxar. Faça uma lista delas e faça um esforço para incorporar pelo menos uma dessas atividades em sua vida diária. Algumas ideias:

- Conversar com alguém em quem você confia.
- Exercitar-se todos os dias.
- Fazer pausas da TV e das redes sociais.
- Experimentar exercícios de respiração.
- Descansar.

8

CONSTRUA RESILIÊNCIA E CORAGEM

A inação gera dúvida e medo. A ação gera confiança e coragem.

Dale Carnegie

Jenny Xu recebeu as piores notícias de sua vida profissional na Times Square durante umas férias em família. Cercada por multidões e painéis luminosos, Jenny sentiu seu telefone vibrar. Olhou para baixo e viu uma mensagem de texto de seu único investidor. Jenny estava trabalhando com uma empresa para desenvolver um jogo de fitness, então ela ligou imediatamente para o investidor. Quando atendeu, o investidor disse: "Precisamos conversar. Seu projeto está cancelado. Isso está muito caro e estamos retirando nosso investimento." Assim, sem nenhum contexto ou explicação, o financiamento para o jogo que Jenny e sua equipe estavam projetando há um ano havia desaparecido. Jenny ficou atônita no meio da Times Square, congelada, enquanto se dava conta da realidade.

Jenny tinha muita experiência em sua área — ela fundou uma empresa de jogos independente quando tinha apenas 16 anos, e os jogos móveis que ela desenvolveu têm mais de 9,2 milhões de downloads. Depois de concluir um curso de ciência da computação no MIT, ela cofundou um estúdio de jogos chamado Talofa Games e ganhou vários prêmios — tudo isso antes dos 25 anos.

Embora Jenny soubesse que a indústria de jogos era cruel, ela nunca tinha vivido isso pessoalmente. Parecia uma expulsão — como se alguém tivesse empacotado suas coisas e dito para ela sair do próprio apartamento. Nos dias seguintes, Jenny descobriu que o fim do relacionamento tinha muito a ver com fatores externos que ela não podia controlar. As duas empresas não estavam na mesma página e houve problemas de comunicação. Ela conversou com seus mentores e descobriu que, embora seu investidor tivesse encerrado o relacionamento de forma súbita e insensível, términos abruptos eram comuns em sua área.

Quando se reuniu com sua equipe na semana seguinte, disse que estavam em uma posição difícil. Ficou emocionada quando disse à equipe que teria que dispensar metade deles. Foi um momento muito difícil, mas esse foi o sinal de alerta de Jenny para confiar em si mesma. Seria fácil ficar em posição fetal e ignorar tudo ao seu redor, mas ela encontrou a força e a resiliência para continuar.

Ela não sabia o que ia acontecer, então pensou no que sabia. Tinha apenas 23 anos, mas desenvolvia jogos há quase uma década. Esse conhecimento ajudou a aliviar o sentimento de fracasso. Sabia que não estava sozinha: os membros da equipe que ficaram estavam ansiosos para enfrentar o desafio. Ela se sentiu cansada e irritada ao ouvir que o investidor não acreditava em sua visão. Mas ela sabia que, se quisesse que seu negócio sobrevivesse, não poderia aceitar a derrota.

Jenny e sua equipe puseram-se a trabalhar, e perceberam que o jogo poderia ser lançado antes do que se tivessem continuado a trabalhar com o investidor, e Jenny tinha confiança de que poderiam fazê-lo.

Sendo corredora de maratona, ela conhecia bem o cansaço. “Acho que há um elemento de resiliência nos esportes e no exercício que se reflete no resto da vida. Se parece que estou morrendo em uma corrida, ela sempre acaba, e eu me recupero, e fico mais forte na próxima vez.” Ela usou essa compreensão para se aprofundar e encontrar a resiliência para continuar e a coragem para manter sua visão viva. Enquanto escrevemos, sua equipe está reconstruindo seu jogo, e está prestes a ser lançado.

Resiliência e coragem estão intimamente relacionadas. A resiliência é nossa capacidade de "sair por cima" de experiências adversas e transformar adversidade em algo significativo. Esse é um tópico crítico, especialmente agora, quando nosso mundo enfrenta tantos desafios. Resiliência não é endurecer-se e seguir a vida a qualquer custo; é enfrentar a adversidade com o objetivo de crescer com suas experiências.

Coragem é a força mental ou moral para resistir ao perigo, ao medo ou à dificuldade. Alguém corajoso teria o tipo de caráter que o impede de ter medo ou ser intimidado facilmente. Quando pensamos em coragem, muitas vezes pensamos nos grandes atos heroicos, nos feitos de audácia e força que lemos online ou em livros de história. Mas a coragem não é apenas um ato grandioso. É um hábito diário que podemos cultivar. É algo a que devemos nos comprometer.

Tanto a resiliência quanto a coragem exigem força, agilidade e audácia, e ambas exigem que confrontemos nosso medo. O desenvolvimento da coragem e da resiliência é a culminação de todo o trabalho que executamos até este ponto — tudo, desde escolher os pensamentos corretos e lidar com nossas emoções até lidar com o estresse e as mudanças, nos ajuda a nos tornar fortes ao longo de nossas vidas.

Como Ryan Holiday escreve em seu livro *On courage* (*Sobre a coragem*), "Qual é a fonte da covardia? Medo. Phobos. É impossível vencer um inimigo que você não entende, e o medo — em todas as suas formas, do terror à apatia, ao ódio, ao rebaixar-se — é o inimigo da coragem. Estamos em uma batalha contra o medo". Então, como construímos coragem e resiliência durante momentos difíceis ou desafiadores?

1. Trabalhemos com nossas emoções e escolhamos pensamentos edificantes.
2. Olhemos para trás para poder avançar.
3. Reforcemos nossa fé em nós mesmos.

Primeiro, é difícil avaliar uma situação com precisão quando estamos afogados em emoções e pensamentos temerosos. Temos que tirar um tempo para trabalhar nossas emoções usando o processo do Capítulo 3, "Trabalhe com suas emoções", e então escolher deixar de lado os pensamentos negativos e substituí-los por pensamentos edificantes.

Em seguida, precisamos olhar para trás para entender como avançaremos. Pense em um momento em que você superou uma situação difícil. Qual era o cenário? Quão difícil foi? Como você se sentiu? E, mais importante, como você superou — quais ações específicas você tomou e qual mindset você teve que o ajudou a superar a situação? Todos enfrentamos tempos difíceis e, com um pouco de reflexão sobre nossa resiliência e coragem passadas, podemos ver que somos capazes de perseverar. Pense em como você poderia usar o mesmo mindset ou ações semelhantes para superar o desafio atual.

Uma das maneiras pelas quais consegui encontrar coragem para liderar a Dale Carnegie durante os primeiros dias da covid (discutida no Capítulo 1, "Escolha seus pensamentos") foi lembrando de um de meus maiores desafios. Quando o 11 de setembro ocorreu, em 2001, temi que minha frágil startup falhasse. Não à toa. Tínhamos acabado de lançar nosso primeiro produto e tínhamos muito pouca receita. Uma rodada de financiamento que precisávamos para sobreviver parecia impossível quando um investidor-chave desistiu.

Se algo não acontecesse rapidamente, seríamos obrigados a fechar em questão de semanas. Mas, de alguma maneira, superamos esse período. Com um aperto de cinto incrível, um trabalho em equipe fantástico para acelerar o lançamento de novos produtos e trazer receita adicional e o forte apoio dos investidores que restaram, passamos por essa experiência. Além disso, aprendi que quando as pessoas se unem com sacrifício e determinação inabaláveis, podem superar qualquer coisa.

Pensar nessa experiência me inspirou nos primeiros dias da covid. Isso me encheu de convicção. Quando disse aos acionistas, conselheiros e membros da equipe da Dale Carnegie: "Vamos passar por isso. Faremos o que for preciso. O fracasso não é uma opção", eu estava falando sério. Eu vim a acreditar que minhas experiências passadas me prepararam para liderar naquele momento específico.

Por fim, faça algo que o ajude a afirmar sua fé em si mesmo. Você pode escrever uma afirmação para si mesmo que possa consultar sempre. Pode conversar com pessoas que estavam com você quando você passou pela situação desafiadora. Pode visualizar seu próprio sucesso navegando por tempos perigosos. O que quer que funcione para você, faça. Lembre-se de sua força e confie nesse sucesso quando sentir o medo e a incerteza ressurgirem.

O medo nem sempre é óbvio. Nosso medo pode se manifestar de maneiras sutis — evitar ou resistir a ter uma conversa difícil com alguém, fingir que não há problemas em um relacionamento ou situação de trabalho. Pode se disfarçar de procrastinação ou apatia. Nossa evasão só faz a situação piorar, porque nos recusamos a lidar com ela.

Lea Gabrielle já desempenhou muitos papéis em sua carreira — aviadora de combate naval, agente de inteligência clandestina, jornalista, enviada especial dos Estados Unidos e coordenadora do Global Engagement Center (Centro de Engajamento Global). No entanto, alguns dos momentos mais marcantes de seu serviço ocorreram quando ela teve que enfrentar circunstâncias extremamente perigosas repetidamente — e quando teve que se comprometer a ser corajosa, sabendo que as consequências poderiam ser fatais.

Lea pilotava o caça monoposto F/A-18C, a partir de um porta-aviões nuclear. Quando Lea estava em uma missão de combate, um piloto mais experiente que ela admirava, chamado tenente comandante Robert E. "Trey" Clukey III — um graduado do Top Gun — foi morto quando seu F/A-18C caiu enquanto realizava uma missão de treinamento noturno no mar.

"Nunca encontramos o Trey, nem o jato dele", lembrou Lea. "Ele era um cara incrível e um piloto incrível." O porta-aviões interrompeu as operações e realizou um memorial formal no mar com todas as honras militares para o tenente comandante Clukey. "Foi um lembrete trágico para todos nós que tudo o que fazemos como pilotos de jato da marinha baseados em porta-aviões, desde o lançamento com catapulta, até o treinamento, até nossas missões de combate no Afeganistão, até os pousos em porta-aviões, é extremamente perigoso", disse Lea. Depois que Clukey foi devidamente homenageado, o grupo aéreo voltou rapidamente às operações regulares, os pilotos realizando decolagens e pousos notoriamente perigosos, dia e noite, de um navio em constante movimento.

Lea encontrou a resiliência diária e a coragem para enfrentar circunstâncias potencialmente fatais cada vez que decolava. Compromisso e foco a ajudaram a superar esses momentos angustiantes. Depois de concluir seu briefing pré-voo, ela vestia seu equipamento, inspecionava o avião, subia no cockpit e preparava todos os sistemas. Ela sabia que uma vez que estivesse conectada à catapulta de lançamento e desse o sinal de OK, estava se comprometendo tanto consigo mesma quanto com seu trabalho. "Toda vez, é preciso coragem para isso", disse Lea. "Acho que foi quando percebi quem eu era como ser humano. Percebi que toda vez que tive a oportunidade de me desafiar e me impulsionar para a frente, precisava fazê-lo. Você percebe, nesses momentos, que só é tão bom quanto da última vez que foi desafiado."

Como resultado da capacidade de Lea de buscar sua coragem, conseguiu continuar com uma carreira notável, incluindo uma missão em solo com os SEALs no Afeganistão. Nos momentos de dúvida, ela se lembra do poema "Invictus", de William Ernest Henley: "Sou o mestre do meu destino, Sou o capitão da minha alma."

Em nossa experiência, superar o medo e encontrar sua coragem e resiliência internas resumem-se a um compromisso de ser emocionalmente corajoso. A coragem emocional é a disposição de sentir suas emoções e agir ao mesmo tempo. Podemos cultivar a capacidade de agir com cuidado, estrategicamente e poderosamente ao mesmo tempo em que sentimos medo.

Não basta apenas "superar" nosso medo. Isso não é realista. Devemos aprender a trabalhar com ele. Quando usamos o processo do Capítulo 3,

"Trabalhe com suas emoções", para lidar com nossas emoções, podemos identificar algumas das coisas que nos fazem sentir medo e fazer algo a respeito. Quando praticamos notar onde o medo surge em nossos corpos, podemos aprender a experimentar o medo sem nos perdermos nele. Lembra-se do capítulo anterior quando falamos sobre ver nosso estresse como útil para nós? Podemos fazer o mesmo com o medo — quaisquer sensações físicas que experimentamos quando nos sentimos nervosos, incertos ou com medo, podemos reinterpretá-las de uma maneira que nos ajude. Além disso, no entanto, ainda precisamos aprender a agir quando sentimos medo. Devemos nos concentrar no processo de chegar aonde queremos ir, não no que está nos impedindo.

Quando Bina Venkataraman era uma autodescrita "humilde repórter novata"[1] no *Boston Globe*, muitas vezes se sentia intimidada pelas pessoas ao seu redor. Acreditava mais no que os outros diziam e pensavam do que em si mesma. Isso incluía os leitores do jornal e os opositores que discordavam do que publicava.

Durante um trabalho, Bina ficou sabendo sobre uma fazenda eólica offshore. Essa informação a inspirou tanto que ela enfrentou um poderoso senador de Massachusetts, o falecido Ted Kennedy. Ela escreveu uma reportagem detalhada sobre seus esforços políticos para impedir a criação dessa fazenda eólica. O artigo foi publicado em um fim de semana e, mesmo sendo sábado, Kennedy ligou para quase todos os editores do jornal para reclamar. Quando cada editor ligou para Bina, ela disse a mesma coisa — que tinha os fatos e declarações para apoiar o que escreveu.

Bina estava com medo. Teria sido mais fácil recuar diante das acusações de um dos políticos mais poderosos do país, mas escolheu ser corajosa e manter sua posição. "Aquele momento pequeno e nada atraente em minha carreira — atender ligações sobre Ted Kennedy dos editores — acabou sendo crucial. Foi um momento em que defendi a mim mesma. (...) Coragem ainda não me vem facilmente. Mas descobri que posso encontrá-la em mim mesma quando sei que estou lutando por uma boa causa", disse ela.

Sua coragem lhe serviu bem. Bina mais tarde atuou como diretora de iniciativas de políticas globais no Broad Institute do MIT e Harvard de 2010 a 2019. Foi conselheira sênior de Eric Lander quando ele era copresidente do Conselho de Consultores do Presidente sobre Ciência e Tecnologia. Ela seguiu trabalhando na Casa Branca como conselheira sênior para inovação em mudanças climáticas.

Para Bina, ter um senso mais elevado de propósito e um compromisso com o que ela achava certo — seus valores — impediram-na de recuar diante da pressão.

Pense em um desafio que você está enfrentando ou que enfrentou que exige muita força. Como você lidou com essa situação? Gostaria de ter lidado com ela ainda melhor?

Em nossa própria pesquisa da Dale Carnegie, vimos que pessoas altamente resilientes geralmente mantêm uma atitude positiva, confiam em suas habilidades, lidam bem com desafios, recuperam-se rapidamente de crises e absorvem, de experiências ruins, lições que podem usar no futuro. Pessoas que têm um alto grau de força e resiliência perguntam-se coisas como "O que posso aprender com isso? Como superar isso pode me fazer crescer? O que devo fazer agora para avançar? O que acontece se eu me concentrar por muito tempo em como isso é ruim?"

Também vimos a percepção desempenhar um grande papel na resiliência: as pessoas mais resilientes perceberam o mesmo evento como menos estressante do que seus colegas menos resilientes. Apenas 16% do grupo de alta resiliência que havia enfrentado um evento desafiador disse que resultou em um alto nível de estresse, em comparação com 31% no grupo de baixa resiliência. Isso mostra que a resiliência tem a ver tanto com a maneira como percebemos a adversidade quanto com o modo como reagimos a ela. Obviamente, queremos estar no grupo "resiliente" o máximo possível, então devemos começar questionando como percebemos uma situação.[2]

Depois de estudar resiliência na Universidade da Pensilvânia, Lucy Hone voltou para casa em Christchurch, Nova Zelândia, e começou sua pesquisa de doutorado — justo quando terremotos devastaram a área.

Lucy começou a trabalhar com sua comunidade para ajudá-la a superar o período pós-terremoto. Ela achou que esse era o momento ideal para colocar sua pesquisa em prática. Infelizmente, ela estava errada.

Três anos depois, Lucy e sua família estavam no Lago Ohau, no sul da Nova Zelândia, quando sua filha, Abi, decidiu dar uma volta de carro com a melhor amiga de Lucy, Sally, e sua filha, Ella. Enquanto viajavam pela estrada, um carro avançou uma placa de pare e colidiu com elas, matando-as instantaneamente.

Agora, Lucy estava do outro lado da equação — recebendo conselhos de outras pessoas sobre ser resiliente. E não gostou do que ouviu. Percebeu que todas as sugestões que recebeu dos outros a deixaram se sentindo como uma vítima que não conseguia sobreviver à mudança drástica em sua vida. Ela se sentiu "impotente" e incapaz "de exercer qualquer influência" sobre sua experiência.[3]

Lucy pensou que o que precisava era de esperança e queria ter algum controle sobre seu processo de luto. Então, deu as costas para os conselhos que havia recebido e focou em três estratégias que havia aprendido em sua pesquisa sobre pessoas que foram capazes de perseverar.

A primeira foi que pessoas resilientes aceitam que o sofrimento faz parte da vida. Elas adotam um mindset que deixa espaço para a chegada de momentos difíceis. "Nunca me peguei pensando, 'Por que eu?' Na verdade, lembro-me de pensar, 'Por que não eu? Coisas terríveis acontecem com você, assim como acontecem com todo mundo. Essa é a sua vida agora; hora de afundar ou nadar'", disse ela. Lucy está certa. Coisas terríveis acontecem e são, infelizmente, parte da vida. Temos de aceitar que enfrentaremos momentos difíceis ao longo de nossas vidas. Esquecemos disso, especialmente quando vemos os momentos felizes e perfeitamente planejados compartilhados nas redes sociais.

O segundo ponto foi que pessoas emocionalmente fortes são muito boas em escolher onde colocam sua atenção. Elas escolhem focar seus pensamentos e sua atenção nas coisas que podem mudar, enquanto aceitam o que não podem. Quando suas emoções ameaçaram engoli-la, Lucy lembrou a si mesma do que tinha para viver, começando pelos seus dois meninos, que mereciam pais totalmente presentes. Ela também pensou em todo o apoio social que tinham e no amor que os ajudou a passar por isso. "Ser capaz de mudar o foco de sua atenção para também incluir o positivo foi mostrado pela ciência como uma estratégia realmente poderosa", disse Lucy.

O terceiro insight que ela teve foi que pessoas emocionalmente fortes sempre se perguntam: "O que faço está me ajudando ou me prejudicando?" Essa foi a pergunta preferida de Lucy após a tragédia. Usava-a para decidir se iria ao julgamento do motorista e quando se pegava examinando fotos de sua filha. Lucy treinou-se a não se entregar à autopiedade. Ela teve que se concentrar em saber se seus pensamentos e ações a ajudariam ou prejudicariam, se estavam criando experiências positivas ou negativas para ela. Com o tempo, essas abordagens a ajudaram a passar por seu luto de modo mais saudável e a encontrar esperança apesar da terrível tragédia.

Ryan Chen, empreendedor paraplégico, é uma das pessoas mais corajosas e resilientes que Michael e eu temos o prazer de conhecer. Ele superou dificuldades incríveis e ainda consegue ter uma boa atitude em relação à vida. Ryan passou toda a sua juventude como um jovem despreocupado — enérgico, atlético e sempre pronto para a aventura. Quando se viu na encosta de uma montanha com seu snowboard aos 19 anos, não hesitou em dar um salto enorme. Ele voou alto, girou demais e caiu pesadamente de costas.

Deitado na neve, Ryan sabia que algo estava errado — não conseguia sentir as pernas e não conseguia se levantar. Apesar de uma grande tempestade de neve, a patrulha de esqui conseguiu levar Ryan para um hospital. Quando acordou da cirurgia de oito horas, os médicos disseram que ele tinha uma lesão grave na medula espinhal e nunca mais andaria. Atônito e incrédulo em sua cama de hospital, Ryan dizia a si mesmo que tinham que estar enganados. Não importa o que acontecesse, estava determinado a sair andando do hospital e provar a todos que estavam errados.

Nos seis meses seguintes, Ryan suportou uma intensa reabilitação. Aprendeu novamente a se sentar, equilibrar-se e controlar uma cadeira de rodas. Depois de inúmeras cirurgias malsucedidas, a perspectiva de Ryan foi ficando sombria. "Tudo o que eu pensava saber sobre mim e minha identidade me foi tirado", disse. Ele só conseguia pensar nas coisas que não conseguia mais fazer. Antes de sua lesão, Ryan era extremamente ativo — praticava e competia em artes marciais kendo, era capitão do time de cross-country de sua escola e esquiava regularmente. Como seria a vida se ele não pudesse mais andar?

Quando finalmente deixou o hospital, Ryan voltou para a escola, aprendeu a dirigir novamente e conseguiu um emprego, mas tudo o que conseguia pensar era no que tinha perdido. Tomou todos os analgésicos imagináveis, o que levou a dois anos de intensa confusão mental e vício em opiáceos. Levou anos para se livrar das drogas, mas assim que conseguiu, sua mente finalmente clareou e sentiu-se novamente ele mesmo. Começou então a perceber os amigos e familiares que o apoiaram desde o acidente. Percebeu como tinha sorte de estar vivo. A maioria das pessoas em sua situação não teria tido uma segunda chance. Ryan começou a se dedicar mais à escola e a alcançar o mesmo potencial que sabia ter antes do acidente. "Pensei, 'Bem, se vou passar pela vida, por que fazer de qualquer jeito? Por que não dar o meu melhor?'"

Um dia, um amigo próximo do ensino médio, Marcus, o convidou para uma viagem. Marcus tinha estado em turnê com músicos incríveis como Coldplay e Mumford and Sons, produzindo um documentário. A princípio, Ryan estava hesitante. Ele não viajava desde o acidente, mas a ideia era atraente. Marcus finalmente o convenceu a ir, e essa viagem mudou a perspectiva de Ryan de um mundo de possibilidades fechadas para um mundo de oportunidades infinitas.

Assim que Ryan mudou sua perspectiva de sua vida anterior para o futuro, de repente viu tudo o que podia fazer. Antes da lesão, Ryan sempre quisera correr uma maratona. Achava que isso era impossível após o acidente. Então descobriu a corrida de cadeira de rodas e o ciclismo manual. Depois de três semanas trabalhando com um treinador, sentiu-se pronto para tentar uma maratona. "Foi insano, mas acabei terminando! Levei quatro horas, estava morrendo, mas também estava viciado", disse ele.

Com cada novo risco que assumia, ele se sentia mais forte e capaz. Cada desafio que enfrentava e vencia aumentava sua sensação de autoeficácia. Não demorou muito para que ele decidisse aplicar sua energia aos negócios. Devido a sua experiência negativa com remédios, Ryan queria criar uma opção natural que pudesse dar às pessoas energia e clareza de forma segura e com respaldo científico. Com seu amigo da faculdade Kent, Ryan cofundou a Neuro, uma empresa que combina chiclete e pastilhas com nootrópicos funcionais e vitaminas para impulsionar o cérebro.

Ryan não se arrepende de ter dado aquele salto, porque aprendeu muito no processo de remodelar e reconstruir sua vida e visão de mundo. "Se sentir que está de costas contra a parede e todas as oportunidades estão fechadas, tire um momento para olhar ao redor — outras oportunidades e portas se abrirão", disse Ryan. "Só não desista."

Depois que Ryan decidiu se concentrar nas partes de sua vida que podia controlar, sua atitude mudou para melhor. Ele ocasionalmente treina com a equipe paralímpica dos EUA, aprendeu a mergulhar e está estudando para se tornar piloto. Ele não simplesmente superou seus obstáculos — suas limitações o ajudaram a ver o mundo de uma nova maneira e lhe mostraram uma força que ele não sabia que possuía.

ASSUMA O COMANDO

Lembre-se, construir resiliência e coragem é a culminação de todo o trabalho que fizemos até este ponto. Nossa capacidade de sermos fortes é o resultado direto da escolha dos pensamentos certos, do trabalho com nossas emoções, do cultivo da confiança, da aceitação da mudança, do abandono dos arrependimentos e do enfrentamento do estresse. Embora possa parecer que os eventos da vida estejam fora de nosso controle, sempre temos a opção de escolher como reagimos — com força, coragem e resiliência.

PRINCÍPIO

Use as adversidades para construir sua força interior.

COMO AGIR

Cultive coragem e resiliência.

- **TRABALHE COM SUAS EMOÇÕES E ESCOLHA PENSAMENTOS POSITIVOS.**
    - Utilize os modelos dos Capítulos 1 a 3 para acalmar a maneira como está pensando e sentindo sobre a situação.

- **OLHE PARA TRÁS PARA OLHAR PARA A FRENTE.**
  - Pense em um desafio que enfrentou no passado. Qual foi a situação?
  - O que você fez que demonstrou coragem, resiliência ou força?
  - Qual era seu mindset na época? Quais eram seus pensamentos e emoções?
  - O que você pode extrair dessa situação passada e usar no presente?
- **REFORCE SUA FÉ EM SI MESMO.**
  - O que você pode fazer agora para aumentar sua força emocional? Faça isso.
  - Pense em usar uma afirmação para ajudar a lembrar que você é forte e capaz.

Quando precisar aumentar sua resiliência, lembre-se de que pessoas altamente resilientes fazem coisas específicas que as ajudam a superar momentos difíceis.

- **ACEITE QUE O SOFRIMENTO FAZ PARTE DA VIDA.** Assim como "cooperar com o inevitável", como podemos nos ajustar à ideia de que a vida vai nos dar umas rasteiras de vez em quando?
- **ESCOLHA ONDE COLOCAR SUA ATENÇÃO.** Podemos não controlar o que nos acontece, mas podemos controlar onde colocamos nosso foco. Decida agora onde você concentrará sua atenção — em seus objetivos e nas medidas que pode adotar.
- **PERGUNTE A SI MESMO:"O QUE ESTOU FAZENDO ESTÁ ME AJUDANDO OU ME PREJUDICANDO?"** Andar em círculos com nosso medo e emoções geralmente não ajuda. Que ferramentas você pode usar para fugir, nos momentos difíceis na vida, de ações que não ajudam em nada?

PARTE II

ASSUMINDO O COMANDO DE SEUS RELACIONAMENTOS

Independentemente de você se considerar introvertido, extrovertido ou algo entre os dois, conectar-se com as pessoas de maneira autêntica e respeitosa é uma das habilidades mais importantes que você pode ter. Quando Michael e eu refletimos sobre nossas vidas, percebemos que as melhores partes da vida envolvem relacionamentos.

Embora a forma como interagimos com outras pessoas varie entre as culturas, todos podemos concordar que como nos conectamos com os outros é vital. A natureza de nossos relacionamentos próximos muda ao longo do tempo. Podemos começar com amizades por conveniência — pessoas que conhecemos na escola ou em atividades — e observar essas conexões desaparecerem à medida que envelhecemos e nos afastamos. Podemos conhecer outras pessoas por meio do trabalho. Esperamos construir relacionamentos significativos e duradouros. Ao longo de nossas vidas, nossos relacionamentos evoluirão e mudarão, mas sempre exigirão esforço e atenção.

Nesta seção, falaremos sobre a importância de cultivar conexões com outras pessoas e o que significa construir um relacionamento forte. Exploraremos como construir confiança, que é a base de qualquer relacionamento (seja com nosso melhor amigo ou um colega de trabalho). Em seguida, abordaremos a temida palavra "crítica". Seja dando ou recebendo, a crítica nunca é divertida. Vamos passar por alguns cenários e distinguir crítica de feedback. Todo relacionamento enfrenta discordância. Não podemos controlar outras pessoas, mas podemos controlar a nós mesmos, e aprenderemos a passar por conversas difíceis — muitas vezes com pessoas desafiadoras — com mais facilidade. Por fim, vamos falar sobre como ver a perspectiva de outra pessoa e dar dicas práticas sobre como desenvolver empatia.

Depois de aprendermos a assumir o comando de nossas vidas internas, devemos fazer o mesmo com nossos relacionamentos. É somente ao entendermos a nós mesmos que podemos nos conectar e cuidar dos outros de forma autêntica, e é somente através da construção de relacionamentos fortes e mutuamente benéficos que podemos viver uma vida significativa.

9

FIQUE CONECTADO

> Se você quer que gostem de você, se quer desenvolver amizades verdadeiras, se quer ajudar os outros ao mesmo tempo em que se ajuda, mantenha este princípio em mente: interesse-se genuinamente pelas pessoas.
>
> Dale Carnegie

Uma das razões pelas quais Dale escreveu *Como fazer amigos e influenciar pessoas* foi sua preocupação com o número de pessoas que conheceu que não sabiam como construir relacionamentos fortes. Sem essas habilidades, as pessoas não conseguiam progredir em suas carreiras nem ter conversas saudáveis com suas famílias. Dale viu que as pessoas que conseguiam interagir e se comunicar efetivamente com os outros tinham vidas mais ricas, plenas e felizes. *Como fazer amigos e influenciar pessoas* evoluiu a partir de um conjunto de princípios que ocupavam não mais espaço do que um cartão-postal, depois cresceu para um panfleto e acabou por se tornar um livro. *Como fazer amigos e influenciar pessoas* ainda é um best seller mesmo mais de 85 anos depois, o que mostra que as pessoas ainda querem saber como se conectar com os outros. Elas querem "fazer amigos" e "influenciar pessoas". Os relacionamentos não são menos importantes (ou desafiadores) do que eram quando Dale enfatizou pela primeira vez o valor da conexão profunda e intencional com nossos amigos, familiares e colegas.

Em *Como fazer amigos e influenciar pessoas*, Dale escreveu: "Lidar com pessoas é provavelmente o maior problema que você enfrenta, especialmente se estiver nos negócios". Ele citou um estudo importante afirmando que "mesmo em áreas técnicas como engenharia, cerca de 15% do sucesso financeiro de uma pessoa se deve ao seu conhecimento técnico e cerca de 85% se deve à habilidade em engenharia humana — à personalidade e à capacidade de liderar pessoas".

Dale viu que, embora a capacidade técnica fosse importante, "a pessoa que tem conhecimento técnico mais a habilidade de expressar ideias, assumir a liderança e despertar entusiasmo entre as pessoas — essa pessoa está destinada a ter um maior poder de ganho".[1] Essa realidade é tão verdadeira hoje quanto era em 1936. Mesmo que quase um século tenha se passado desde que esse estudo foi feito, se dar bem com outras pessoas é mais importante que nunca. Se queremos ter sucesso, precisamos aprender a trabalhar bem com os outros.

Se você já viu uma criança de dois anos brincar com outra criança, sabe que as habilidades de relacionamento são aprendidas, não herdadas. Quando adultos, muitas vezes achamos que nossos relacionamentos são garantidos, o que nos faz acreditar facilmente que dominamos essa habilidade. Na verdade, porém, o mundo evolui tão rapidamente que o modo como nos conectamos com os outros também precisa se adaptar.

Mas você já se perguntou o que constitui um relacionamento? Em termos simples, é a maneira como duas pessoas se conectam emocionalmente, mentalmente e, às vezes, de forma familiar. A tradução latina de relacionamento é *necessitudo*, palavra da mesma raiz que necessidade. Precisamos dessas conexões com os outros, mas observamos que muitas pessoas tendem a pensar que podem seguir sozinhas, que não precisam de outras pessoas e que são melhores "fazendo as coisas por conta própria". Isso não poderia estar mais longe da verdade.

Robert Waldinger é o líder do mais longo estudo sobre felicidade já realizado. A equipe de Harvard que o lidera agora é a quarta geração de cientistas a estudar o que é uma vida feliz, e houve três descobertas importantes.

Primeiro, conexões sociais são boas para nós; por outro lado, a solidão mata. O estudo mostra que os participantes que estão mais conectados com família, amigos e comunidade são mais felizes, fisicamente mais saudáveis e vivem mais. A segunda lição é que não é o número de amigos que temos, mas a qualidade de nossos relacionamentos próximos que importa.

Enquanto viver com relacionamentos calorosos é benéfico, viver em conflito constante é ruim para nossa saúde. A terceira lição é que bons relacionamentos não apenas protegem nossa saúde física, mas também nossa saúde cerebral. O estudo mostrou que pessoas que estão em relacionamentos de confiança têm memórias mais aguçadas.[2] Como Waldinger diz em seu TED talk, essa sabedoria é tão "velha quanto andar para a frente". Por que é tão difícil, então?

> O que realmente queremos é uma solução rápida, algo que possamos obter que torne nossas vidas boas e as mantenha assim. Relacionamentos são complicados e confusos e o trabalho árduo de cuidar da família e dos amigos não é interessante nem glamoroso. É também vitalício. Nunca termina. (...) Muitos de nossos homens quando estavam começando na vida realmente acreditavam que fama, riqueza e grandes conquistas eram o que precisavam buscar para ter uma boa vida. Mas repetidamente, ao longo desses 75 anos, nosso estudo mostrou que as pessoas que se saíram melhor foram aquelas que investiram em relacionamentos com a família, com os amigos, com a comunidade.[3]

Quando olho para minha vida, um denominador comum para todos os meus momentos mais impactantes e importantes são meus relacionamentos. As pessoas em minha vida me trazem alegria e satisfação, e me ajudam a aprender e crescer. Espero fazer o mesmo por elas. Relacionamentos não são apenas "bons de se ter". Relacionamentos fortes nos ajudam a viver vidas mais longas e saudáveis. Uma revisão de 148 estudos determinou que aqueles entre nós que possuem laços sociais fortes têm 50% menos probabilidade de morrer prematuramente.[4] Amizades que nos fazem sentir cuidados também podem atuar como um amortecedor contra os efeitos do estresse.[5] Por outro lado, pesquisadores descobriram que sentir-se desconectado e sem apoio social pode levar a resultados de saúde ruins, como taxas mais altas de depressão, imunidade diminuída e pressão arterial mais alta.[6] Precisamos de relacionamentos para nossa saúde mental, emocional e física.

Conheço Michael há mais de 20 anos e desenvolvemos uma forte amizade, embora inicialmente fosse só sobre negócios. Depois de fazer o Dale Carnegie Course, em 1995, descobri que não estava usando os princípios tanto quanto queria, mesmo que os tivesse achado tão impactantes. Então, desenvolvi um sistema e o adicionei à minha rotina diária. Todos os dias, escolhia um princípio para praticar, uma ação que tomaria e uma citação inspiradora sobre a qual refletiria. Com o tempo, criei um planejador diário que padronizava esse conteúdo para um ano.

Depois de usar esse sistema para mim mesmo por alguns anos, um amigo sugeriu que eu entrasse em contato com o Dale Carnegie Training e falasse sobre meu planejador. "Quem sabe possa ser valioso para outros formados do Curso Dale Carnegie?"

"Não sei", respondi. "Grandes empresas como essa provavelmente estão inundadas de ideias. Por que ouviriam a minha?"

"Nunca se sabe. O que você tem a perder?" Não pude discordar. Escrevi uma carta para Oliver Crom, CEO do Dale Carnegie Training, descrevendo meu conceito e enviei via FedEx, para que ele recebesse de um dia para o outro. Esperei um dia e depois liguei para ele. "Alô, Dale Carnegie Training", disse uma voz agradável enquanto eu segurava nervosamente o telefone. "Gostaria de falar com Oliver Crom, por favor," disse à recepcionista. "Um momento," ela disse. Para meu espanto, a próxima coisa que ouvi foi "Alô, Ollie Crom". Uau, o CEO do Dale Carnegie Training atendeu minha ligação. Fiquei impressionado. Ollie disse que tinha lido minha carta e adorado a ideia. "Gostaria de fazer um piloto", disse Ollie, "e tenho a pessoa certa para ajudar a liderar isso. Meu filho, Michael, é um de nossos principais executivos. Vou falar com ele, e então vocês podem trabalhar juntos." Foi o início de meu relacionamento com Michael.

A princípio, Michael me pareceu profissional, mas quieto e um pouco formal. Colaboramos para estruturar o piloto e testar o planejador com dois franqueados. Queria conhecer Michael melhor, então comecei a fazer perguntas. "Michael, conte-me sobre você. Que tipo de coisa gosta de fazer quando não está trabalhando?", perguntei.

"As coisas mais importantes na minha vida fora do trabalho são minha fé, minha família e meus amigos. Sou muito ativo na minha igreja e na comunidade."

"Mesmo?" eu disse. "Conte mais." Michael falou sobre sua fé e como começava cada dia estudando passagens da Bíblia online; sobre sua esposa, Nancy, e seus dois filhos pequenos, Nicole e Alex; sobre como se envolveu com a Dale Carnegie e como estava entusiasmado com o impacto que a empresa tinha sobre indivíduos e organizações. Enquanto ouvia, percebi que tínhamos muito em comum. Minha fé também era importante para mim, minha esposa estava esperando nosso primeiro filho e o Dale Carnegie Course tinha mudado minha vida. Conhecer Michael como pessoa tornou nosso trabalho juntos ainda mais agradável.

Embora o piloto da franquia tenha sido bem-sucedido, o Dale Carnegie Training não avançou com o projeto naquela época. Foi apenas dois anos depois, após abrir minha primeira empresa, que começamos uma implementação global do programa piloto inicial. Embora Michael tivesse sido promovido e outro executivo sênior estivesse liderando nosso projeto, Michael e eu mantivemos contato, atualizando-nos durante minhas viagens a Nova York e nas convenções anuais da Dale Carnegie. Eu também ligava para Michael de vez em quando para dizer oi, ou vice-versa. Cada vez que nos conectávamos, eu aprendia mais sobre Michael, quem ele era e o que era importante para ele. O que havia começado inicialmente como um relacionamento comercial estava se tornando mais uma amizade.

Anos depois, quando fui convidado a participar do processo de seleção para o próximo CEO da Dale Carnegie, liguei para Michael para ouvir sua opinião. Eu disse: "Se você acha que isso não é uma boa ideia, não vou seguir em frente. O que você acha?" E ele disse: "É uma ótima ideia." Ele me aconselhou no processo de recrutamento, e eu confiei em sua orientação.

Por meio de minha amizade com Michael, aprendi que construir um relacionamento forte requer que arranjemos tempo. Não acontece automaticamente — você precisa investir tempo e energia no relacionamento para que floresça. Michael e eu tínhamos um desejo genuíno de nos conhecermos, e cultivamos um sentimento de confiança mútua e respeito por meio de nossos interesses e valores compartilhados.

Em comparação, muitas pessoas com quem trabalhei no passado são mecânicas em suas interações — elas podem querer fazer negócios, mas você percebe que elas não se importam realmente com você. Criar uma conexão genuína significa que precisamos nos interessar pelo outro. Pergunte-se: "O que posso aprender com essa pessoa? Com o que ela realmente se importa? O que posso oferecer a ela?".

Quando nos tornamos genuinamente interessados nas pessoas ao nosso redor, podemos realmente desfrutar de nossas interações em vez de apenas passar por elas. Para ser claro, não estamos defendendo que você busque amizade com todas as pessoas que encontrar. Você não precisa ter um relacionamento com todo mundo — na verdade, você provavelmente não quer. Nem todos se alinharão com seus objetivos e valores. Nem todos merecem seu tempo. Está tudo bem escolher cuidadosamente de quem você quer se cercar. Mas quando você escolhe, faça do relacionamento com essa pessoa uma prioridade em sua vida.

Assim como o peixe que não pode ver a água, não percebemos a importância de nossos relacionamentos até que um desafio surja — como quando experimentamos uma perda de confiança que torna impossível reparar o relacionamento, ou uma grande doença ou a morte ameaça nos separar de nosso ente querido.

Andy Zinsmeister sempre pensou que cresceria e trabalharia ao lado de seus pais, mas esse sonho foi ameaçado quando seu pai, Bob, foi diagnosticado com câncer. Na época, Bob era vice-presidente de uma equipe e Andy trabalhava para ele. Andy queria falar sobre o diagnóstico com os funcionários e garantir que as pessoas entendessem pelo que seu pai estava passando, mas Bob queria algo diferente. Ele não queria flores nem pena, e não queria que ninguém o ficasse bajulando. Ele queria cuidar de seus negócios, evitar causar distrações e permitir que a equipe operasse normalmente.

Com apenas 22 anos na época, Andy sentia que não sabia como lidar com a doença de seu pai. Seu pai sempre fora aquele que o apoiava nos momentos difíceis de sua vida, e agora Andy queria fazer o mesmo por ele. Antes, o relacionamento deles era o tradicional entre pai e filho, com o pai assumindo a maior parte da responsabilidade pela conexão. Mas agora, como Andy enfrentava a possibilidade de perder seu pai, percebeu o quanto seu pai era importante para ele e que queria assumir mais responsabilidade pelo relacionamento deles.

Todos os dias, Andy se concentrava em se conectar com seu pai de alguma forma, perguntando como ele estava ou pedindo para ouvir uma história sobre sua vida que Andy nunca tinha ouvido antes. Às vezes, Andy fazia perguntas sobre como tinha sido criá-lo. Sabendo que o tempo deles juntos poderia ser limitado, Andy queria realmente conhecer seu pai antes que fosse tarde demais. "Decidi fazer tudo para fortalecer esse relacionamento com ele. Em alguns dias, ele estava melhor que em outros. Em outros dias, ele precisava conversar. Em outros ainda, ele só precisava de um aceno de cabeça e saber que eu estava lá com ele", disse Andy.

Bob acabou por vencer sua batalha contra o câncer, e ele e Andy agora têm um relacionamento ainda mais forte por causa disso. Andy cultivou intencionalmente sua conexão com seu pai porque percebeu como era importante mostrar a ele o mesmo amor e cuidado que ele lhe havia dado. "Acredito firmemente no poder de assumir o comando, seja de suas próprias lutas internas ou relacionamentos ou de uma mudança que precisa acontecer. Isso começa com um passo: coragem", disse Andy.

Cinco maneiras de construir um ótimo relacionamento

Construir relacionamentos é um daqueles objetivos nebulosos que nem sempre sabemos como buscar na prática. Michael e eu pensamos nos fatores que estiveram presentes em todos os nossos relacionamentos mais significativos e os reunimos em cinco conselhos. Comprometer-se com uma (ou mais) dessas abordagens ajudará você a conhecer as pessoas de forma autêntica e mostrará aos outros que eles são importantes para você.

SEJA AFETUOSO. O afeto é uma qualidade subestimada. Vanessa Van Edwards, principal pesquisadora em seu laboratório de pesquisa de comportamento humano, Science of People, e autora de dois livros sobre comportamento humano, ensina que pessoas altamente carismáticas mostram uma mistura de afeto e competência.[7] Construir relacionamentos não é apenas acreditarem em você, mas mostrar que você é emocionalmente seguro e confiável.

O que significa ser afetuoso? Ser afetuoso muitas vezes significa ser aberto e amigável. Isso parece ser um primeiro passo óbvio, mas vale a pena repetir. Mostrar que você está aberto significa mostrá-lo com sua linguagem corporal, expressões faciais e tom de voz. Pense na maneira como você interage com uma pessoa nos primeiros momentos. Você sorri? Você mostra sinais de que está ouvindo, como acenar com a cabeça em concordância? Você levanta as sobrancelhas ou espelha as expressões da outra pessoa? Pesquisas mostraram que 55% da comunicação é não verbal, então a maneira como nos apresentamos em uma situação é quase mais importante do que as coisas que dizemos.[8]

OUÇA. Ouvir bem não é simplesmente não falar enquanto outra pessoa fala. Para ouvir bem, devemos abrir nossas mentes para ouvir o que estão dizendo, sem planejar o que diremos em seguida. Fazer perguntas de acompanhamento para obter uma compreensão mais profunda também mostra que você está prestando atenção. Ser paciente com uma pessoa enquanto ela fala também é importante. Metade da batalha para se conectar com uma pessoa é aprender a ouvi-la tão bem que você pode ouvir o subtexto por trás das palavras e oferecer qualquer apoio de que precisa, mas talvez não consiga pedir.

Como Dale escreveu, ouvir com empenho e foco é um dos maiores elogios que podemos fazer a alguém.

ENCONTRE PONTOS EM COMUM. As pessoas constroem conexões com os outros com base em interesses comuns, hobbies, profissões e valores. Quando estamos nos estágios iniciais de conhecimento de alguém, o terreno comum é onde podemos nos conectar uns com os outros. No entanto, encontrar pontos em comum não é uma abordagem reservada apenas a um novo relacionamento. Podemos usar essa técnica quando nossos relacionamentos desvanecem e precisamos nos reconectar e trazê-los de volta à vida. Também podemos usar pontos em comum quando inevitavelmente encontramos um momento difícil em nossos relacionamentos. Nos conflitos, podemos nos perguntar o que ainda temos em comum com aquela pessoa e em que pontos ainda concordamos.

MOSTRE UM CUIDADO GENUÍNO. Mostrar cuidado genuíno muitas vezes significa que precisamos ir além da saudação vaga e geral "Como vai você?", que geralmente recebe a resposta automática "Estou bem, obrigado". Quando realmente nos importamos com alguém, deixamos claro que essa pessoa pode falar aberta e vulneravelmente sobre o que está acontecendo em sua vida. Abrimos espaço para coisas difíceis e pesadas tanto quanto abrimos espaço para as coisas que podemos celebrar. Mostrar um cuidado genuíno muitas vezes significa fazer perguntas que vão mais fundo e reservar tempo para estar com essa pessoa.

MOSTRE APROVAÇÃO DE MANEIRA HONESTA E SINCERA. Dale escreveu: "Aqui está uma necessidade contínua e inabalável (...) O desejo por uma sensação de importância é uma das principais diferenças entre a humanidade e os animais."[9] As pessoas anseiam pela aprovação. Elas querem saber que importam. Quando você dedica tempo para dizer às pessoas com quem se importa — quer as conheça por dias ou pela vida toda — que elas fazem diferença em sua vida, você reafirma seu valor inerente.

Uma das amigas mais próximas de Michael, Yesenia Aguirre, foi professora por 17 anos e, no tempo livre, agora trabalha como motorista de Uber. Mas Yesenia não é simplesmente uma motorista de Uber. Ela é um belo exemplo de alguém que usa todas as cinco maneiras de construir um relacionamento com alguém. Ela faz seu trabalho para animar seus passageiros. "Tenho uma audiência cativa", diz ela. "Eles não podem sair, porque precisam de mim para levá-los ao próximo destino. O que posso fazer para que estejam felizes quando saírem do meu carro? O que posso fazer para trazer esperança?"

Primeiro, ela os cumprimenta calorosamente usando seus nomes. Ela percebe que muitos deles já ficam surpresos ao ouvir seus nomes e a maneira amigável como ela os diz. Em seguida, ela os elogia. "As pessoas adoram ser elogiadas, e isso inicia a conversa muito rapidamente."

Às vezes, seus passageiros percebem em seu perfil que ela foi professora, e perguntam por que ela dirige durante a noite. Ela aproveita a oportunidade para compartilhar sua história — deixou o magistério por causa dos problemas de saúde de sua mãe; ela queria cuidar dela em tempo integral. "Isso quebra ainda mais o gelo porque eles veem que uma pessoa está disposta a sacrificar sua vida, seu futuro e seus sonhos para ajudar seus pais. E isso faz com que as pessoas falem mais pessoalmente sobre suas vidas", diz ela.

Uma vez, ela pegou um executivo de fundo de investimentos que compartilhou com ela que estava muito triste — seu trabalho era excelente, mas seus relacionamentos eram quase inexistentes. Ele sentia que tinha pouco a esperar na vida. Yesenia ouviu silenciosamente enquanto ele dizia que pensava em pular de um prédio e acabar com sua vida.

Yesenia acredita que se estamos vivos, então temos um propósito. Ela disse isso ao executivo e depois sugeriu que na manhã seguinte ele deveria procurar o hospital infantil St. Jude, ou ir ao Boys & Girls Club para ajudar. "Você precisa sair da sua cabeça", ela disse a ele. Ele ouviu cada palavra que ela disse, então respondeu: "Obrigado! Sinto-me como se estivesse saindo da terapia. Estou muito melhor."

Recentemente, Yesenia levou um homem que iria cumprir dez anos de prisão federal uma semana depois de se encontrarem. Ela perguntou o que aconteceu, e ele contou que, quatro dias antes, foi condenado por vender drogas. Foi a maior apreensão em Long Island até o momento, disse o homem.

Ele contou que se envolveu com o tráfico de drogas após um acidente em que caiu de um andaime e machucou as costas. Um amigo lhe deu Vicodin. O homem logo se tornou viciado e então, na busca por mais, decidiu vendê-lo. Uma coisa levou à outra, e isso se tornou sua vida. Ele disse a Yesenia: "Tentei fazer o certo, mas a hipoteca tinha que ser paga, o carro tinha que ser pago. Se eu tentasse fazer o certo e parasse de traficar, então ficava envolvido em todas essas coisas, e a pressão ficava muito alta", disse ele. Não importa quantas vezes ele tentasse parar, ele sempre voltava ao comércio de drogas.

Na manhã em que foi preso, ele rezou e disse a Deus que se ele devesse sair do tráfico de drogas, então Deus teria que tirá-lo das drogas completamente. De certa forma, sua oração foi atendida.

Yesenia disse a ele que, seja qual for o tempo que ele passasse na prisão, ele deveria se concentrar em estudar e planejar o que queria fazer quando fosse libertado.

Antes de deixá-lo, Yesenia e seu passageiro oraram juntos. Ela deu-lhe seu número para que ele pudesse ligar se precisasse de alguma coisa, e ele disse: "Você não faz ideia, você acabou comigo". Yesenia ri sempre que ouve isso, porque é o que seus passageiros dizem quando são levados às lágrimas por sua conexão. Yesenia recebeu mais tarde uma ligação da mãe do homem, agradecendo-a por sua compaixão para com seu filho.

A abordagem de Yesenia à conexão com compaixão deixa todos os seus passageiros melhores depois de viajar com ela. Ela transforma uma interação comum em uma parte extraordinária do dia deles. Essas podem parecer conexões temporárias, mas Yesenia transformou muitos de seus passageiros eventuais em amigos por causa de sua abordagem atenciosa para construir conexões.

Relacionamentos na Era Digital

Embora vivamos na era da conexão digital sem esforço, ficou mais difícil cultivar relacionamentos profundos e pessoais. "As redes sociais nos deram essa ideia de que todos deveríamos ter um milhão de amigos, quando na realidade, temos sorte se tivermos um ou dois amigos realmente bons"[10], disse a autora Brené Brown.

Membros da Geração Z passam até nove horas por dia em frente às telas, sendo as mensagens de texto ou mídias sociais suas formas primárias de contato com os amigos.[11] Jean Twenge, professora de psicologia na Universidade Estadual de San Diego, descobriu em suas pesquisas que "no final dos anos 1970, 52% dos alunos do final do Ensino Médio encontravam-se com os amigos quase todos os dias. Em 2017, apenas 28% o faziam. A queda foi especialmente acentuada após 2010 (...), exatamente quando o uso de smartphones começou a crescer." As taxas de depressão e solidão dispararam entre adolescentes e jovens adultos após 2012 e só aumentaram desde então.[12] Embora a comunicação digital possa ser um presente para pessoas que não podem estar fisicamente presentes uma com a outra, a pesquisa mostra que as redes sociais não são substitutas para a interação cara a cara.

Pouco depois de Rae Giordano dar à luz sua filha, ela estava exausta, mas ansiando por conexão. "Era difícil conversar com os amigos, porém — sentia-me presa ao ciclo de amamentação, troca de fraldas, cuidar de mim mesma e tentar dormir quando podia. Sentia que não tinha tempo ou energia para uma conversa real", ela disse. Embora nunca tivesse sido uma grande fã de mídias sociais, começou a rolar a tela cada vez mais. O hábito aos poucos a pegou até que ela percebeu que estava rolando até altas horas da noite para passar o tempo enquanto sua filha se alimentava. Isso lhe dava a sensação de estar conectada porque podia ver o que outras pessoas estavam fazendo.

"Funcionou por um tempo, até eu perceber que há mais de uma semana não tinha falado com ninguém na vida real além do meu parceiro", ela disse. Foi quando Rae percebeu que a sensação de conexão que sentia nas redes sociais era falsa. "Era uma via de mão única. Não estava conversando ou me conectando diretamente com ninguém, e ninguém sabia como eu estava realmente, mesmo se eu comentasse em uma postagem de outra pessoa." Pior ainda, por causa dessa falsa sensação de conexão, ela havia negligenciado suas verdadeiras amizades. Rae decidiu remover o aplicativo do Facebook do seu telefone e só se permitia usar a plataforma quando estava em seu computador — e apenas por um certo tempo. Então, ela escreveu uma lista dos relacionamentos que queria fortalecer e decidiu que toda vez que sentisse vontade de acessar as redes sociais, enviaria uma mensagem para alguém da lista. Por fim, ela fez planos pessoais com amigos pelo menos uma vez por semana. Dentro de uma semana, Rae sentiu uma diferença em seu humor e em seus relacionamentos. Ela realmente estava se conectando com as pessoas e contribuindo para o relacionamento. "Passar tempo com os amigos valeu muito mais do que qualquer tempo que eu poderia ter gasto nas redes sociais", ela disse.

ASSUMA O COMANDO

Nossos relacionamentos tornam a vida mais rica e significativa, e nos ajudam a alcançar nossos maiores objetivos na vida. Quando nos empenhamos neles, podemos construir relacionamentos que sirvam às pessoas ao nosso redor e nos ajudem a viver o tipo de vida com que sonhamos. A chave é agir conscientemente para nutrir esses relacionamentos.

PRINCÍPIO

Faça das pessoas uma prioridade.

COMO AGIR

- **FAÇA UM INVENTÁRIO.** Pense sobre as cinco pessoas com que você mais se importa. Seus relacionamentos com elas são tão fortes quanto você gostaria que fossem? Por que sim ou por que não?
  - Como você acha que seria a vida se você não tivesse esses relacionamentos?
- O que você poderia fazer hoje que fortaleceria cada um dos seus relacionamentos com as cinco pessoas que você mais ama? Lem-

bre-se de considerar o seguinte:
- **DEMONSTRE APREÇO.** O que você pode dizer ou fazer para que eles saibam o quanto significam para você?
- **ENCONTRE UM TERRENO COMUM.** Conecte-se com eles por meio de interesses compartilhados.
- **SEJA AFETUOSO.**
- **DEMONSTRE CUIDADO GENUÍNO.** Como você pode mostrar a eles que se importa com eles? Quais ações você pode tomar hoje?
- **OUÇA.** Pense na última vez que você perguntou como eles estão. Todos passam por momentos difíceis — dê-lhes o tempo que precisarem para contar como está a vida deles.

- Que ações você poderia tomar diariamente que o ajudariam a construir relacionamentos mais fortes? Incorpore essas ações em sua rotina diária.

10

CRIE CONFIANÇA

Preocupe-se mais com seu caráter do que com sua reputação, pois seu caráter é o que você é, enquanto sua reputação é apenas o que os outros pensam que você é.

Dale Carnegie

Miriam Duarte, uma treinadora mestre na Dale Carnegie Alemanha, transbordava entusiasmo enquanto olhava para os participantes de sua sessão que estavam retornando para o segundo de dois dias de treinamento geral. "Bem-vindos de volta!" disse Miriam com um sorriso largo. "Daqui a pouco, cada um de nós vai se levantar e fazer uma apresentação de dois minutos sobre o que aconteceu ontem quando você aplicou um dos princípios de relações humanas que discutimos na aula. Alguma pergunta?" Não havendo nenhuma, Miriam convidou para a frente da sala o primeiro participante, que compartilhou sua experiência do dia anterior.

Um por um, cada pessoa subiu, fez o mesmo e sentou-se ao som de aplausos. Depois de meia hora, todos tinham falado, exceto uma mulher que estava sentada silenciosamente no canto de trás da sala. Quando Miriam a chamou, a mulher se recusou a se levantar. "Desculpe", ela disse, "eu simplesmente não consigo. Tenho pavor de falar na frente dos outros." Miriam pensou consigo mesma: "Quero respeitar os desejos dela, mas me pergunto se isso poderia ser uma oportunidade para ela crescer". Miriam viu que a mulher não confiava nela ou nos outros participantes da sala e não se sentia segura. "Que tal isto", Miriam perguntou. "Tudo bem se ficar sentada e eu fazer algumas perguntas? Você não precisa se levantar se não quiser."

"Acho que tudo bem", respondeu a mulher, hesitante. Miriam fez gentilmente uma série de perguntas, às quais a mulher respondeu em voz baixa. Depois que sua "entrevista-apresentação" terminou, seus colegas irromperam em fortes aplausos para mostrar seu apoio.

A sessão continuou, e no final do dia, era hora de outra apresentação curta. Um participante após outro levantou-se e compartilhou um insight que havia aprendido na aula. Ao refletir sobre esse momento, Miriam disse: "Eu estava curiosa para ver se a mulher viria para a frente da classe dessa vez, e tomei cuidado para não fazê-la se sentir desconfortável nem quebrar sua confiança".

Quando chegou a vez da mulher, Miriam começou com elogios e reconhecimento por tudo o que tinha visto na mulher naquele dia. Os aplausos foram novamente entusiasmados, e Miriam observou para ver o que ela faria. A mulher olhou para os rostos ao redor da sala, hesitou por um momento e depois se levantou e caminhou até a frente da sala. Ela começou a falar. "Esta manhã, eu estava perto de sair correndo da sala porque não conseguia me imaginar aqui em pé falando com vocês. Quando eu estava no Ensino Médio, fiquei grávida. Fui intimidada e julgada, e não queria estar perto de ninguém, muito menos ficar na frente de uma sala e falar na frente de um grupo grande. Vou ser honesta, isso está aterrorizante para mim agora. Mas sou grata e agradeço a vocês porque hoje tive a chance de ser corajosa pela primeira vez na minha vida." Quando ela terminou, seus colegas aplaudiram de pé, ruidosamente.

Miriam sabia que se tivesse forçado a mulher antes, ela não teria conseguido construir a confiança que permitiu que ela se levantasse e falasse por si mesma. Miriam teve que ajudá-la a ver que estava segura e que todos queriam que ela tivesse sucesso. "Essa é uma experiência-chave que me lembra como é importante respeitar os limites das pessoas. Todos têm razões para o modo como se comportam, e quem sou eu para julgá-los? Tudo o que quero para as pessoas é que revelem seu potencial, e aprendi que posso apoiar isso construindo confiança", ela disse.

Embora existam dezenas de maneiras diferentes de pensar sobre a confiança, Michael e eu a consideramos como uma firme crença de que uma pessoa ou coisa é confiável. Quando confiamos em nós mesmos, em outra pessoa ou em um objeto (como um carro, computador ou dispositivo), sentimos que podemos contar com o caráter, habilidade, força ou verdade dessa pessoa ou coisa. A confiança é o alicerce de todos os relacionamentos positivos. Nossa capacidade de ganhar a confiança de outras pessoas se desenrola em salas de reuniões e salas de estar, em equipes esportivas e em relacionamentos ao redor do mundo. É multifacetada, intangível e difícil de definir, mas é crucial para todo relacionamento que cultivamos.

Cada interação que temos com outra pessoa carrega algum nível de risco e recompensa. A necessidade de confiança vai ao cerne da nossa humanidade, segurança e autopreservação. O renomado psicólogo do desenvolvimento Erik Erikson chamou a confiança de "a primeira tarefa do ego" e escreveu que nossa capacidade de confiar nas pessoas ao nosso redor é fundamental para formar relacionamentos e funcionar no mundo.[1] Desde os primeiros dias como humanos, tivemos que avaliar se alguém vai nos machucar ou nos ajudar. É por isso que os princípios de Dale são tão focados em construir confiança e respeitar a dignidade da outra pessoa.

Sejamos claros: é possível estar em relacionamento com pessoas em quem não confiamos. A confiança não é fundamental para que cada relacionamento funcione, mas é necessária para que o relacionamento prospere. Tanto Michael como eu já trabalhamos com pessoas em quem não confiávamos. Foi necessário na época — nem sempre podemos escolher nossos colegas. Nenhum de nós pode dizer que se sentiu bem com a situação, mas esses eram relacionamentos funcionais centrados no trabalho. Para relacionamentos mutuamente benéficos e vitais, a confiança é o alicerce.

Às vezes, não é fácil confiar em outras pessoas porque fomos magoados no passado. Feridas e dores profundas podem nos fazer erguer barreiras e manter as pessoas afastadas. Por mais que isso possa parecer uma solução, não fazemos bem a nós mesmos nem a ninguém se não aprendermos a deixar as pessoas entrarem. Precisamos arriscar.

Em nossos Dale Carnegie Courses, usamos a equação da confiança, que é assim: confiança = credibilidade pessoal + empatia. As pessoas ao nosso redor precisam confiar em nossa credibilidade e em nossa capacidade de nos conectarmos emocionalmente com elas. A confiança se constrói quando mostramos integridade de maneira consistente. Não é imediata — uma forte confiança em um relacionamento requer ação e esforço para sustentá-la. Nunca podemos presumir que temos a confiança de alguém se não nos esforçamos para construí-la.

A confiança desempenha um papel no cultivo das nossas comunidades — por exemplo, nossa falta de confiança na mídia nos faz questionar tudo o que ouvimos. Será que o que estou ouvindo é verdadeiro? Será que a pessoa, o site ou a rede que está relatando as "notícias" tem um propósito oculto? Se sim, como posso confiar em qualquer coisa que diga? A falta de confiança tem consequências reais em grande escala. De acordo com pesquisas atuais, todos os continentes têm regiões de alta e baixa confiança. As áreas de baixa confiança tendem a ter menos filantropia, mais crime, menor expectativa de vida e grandes disparidades entre os domicílios de alta e baixa renda.[2] Isso é o que acontece quando não há confiança em uma comunidade. O que acontece quando a confiança é quebrada em nossos relacionamentos pessoais?

Ani e John estavam jantando em seu restaurante de tacos favorito. Já fazia um bom tempo desde que ela o tinha visto, e estava ansiosa pela conversa. Enquanto conversavam sobre suas vidas e se atualizavam sobre os últimos meses, eles também falaram sobre alguns dos outros colegas. "Como está a Meredith?" John perguntou. "Você sente falta de ser colega de quarto dela?"

"Ah! Nem pensar. Ela reclamava de tudo — outro dia, almoçamos e ela me disse que a Beth estava ganhando peso, e quando eu disse que iria te ver, ela disse: 'Ele é tão ambicioso, faria qualquer coisa para se destacar'."

Ani não achou que o que Meredith disse fosse tão ruim. Afinal, John era ambicioso, e isso era uma das coisas que ela mais gostava nele. Mas quando ela levantou os olhos do prato, pôde ver que ele estava magoado com as palavras de Meredith e com o fato de Ani e Meredith terem falado sobre ele pelas costas.

"Por que vocês estavam falando de mim assim? Pensei que ela fosse minha amiga", ele disse. O resto da noite foi um pouco mais tenso do que Ani gostaria, mas esperava que isso passasse, e John logo esquecesse o incidente.

Bem, Ani estava errada. No dia seguinte, Meredith ligou para ela — e estava furiosa com Ani. John havia ligado e confrontado Meredith sobre o que ela tinha dito. "Ani, eu só falo essas coisas com você porque você é uma das minhas amigas mais próximas. Por que você repetiu isso para o John?!" Ani sentiu que realmente tinha ultrapassado os limites com ambos os amigos, e embora ela tivesse se desculpado com os dois, levou tempo para reconquistar a confiança deles ao longo dos próximos meses. Um pedido de desculpas sem correção pode fazer mais mal do que bem quando se trata de confiança.

Quando quebramos a confiança em um relacionamento, aqueles com quem nos importamos podem achar uma traição, mesmo que nunca tenhamos tido a intenção de magoá-los. Eles podem sentir dúvida, suspeita e a necessidade de se proteger, o que os leva a se retrair do relacionamento, sendo reservados ou nos evitando. É por isso que devemos trabalhar conscientemente na construção da confiança em nossos relacionamentos. Não podemos esperar que uma pessoa seja vulnerável e aberta se não confiar em nós. Não seríamos abertos com uma pessoa em quem não confiássemos. Um cliente não comprará de uma empresa se não confiar que terá o resultado desejado. Um supervisor não promoverá ou atribuirá responsabilidades a um funcionário se não confiar que o funcionário pode fazer o trabalho. Duas pessoas nunca poderão ser íntimas se não houver confiança em um relacionamento romântico.

A importância de ser vulnerável

Se confiamos em alguém, isso significa que nos sentimos confortáveis em ser vulneráveis com eles e vice-versa. Ser vulnerável significa que estamos abertos e que nossas defesas estão baixas. Em muitos contextos, a vulnerabilidade é vista como algo ruim. Podemos usar frases como "vulnerável a um ataque" ou "você se deixou vulnerável" como uma forma de dizer que estamos em uma posição de fraqueza. Usamos as palavras "pessoas vulneráveis" para falar sobre aqueles que não podem se defender. Não é de surpreender que a vulnerabilidade tenha má reputação.

Mas a vulnerabilidade é uma chave para a confiança. Não podemos construir uma confiança profunda enquanto não baixarmos nossa guarda. Nossa capacidade de sermos vulneráveis impacta nossa autenticidade, credibilidade e nossa capacidade de nos relacionarmos. A vida é em grande parte o cultivo de conexões com outras pessoas, e uma das maneiras mais importantes de criarmos esse vínculo é canalizando e acolhendo nosso verdadeiro eu. Às vezes, isso significa nos expormos sem saber como as pessoas vão responder.

Era junho de 2015, e eu havia acabado de ser nomeado presidente e CEO da Dale Carnegie Training. A maior parte de nossa organização é franqueada, o que significa que proprietários de empresas individuais representam a Dale Carnegie em territórios ao redor do mundo. A associação de proprietários de franquias me convidou para falar pela primeira vez perante seus membros. Causar uma boa impressão era vital para mim. "Eles vão gostar de mim? Vão confiar em mim? As pessoas da Dale Carnegie estão entre os melhores apresentadores do mundo; e se meu discurso não atender ao padrão deles? E se eu fracassar?"

Além disso, três membros do conselho de administração da Dale Carnegie, incluindo Michael, estariam lá para me apresentar. Na noite anterior à minha palestra, fiquei acordado no meu quarto de hotel, pensando na minha apresentação, mal dormindo. "Bem, eu tenho mais uma coisa para me preocupar agora", pensei. "Todo mundo vai ver minhas olheiras de manhã."

Diante de um salão lotado na manhã seguinte, comecei calorosamente, mantendo a postura, sorrindo e olhando para a plateia. Falei sobre o quanto a Dale Carnegie significava para mim e como eu apreciava nossos franqueados e sua dedicação em ajudar os outros. Em seguida, falei sobre a minha visão para a empresa e a necessidade de trabalharmos juntos de maneira eficaz como "Uma só Carnegie".

Implorei aos presentes que se unissem a mim para reativar nossa marca de modo a alcançarmos mais pessoas do que nunca, especialmente os mais jovens. E então compartilhei a difícil decisão que minha esposa e eu tomamos de mudar nossa família de Michigan, nosso lar de toda a vida, para Nova York, deixando para trás nossos pais idosos e nossa filha de 17 anos, que ficaria com amigos próximos em Michigan para terminar o último ano do Ensino Médio. Fiz isso, eu disse, porque "estou totalmente comprometido com a Dale Carnegie". E continuei: "Fui até minha esposa e disse, 'Katie, se eu receber essa oferta e a aceitarmos, isso significará mudar nossa família. Nunca moramos em outro lugar além de Michigan.' E minha esposa..."

Então aconteceu algo que eu não havia planejado, algo que eu nunca, jamais gostaria de fazer diante de qualquer plateia. Eu me emocionei. Por mais que eu tentasse, minhas palavras ficaram presas na garganta, e eu não conseguia falar. Em vez disso, olhei para baixo, meus olhos se enchendo de lágrimas, e tirei meus óculos para poder enxugar as lágrimas com um lenço de papel que felizmente tinha colocado no bolso mais cedo naquele dia. Por sorte, alguém na plateia veio em meu socorro, como só um instrutor experiente da Dale Carnegie pode fazer, e quebrou o silêncio com uma pergunta: "E então, o que ela disse?" Todos riram, e eu também. Aquele momento me permitiu recuperar minha compostura. Eu respondi: "Ela disse 'Estou com você'."

Ao final do meu discurso, fiquei atônito quando nossos franqueados se levantaram para aplaudir de pé. Estava preocupado que mostrar vulnerabilidade me fizesse parecer fraco. Em vez disso, um após o outro me disse que isso me tornou humano para eles. No meu discurso, eu deveria ter demonstrado força em vez de me emocionar? Claro, mostrar força é importante, mas foi minha abertura e vulnerabilidade que me ajudaram a me conectar com as pessoas na plateia.

Não foi algo planejado — eu não sabia que ficaria emocionado —, mas deixei meus sentimentos aparecerem em vez de escondê-los. Vulnerabilidade emocional não é fraqueza. Naquele momento, confiei o suficiente na plateia para deixar meu verdadeiro eu aparecer, e isso permitiu que todos tivessem uma conexão mais profunda tanto comigo quanto com a empresa. Mesmo anos depois, as pessoas ainda falam sobre aquele discurso e de como mudou a visão delas sobre mim como líder — para melhor.

Um dos meus escritores e coaches de liderança favoritos, Patrick Lencioni, autor de *The five dysfunctions of a team* (*As cinco disfunções de uma equipe*), escreve sobre dois tipos diferentes de confiança. O primeiro tipo é a confiança "preditiva", pela qual adivinhamos como outra pessoa agirá com base no que sabemos sobre suas ações anteriores. Por exemplo, se seu amigo sempre se atrasa, você prevê que ele se atrasará dez minutos para o seu próximo almoço, mesmo que ele insista que estará lá na hora.

O outro tipo é a confiança "baseada em vulnerabilidade", pela qual nos sentimos capazes de ficar "emocionalmente despidos" um com o outro. Por exemplo, se você está em uma reunião e alguém lhe faz uma pergunta, sua reação imediata pode ser encontrar qualquer resposta, mesmo que medíocre, em vez de admitir que não sabe. Seria muito mais vulnerável simplesmente dizer: "Não sei." Ou vamos dizer que você cometeu um erro com alguém com quem você se importa. Sua primeira reação pode ser ficar na defensiva e explicar todas as razões pelas quais você fez o que fez. A resposta vulnerável seria abrir-se e dizer: "Cometi um erro. Desculpe", e então acompanhar essa declaração de ações que mostrem que você está realmente arrependido e quer fazer melhor da próxima vez.

Minando a confiança

Então, o que destrói a confiança? Primeiro, as pessoas geralmente esperam que, quando compartilham algo conosco, vamos manter em sigilo. Quando repetimos o que elas dizem de uma forma que as magoa ou prejudica seus relacionamentos, elas podem se sentir traídas e questionar nossas intenções. E se pensássemos nas coisas que as pessoas nos contam como estando sujeitas ao "privilégio advogado-cliente"?

Quando eu era advogado em exercício, estava eticamente obrigado a nunca compartilhar nada que meus clientes me contassem (com algumas exceções muito limitadas, como se um cliente dissesse que ia cometer um crime... o que felizmente nunca aconteceu). Dessa maneira, meus clientes podiam ser completamente abertos e sinceros comigo. Se eu tivesse violado esse privilégio, teria perdido minha licença para advogar — e meu sustento.

Quando aprendi sobre o privilégio advogado-cliente pela primeira vez, lembro-me de ter dito para mim mesmo: "E se eu aplicasse essa regra a todas as minhas comunicações? E se as pessoas que compartilhassem coisas comigo confidencialmente soubessem que eu não divulgaria essas coisas para ninguém?" Quando os amigos se aproximavam de mim com informações delicadas ou pessoais, eu dizia logo de cara: "Quero que saiba que não vou contar a ninguém o que você compartilha comigo. Vou agir como se houvesse 'privilégio advogado-cliente', mesmo que na verdade não haja — mas quero que saiba que o que você me diz está seguro."

Por quase 30 anos, apliquei esse princípio aos meus relacionamentos, e isso me ajudou a desenvolver uma confiança profunda com os outros. O jogador de tênis Arthur Ashe disse uma vez: "A confiança tem que ser conquistada e só deve vir depois da passagem do tempo".[3] Por manter privado o que eles dizem, conquistei a confiança das pessoas na minha vida.

Em segundo lugar, a inconsistência corrói a confiança. Você já teve um chefe que lhe diz uma coisa um dia e outra diferente no dia seguinte? Ou talvez eles façam promessas vagas sobre uma promoção, mas depois cancelam a reunião todas as vezes que ela está programada para ser discutida. Dizer uma coisa e fazer outra mostra falta de integridade e torna difícil confiar naquela pessoa. Mesmo que seja involuntário — talvez eles sejam esquecidos ou desorganizados e não se lembrem do que disseram de um dia para o outro —, isso faz as pessoas se perguntarem se aquela pessoa vai cumprir o combinado.

Em terceiro lugar, deixar de ouvir e se comunicar com as pessoas ao nosso redor leva a uma falta de confiança, mas ela muitas vezes pode ser restaurada quando passamos a ouvir e nos comunicar. Katie Dill entrou para o Airbnb quando ainda era uma empresa pequena. Havia dez pessoas na equipe de design, e ela estava extasiada por fazer parte dela — era seu emprego dos sonhos. "Durante as entrevistas, aprendi muito sobre o que a empresa e a equipe precisavam. A equipe de design tinha pontuações de engajamento muito baixas", disse Katie. "Estava claro que havia atritos entre os designers, engenheiros e gerentes de produto, e a equipe não estava trabalhando tão bem quanto poderia."

Ela estava ansiosa para se sair bem, então começou a fazer mudanças imediatamente. "Pensei que as coisas estavam indo bem, mudanças estavam acontecendo. Mas cerca de um mês depois, recebi um convite na minha agenda. Cinco dos dez designers queriam se encontrar comigo. Alguém do RH também estava no convite", disse ela. Não era um bom sinal.

Katie entrou na reunião sem saber realmente o que iria acontecer. Quando ela entrou na sala, sua equipe tinha uma pilha de papéis na frente deles. "Eles me fizeram sentar e se revezaram lendo todas as coisas que não gostavam sobre o que eu estava fazendo e sobre minha liderança", disse ela.

Enquanto suas emoções transbordavam e ela estava se tornando cada vez mais defensiva em sua mente, Katie pausou, manteve a compostura e pensou em Dale. "Lembrei-me de como Dale Carnegie escreveu sobre como nosso instinto em um momento como esse é corrigir as pessoas quando discordamos delas. Mas ele também escreveu que toda vez que questionamos alguém, levamos a conversa para um lugar defensivo, e ninguém sai ganhando. Eu queria dizer a eles como eles estavam errados, mas eu ouvi em vez disso. Por mais doloroso que fosse — e provavelmente foi um dos momentos mais assustadores da minha carreira de liderança —, foi um momento de aprendizado incrivelmente poderoso. Ficou claro pelas palavras deles que eu não tinha conquistado a confiança deles. Eles não sabiam que eu me importava com eles, acreditava neles e buscava o melhor para eles. Eu me apressei em fazer mudanças sem dedicar tempo suficiente para conhecê-los. Essencialmente, entrei falando quando deveria ter entrado ouvindo."

Katie levou esse momento de aprendizado a sério e imediatamente se propôs a construir uma maior confiança com a equipe. Passou mais tempo individualmente com cada um de seus colegas para conhecê-los melhor e obter suas opiniões sobre como avançar. "Mostrar cuidado e ouvir foram fundamentais para a mudança na empresa", disse ela.

Em apenas alguns meses, o trabalho de Katie com a equipe deu frutos, e logo o departamento de design teve uma das pontuações de engajamento mais altas da empresa. Quando ela deixou o Airbnb para trabalhar no Lyft, ela fez certo da segunda vez: chegou ouvindo e construindo confiança.

Embora a confiança seja fundamental para construir relacionamentos sólidos, ela é frágil, o que a torna difícil de construir e fácil de quebrar. Quando não somos cuidadosos com a confiança que os outros depositam em nós, podemos prejudicar nossos relacionamentos. Em seu livro *Como criar relações mais profundas: Construindo relacionamentos excepcionais com a família, os amigos e os colegas de trabalho*, os professores de Stanford Carole Robin e David Bradford contam como quase perderam o relacionamento profissional que haviam construído ao longo de anos um com o outro. David havia sido mentor de Carole. Eles abordavam os problemas de maneira diferente, mas geralmente conseguiam concordar sobre objetivos comuns e resolver discussões rapidamente.

Quando David decidiu parar de dar um de seus cursos, a escola pediu a Carole para assumir — mas ela tinha algumas condições. Carole sabia o quanto David havia trabalhado naquela posição e, agora que era a vez dela, não queria ser desconsiderada. Queria que o "curso" fosse chamado de "programa" porque acreditava que isso levaria a mais financiamento e apoio, e queria um título específico que refletisse melhor as funções daquele cargo. A Stanford recusou ambos os pedidos. Carole ficou furiosa e contou a David o que havia acontecido.

"Carole, por que você está lutando tanto pelo programa e pelo título? Eu simplesmente não entendo qual é o problema", disse David.

"O problema é que vou ter que enfrentar as mesmas batalhas que você está enfrentando agora. Sem o reconhecimento que estou pedindo, não acho que serei bem-sucedida", ela disse. Embora David concordasse que era um trabalho difícil, ele não achava que valia tanto esforço. Ele levantou o pedido de Carole em sua próxima reunião com a liderança da escola, mas quando lhe perguntaram se os pedidos dela eram necessários, ele disse: "Bem, não conseguir essas coisas certamente torna o trabalho dela mais difícil, mas ela é capaz de fazer".

Carole sentiu-se traída e incompreendida quando descobriu o que David disse. "Se a situação fosse inversa, eu teria defendido você imediatamente", ela disse a ele. Em retrospecto, Carole disse: "Não tinha certeza se conseguiria confiar nele novamente". Eles ainda tinham que trabalhar juntos, então faziam o que tinham que fazer e mal conversavam fora do trabalho.

Meses depois, os dois se sentaram e conversaram sobre seu relacionamento. Carole ainda estava brava, e David não entendia por quê. "Me deixa realmente nervoso pensar que não sei onde estou pisando com você", disse David. Muito antes de Carole parar de confiar em David, ele tivera dificuldade para confiar nela. Ficou óbvio que a confiança tinha falhado dos dois lados.

Depois de conversar por várias horas frustrantes, eles chegaram à questão central. Eles só poderiam resolver seu conflito quando estivessem dispostos a expressar suas emoções reais. Em um determinado momento, David conseguiu se colocar no lugar de Carole e disse: "Estou vendo o que tem acontecido com você, talvez pela primeira vez. E sinto muito." Isso ajudou Carole finalmente a se sentir emocionalmente compreendida. "Nossos problemas estavam altamente entrelaçados. Mesmo que tenhamos explorado essas questões com muito mais profundidade e ganhado uma compreensão mais clara de por que cada um de nós respondeu como respondeu, tudo não estava totalmente resolvido", eles escreveram. Eles ainda tinham muito trabalho à frente, mas haviam restaurado confiança suficiente para reconstruir seu relacionamento.

Um esforço genuíno para restaurar a confiança vai longe. É um processo que requer honestidade, admitir nossos erros e um ambiente onde os outros sintam que podem fazer o mesmo.

Então, como você sabe se não tem a confiança de alguém? Procure comportamentos e linguagem corporal que mostrem desconexão ou infelicidade, como comunicação cautelosa, em seu local de trabalho ou grupo de amigos. As pessoas estão muito reservadas ao seu redor? Há tensão ou desconforto? As pessoas estão agindo de maneira cínica ou suspeita? Se você está conversando com alguém que parece defensivo, é um sinal forte de que eles podem não confiar em você.

Se você sabe que perdeu a confiança de alguém, tente isto:

1. **DEIXE SEU EGO DE LADO.** Pense em como abordá-los abertamente e mostrar seu eu vulnerável e autêntico, especialmente se você for uma figura de autoridade ou líder em suas vidas.
2. **ASSUMA A RESPONSABILIDADE POR SUA PARTE EM QUEBRAR A CONFIANÇA DELES.** Isso ajuda a examinar suas suposições e como elas afetaram suas ações. Reflita sobre o papel que você desempenhou na situação.
3. **ENCONTRE-SE E CONVERSE PRIVADAMENTE COM ELES PARA COMPARTILHAR SUAS REFLEXÕES.** Peça a perspectiva deles, mantenha a mente aberta e ouça. Na medida do possível, coloque-se no lugar deles e ouça o que eles têm a dizer sem julgamento.
4. **AVALIE AS NECESSIDADES.** Descubra o que essa pessoa precisa de você para reparar a confiança quebrada e compartilhe o que você precisa delas. Ouça e verifique se vocês dois se entendem. Considere encontros regulares para falar sobre o progresso.
5. **DEIXE SUAS AÇÕES FALAREM POR VOCÊ.** Esteja vigilante em cumprir sua parte no acordo. O velho ditado de que "ações valem mais que palavras" deve ser seu guia.

É fácil se sentir defensivo ou insultado quando descobrimos que alguém não confia em nós. Nosso modo de luta ou fuga pode entrar em ação muito rapidamente. Essa é uma oportunidade para nos desafiarmos a ver as coisas não apenas do nosso ponto de vista, mas de maneira mais objetiva. Como foi para você quando teve que interagir com alguém em quem não confiava? O que você gostaria que tivessem dito para ajudá-lo a confiar mais? Não vamos acertar todas as vezes, mas o importante é que continuemos tentando. Aprecie os altos e baixos de cada jornada, mesmo que cheguem de surpresa.

Segurança psicológica

A confiança também entra em jogo dentro dos grupos, o que é referido como o grau em que nos sentimos "psicologicamente seguros". Assim como a confiança é crucial para relacionamentos pessoais, a segurança psicológica é crucial para uma organização. A segurança psicológica é baseada nas consequências percebidas de assumir um risco interpessoal — compartilhar uma opinião, falar a verdade, levantar um problema difícil ou fazer uma pergunta. Se você tiver medo de parecer estúpido, incompetente, negativo ou disruptivo por se manifestar — seja em uma reunião de trabalho ou com sua família —, você pode estar psicologicamente inseguro. Mas se, por outro lado, você se sentir confiante de que os outros receberão suas opiniões abertamente, você pode se sentir psicologicamente seguro.

David Barrios é o CEO da HPC, uma distribuidora atacadista de ferramentas com sede na Guatemala. Como líder recém-promovido, a última coisa que alguém gostaria de fazer é perguntar no que está falhando, mas foi exatamente isso que David fez, e ele criou segurança psicológica ao fazê-lo.

Em uma reunião de liderança, David decidiu realizar um exercício projetado para ajudar todos a ver o valor da confiança baseada na vulnerabilidade, que ele acredita ser a base para trabalhar juntos. O exercício veio de *The five dysfunctions of a team*, de Lencioni (que mencionamos anteriormente neste capítulo), e o resumo é o seguinte: cada membro da equipe recebe feedback construtivo sobre (1) a contribuição mais importante que eles fazem e (2) a área em que precisam melhorar ou eliminar para o bem da equipe.

Quando chegou a vez dele, David se sentiu exposto após ouvir o feedback — foi quase unânime que ele precisava ser mais empático.

Mais tarde, David realizou reuniões individuais com cada pessoa que estava na reunião para pedir mais feedback e orientação sobre como poderia melhorar.

"É claro, não foi fácil ouvir a mensagem tão alta e clara de onde eu estava falhando, mas também foi ótimo ter tanta clareza sobre os pontos em que precisava trabalhar. O feedback que recebi foi entregue de maneira muito franca e com uma clara intenção de ajudar tanto a mim quanto à dinâmica do grupo, que era o nosso objetivo: ser uma equipe melhor!" disse David.

Em qualquer posição, pode parecer mais seguro agir com dureza e sob controle. Não importa qual seja nossa posição, o crescimento requer que ouçamos o que as pessoas têm a dizer. "Confiei o suficiente em meus colegas para ser vulnerável com eles e pedir sua ajuda, mesmo sendo o CEO — ou, deixe-me corrigir, especialmente porque eu era o CEO —, e eles me ajudaram de mais maneiras do que eu poderia imaginar. Posso dizer com confiança que, por causa deles, saí do outro lado dessas reuniões individuais como uma pessoa e um líder melhor", disse David. A confiança também teve que ir nos dois sentidos — a equipe teve que acreditar que era seguro dar a David seu feedback aberto e honesto.

ASSUMA O COMANDO

A confiança leva anos para ser construída e momentos para ser quebrada, e ainda assim é o alicerce de todos os bons relacionamentos. Não costumamos pensar em como ou por que confiamos nas pessoas que estão mais próximas de nós, mas nenhum relacionamento pode florescer sem confiança. Quando pensamos em construir ou fortalecer relacionamentos, a confiança tem que ser o primeiro elemento que consideramos.

PRINCÍPIO

Seja você mesmo para construir confiança.

COMO AGIR

- **REFLITA SOBRE O PAPEL QUE A CONFIANÇA DESEMPENHA EM SUA VIDA.** Em quem, em sua vida, você mais confia? Em quem você confia menos? Pense sobre o que essas pessoas fazem para fortalecer ou quebrar sua confiança. Como elas o tratam e falam com você?
- **AGORA PENSE EM COMO VOCÊ SE COMPORTA NOS SEUS RELACIONAMENTOS.** Você é confiável? O que você faz para construir confiança? O que você faz que quebra a confiança? Quais ações você pode tomar

hoje para construir mais confiança com as pessoas com quem você se importa?

- **TODOS QUEBRAMOS A CONFIANÇA DE VEZ EM QUANDO.** Pense em um momento recente em que você quebrou a confiança de alguém. Tome as seguintes medidas para reparar a confiança em seu relacionamento:
  - Deixe seu ego de lado.
  - Assuma a responsabilidade.
  - Encontre-se e converse em particular.
  - Avalie as necessidades.
  - Deixe que suas ações falem por você.

11

ABANDONE A CRÍTICA

Em vez de condenar as pessoas, vamos tentar entendê-las. Isso é muito mais lucrativo e intrigante do que a crítica; e ela gera simpatia, tolerância e bondade.

Dale Carnegie

Meu chefe, Scott McCarthy, estava quase terminando de me dar uma avaliação de desempenho anual. Depois de fornecer feedback positivo, Scott disse: "Há uma coisa importante que precisamos discutir, no entanto".

"O que é?" perguntei.

"Trabalhei com muitas pessoas ao longo de muitos anos, e tenho que lhe dizer, você é a pessoa mais defensiva com quem já trabalhei. Se você não gosta do que está ouvindo, se entrincheira. Você tem um grande potencial, mas se não lidar com isso, vai limitar sua carreira."

Fiquei atordoado, em silêncio. Comecei a sentir raiva. Não vou mentir; doeu. Muito. "Eu? A pessoa mais defensiva com quem ele já trabalhou? Vamos lá, sério?" Passei por estágios de processamento e negação, mas no momento, tudo o que eu tinha eram perguntas.

Eu poderia ter deixado minha raiva tomar conta de mim. Eu poderia ter virado as costas para ele e ignorado seu conselho, o que teria prejudicado nosso relacionamento e provado ainda mais seu ponto de vista. Mas, em vez disso, eu disse: "Scott, agradeço por me contar isso. Desculpe, mas não vejo assim. Você poderia me dar um exemplo para que eu possa entender melhor?"

Eu só pedi um exemplo, mas recebi quatro. E com cada um, meu chefe abriu meus olhos para o que eu não havia percebido. Não era uma crítica — ele estava genuinamente tentando me ajudar. Passei a ver o que ele me disse como um presente. Foi um momento decisivo em minha carreira, pois me ajudou a perceber o que não tinha sido capaz de ver.

A crítica — junto com nossas reações a ela — é a maneira mais rápida de arruinar um relacionamento. Dale tinha muito a dizer sobre esse assunto. Na verdade, "Não critique, condene ou reclame" era seu primeiro princípio. "A crítica é inútil porque coloca uma pessoa na defensiva e geralmente a faz se esforçar para se justificar. A crítica é perigosa, porque fere o orgulho precioso de uma pessoa, machuca seu senso de importância e desperta ressentimento", ele escreveu. "Se você e eu queremos provocar um ressentimento amanhã que pode doer por décadas e durar até a morte, basta nos permitir um pouco de crítica mordaz — não importa o quão certos estejamos de que é justificada."[1]

John Gottman, um psicólogo e autor mundialmente renomado, viu como a crítica pode ser destrutiva nos relacionamentos. Com base em sua pesquisa em ambientes clínicos e milhares de sessões com clientes, Gottman apelidou a crítica de um dos "quatro cavaleiros" do apocalipse do relacionamento. Sua pesquisa ficou famosa em prever se os casais se divorciariam com uma taxa de precisão de 90%, com base em quatro comportamentos negativos — defensividade, obstrução, desprezo e crítica.[2]

A maneira como abordamos a crítica pode ajudar ou prejudicar nossas conexões com as pessoas que importam para nós. Neste capítulo, faremos uma distinção entre crítica e feedback, daremos exemplos de ambos e mostraremos como escolher a bondade pode sustentar relacionamentos saudáveis.

Crítica vs. feedback

A crítica é destrutiva e julgadora — ela martela um problema sem apresentar uma alternativa e concentra-se apenas no que está "errado". O feedback (às vezes chamado de crítica construtiva) é acionável e colaborativo; reconhece o problema e depois trabalha para encontrar uma solução ou resolução para seguir em frente, concentrando-se em como "corrigir" as coisas.

Aqui estão exemplos que mostram a diferença entre os dois:

A CRÍTICA CONCENTRA-SE NO QUE ESTÁ ERRADO: Por que você não pode ser pontual pelo menos uma vez?
O FEEDBACK CONCENTRA-SE EM COMO MELHORAR: O que podemos fazer para ajudá-lo a ser mais pontual?
A CRÍTICA IMPLICA UMA FALHA PESSOAL: Você é ignorante e sem educação.
O FEEDBACK CONCENTRA-SE NO COMPORTAMENTO, NÃO NA PERSONALIDADE: O que você precisa aprender que o ajudará a ser mais eficaz em sua função?
A CRÍTICA DESVALORIZA A OUTRA PESSOA: Não acho que você consiga lidar com isso.
O FEEDBACK INCENTIVA A OUTRA PESSOA: Por que não descobrimos como fazer isso juntos?

A crítica afasta a outra pessoa, enquanto o feedback promove conexão. A crítica é sobre a pessoa; o feedback é sobre soluções. O feedback é entregue com a intenção de ajudar, não de derrubar.

Como lidar com a crítica

Vamos concordar que não é bom ser criticado — alguém nos dizer que estamos errados, que cometemos um erro ou que não fizemos um bom trabalho em um projeto — especialmente quando não concordamos. As pessoas criticam de diferentes maneiras. Algumas vêm com hostilidade ("Não posso acreditar que você fez isso. O que há de errado com você?"); outros são mais táticos ("Tenho certeza de que você tinha uma razão para fazer isso."); outros são passivo-agressivos ("Bem, se você não tivesse feito isso, talvez não estaríamos nesta situação."). Mesmo se você fez algo errado, qual é o seu primeiro instinto em qualquer uma dessas situações?

Se você é como a maioria das pessoas, incluindo eu, sua resposta natural quando criticado é ficar na defensiva e pronto para lutar. "O quê?! Eu trabalhei duro nisso. Como você pode dizer que eu não trabalhei bem?!" nós poderíamos dizer. Faríamos qualquer coisa para provar que o que nos estão dizendo não é verdade. Explicamos, defendemos, discutimos e negamos.

Quando estamos nos sentindo defensivos e magoados, podemos cometer o erro de dar a essas experiências mais peso do que merecem. Embora não possamos impedir as pessoas de nos criticarem, podemos decidir se e como vamos deixar que suas palavras nos afetem. Embora seja necessário permanecer aberto para ouvir feedback justo que pode nos ajudar, também precisamos filtrar o julgamento injusto de pessoas que não merecem nosso tempo ou energia emocional. Quando você ouvir críticas, faça-se duas perguntas:

1. Essa crítica vem de alguém em quem confio e que respeito?
2. A crítica é justa ou injusta?

A primeira pergunta é bastante simples. Confio e respeito essa pessoa — sim ou não? Se a resposta for sim, então estou aberto ao comentário e irei para a segunda pergunta. Se a resposta for não, escolho ignorá-la. Há pessoas infelizes demais no mundo para nos preocuparmos com o que elas têm a dizer. Se você não acredita em mim, basta passar alguns minutos olhando os comentários em qualquer site de mídia social.

A segunda pergunta é mais difícil de responder, porque receber críticas pode ser o equivalente emocional a levar um soco. Quando alguém nos dá um soco, nossa reação imediata normal é entrar em modo de luta ou fuga, e nosso julgamento fica obscurecido pela emoção. O mesmo pode acontecer quando somos criticados. Então, como podemos nos perguntar se a crítica é "justa ou injusta" se estivermos chateados ou magoados? Primeiro, precisamos manter a calma e nos acalmar. Precisamos nos tirar da equação para que possamos considerar a crítica de maneira mais objetiva.

Cerca de um ano depois de me tornar CEO da Dale Carnegie, conduzimos uma avaliação de 360 graus para mim e nossa equipe executiva. Nessas pesquisas, fazem-se uma série de perguntas anônimas sobre você às pessoas com quem você trabalha de perto. Nesse caso, meus subordinados diretos tinham que me avaliar.

Quando recebi meu relatório, fiquei satisfeito com a maioria do que vi, mas fiquei um pouco chateado ao ver comentários dizendo que eu poderia ser mais decidido. "O quê? Eu entro nesta organização, ouço minha equipe, peço suas opiniões e tento trabalhar junto, e então sou criticado por não tomar decisões mais rapidamente? Eles querem que eu tome decisões mais rápido? Tudo bem. Posso fazer isso. Vou apenas dizer a eles o que fazer da próxima vez!" Foi então que meu bom senso entrou em ação. "Ei, acalme-se. Eu gosto, confio e respeito essas pessoas, e elas sempre foram honestas comigo antes. Talvez haja algo aqui que eu deva considerar."

Agendei uma reunião com meus subordinados diretos para obter mais clareza. "Primeiro, quero agradecer a todos vocês pelo feedback em meu 360. Sei que o caminho fácil com uma pesquisa como essa é vocês reterem sua verdadeira opinião, e posso ver que não fizeram isso. Eu aprecio isso. Realmente dependo de vocês para me dizer a verdade. Eu me importo com cada um de vocês e com nossa organização, e meu objetivo é continuar a melhorar, então adoraria aprofundar algumas sugestões no meu relatório. Prometo que não ficarei chateado. Realmente só quero entender."

A tensão na sala começou a diminuir, os braços cruzados relaxaram e as pessoas levantaram os olhos. Um executivo falou: "Eu realmente aprecio que você seja colaborativo e queira que participemos das decisões difíceis. Isso é uma coisa boa. É apenas que às vezes sinto que, uma vez que todos contribuímos, você poderia tomar a decisão mais rápido. Não precisamos concordar todos." Outros concordaram e começaram a falar. Enquanto eu ouvia, percebi que eles estavam certos. Eu estava tentando construir consenso, talvez mais do que precisava. Isso significava mais tempo em reuniões, quando todos já estavam sobrecarregados com suas cargas de trabalho. No final, agradeci sinceramente a todos e esforcei-me para tomar decisões-chave mais rápida e claramente. O 'coaching' de minha equipe me tornou um líder mais eficaz e decidido.

Callen Schaub é um artista de Montreal, no Canadá, que regularmente é alvo de críticas por sua arte. As pinturas brilhantes, coloridas e chamativas que ele cria recebem milhares de comentários, com um bom número de pessoas dizendo: "Isso é arte falsa" ou "Qualquer um poderia fazer isso". Ele até recebeu mensagens que dizem: "Não tem vergonha de fingir ser artista?"[3] Isso poderia tê-lo impedido de compartilhar ou produzir sua arte, mas ele recebe as críticas e as transforma em arte. Ele até imprimiu várias críticas e as transformou em pinturas — e as vendeu por milhares de dólares. Ele está seguro. Pegou as palavras de ódio e as transformou em uma tag de mídia social: #fakeart. Apesar de toda a negatividade, ele tem um negócio próspero e 700 mil seguidores que o incentivam com comentários encorajadores.

Callen vê algumas opções para lidar com "haters, trolls e negatividade". Primeiro, ignorá-los e, se necessário, bloqueá-los ou excluí-los. "Essa é uma opção válida se você não quiser gastar, ou não puder gastar, energia emocional para lidar com o ódio", diz ele. "Mas você também deve saber que o ódio não desaparece apenas porque não é discutido." A segunda opção é mostrar amor a eles. "Todos estamos passando por algo e alguém que espalha negatividade está (frequentemente de maneira subconsciente) fazendo uma projeção e precisa de ajuda, compaixão, bondade e empatia", diz ele.[4]

Uma maneira de avaliar se você deve levar a crítica a sério é avaliar as motivações de alguém. Pareceu um insulto? Havia algo construtivo nisso? O que você sabe sobre essa pessoa e como você se relacionou com ela no passado? Se você se fizer essas perguntas e concluir que os comentários foram críticas injustas, ou que a pessoa não estava sendo razoável, descarte sua crítica. Palavras duras podem nos corroer, mas mandá-las embora nos ajuda a evitar sermos distraídos por críticas sem valor.

Há momentos, porém, em que temos que estar dispostos a admitir que alguém pode ter uma perspectiva que não temos. Mesmo que o que nos digam doa, continue fazendo perguntas para descobrir a verdade. Quando ouço críticas, faço anotações e perguntas para obter mais informações, porque vejo isso como uma oportunidade de aprender. Meu objetivo é tentar separar o que a pessoa disse para ver se há algum feedback escondido na crítica. Feedback de uma fonte honesta é como ter as respostas para uma prova antes de fazê-la. Você pode fazer a prova às cegas, mas se alguém está lhe dando as respostas, por que não seguir essa orientação, especialmente se isso o ajudar a alcançar a vida que deseja?

É por isso que devemos enfrentar a crítica de mente aberta. Pode haver verdade no que alguém está dizendo, mesmo que não queiramos ouvir. O desafio é impedir que nossa reação emocional ou sentimentos feridos sobreponham-se ao nosso desejo de aprender e melhorar.

Quando Michael estava na faculdade, ele tinha um bom amigo chamado Henry, que estava um ano à frente dele. Depois que Henry se formou, Michael o convenceu a considerar trabalhar para a Dale Carnegie. Henry foi trabalhar no departamento de instrução, enquanto Michael trabalhava no centro de distribuição. Na época, a empresa não tinha um sistema de inventário contínuo em computadores, então Michael escreveu um programa para atender às suas necessidades no centro de distribuição. Michael achou que Henry também poderia querer usá-lo, então Michael o compartilhou com ele.

"Para minha surpresa, Henry criticou o programa", disse Michael. "Ele achou que deveria ser feito de maneira diferente, uma maneira que seria melhor para ele. Senti-me frustrado porque estava orgulhoso do que havia alcançado em tão pouco tempo. Minhas emoções tomaram conta de mim e enviei um e-mail para Henry dizendo: 'Henry, escrevi isso para mim. Não para você.'"

Henry mal falou com Michael pelo resto do tempo em que esteve na empresa. "Por um tempo, perdi um grande amigo. Embora tenhamos nos reconectado, não temos a amizade que tínhamos antes", disse Michael. Michael arrepende-se muito desse incidente. Se pudesse fazer de novo, Michael diria: "Muito obrigado pelo feedback, Henry. Deixe-me ver se consigo ajudá-lo fazendo algumas mudanças nisso para você." No grande esquema da vida, foi uma pequena interação que teve um impacto enorme em seu relacionamento.

Às vezes, demoramos a perceber que somos nós os críticos. Zach Harris era muito próximo de seu primeiro chefe, Mark, que o contratou para um emprego em sua franquia de hotéis. À medida que o papel de Zach crescia e ele passava por diferentes posições na empresa, ele e Mark permaneciam amigos e tinham um bom relacionamento. Quando a franquia para a qual trabalhavam foi adquirida, Mark saiu para uma organização diferente. Zach estava preocupado em perder o emprego, e ele e Mark conversaram sobre um possível papel para Zach na nova empresa de Mark. Zach ficou entusiasmado. Ele sentiu que Mark lhe havia prometido a oportunidade. Por algum motivo, no entanto, Mark ficou em silêncio. Depois de algum tempo, Zach ouviu por outros que Mark havia contratado um dos colegas de Zach para o cargo que Zach achava que receberia.

Zach se sentiu traído, triste e com raiva de como Mark lidou com as coisas. Zach começou a especular, inventando em sua mente histórias que explicassem o acontecido, mas o que ele não fez foi entrar em contato diretamente com Mark. Depois de alguns meses, Zach finalmente ligou para Mark e disse que não gostou de como as coisas haviam acontecido.

"Mark, senti que você me prometeu uma oportunidade e depois voltou atrás sem motivo aparente. Por que você fez isso?", ele perguntou. Zach acabara de ler um livro sobre ser aberto e honesto para ajudar a definir sua mentalidade profissional, e estava aplicando as lições à conversa. Zach pressionou Mark para descobrir por que seu colega conseguiu o emprego em vez dele. "Pensei que Mark apreciaria minha honestidade e minha franqueza. Em vez de ser aberto comigo, Mark interpretou o que eu estava dizendo como um ataque. Ele se fechou, sem oferecer desculpas nem uma explicação real. Foi uma conversa muito fria." Como Mark respondeu? Simplesmente dizendo: "Zach, é assim que as coisas acontecem às vezes." Mesmo que seu tom fosse cordial, Mark encerrou rapidamente a conversa. Eles não se falaram novamente por mais de um ano.

Depois, Zach refletiu sobre a discussão. Ele achou que ser direto ajudaria o relacionamento, mas fez o oposto. Nesse caso, uma abordagem mais suave e ponderada teria salvado aquele relacionamento. A decepção, emoção e frustração de Zach transpareceram durante a conversa. Enquanto isso, Mark sentiu que não "precisava aceitar isso de ninguém".

Agora, o que poderia ter acontecido se Zach tivesse lidado com essa situação de maneira diferente? E se ele tivesse controlado suas emoções e começado de maneira mais amigável? Zach poderia ter dito: "Mark, você e eu somos amigos há muito tempo. Você é alguém com quem me importo e que respeito. Quando conversamos sobre o cargo em sua nova empresa, achei que seria meu, e fiquei surpreso ao descobrir que não. Você poderia me explicar o que aconteceu?" Mark poderia ter sido mais receptivo a esse tipo de abordagem, e Zach poderia ter descoberto o que realmente aconteceu. Isso só mostra que a crítica nunca funciona.

Como dar feedback

Uma das coisas com as quais tive dificuldade por muitos anos em minha carreira foi dar feedback direto a outras pessoas. Eu me preocupava com como minhas palavras seriam recebidas, em machucar seus sentimentos, em a pessoa ficar defensiva ou irritada, em entrar em uma discussão que poderia afetar a maneira como trabalhávamos juntos. Por muito tempo, eu evitava o problema real, destacando aspectos positivos enquanto generalizava as questões difíceis. Mas, com as centenas de interações com pessoas, percebi que, especialmente nos negócios, devo às pessoas a cortesia da sinceridade. É minha responsabilidade ajudar a trazer o melhor nos outros e alcançar resultados — e meu fracasso em fazer isso é covarde, irresponsável e desrespeitoso. Além disso, descobri que a maioria das pessoas quer fazer seu melhor e aprecia insights que as ajudem a crescer.

Dar feedback efetivo para alguém resume-se a duas coisas: nossa intenção e nossas palavras. Se você aborda alguém com o objetivo de desencorajar, desmoralizar ou menosprezar, isso é crítica — inútil e cruel. Mas se você aborda alguém com o objetivo de encorajar, motivar e apoiar, isso é feedback — orientado para o crescimento e empático. Às vezes, nós somos o problema; podemos ser críticos, intencionalmente ou não. Podemos nem mesmo estar cientes de como os outros recebem alguns de nossos comentários. Então, como podemos melhorar em dar feedback que não faz com que as pessoas se fechem e as ajuda a crescer?

Primeiro, temos que ter certeza de que nossas intenções e nossas palavras são boas. Pergunte-se por que está dando feedback e o que espera alcançar. Em segundo lugar, considere as palavras e o tom. Volte à seção "Crítica vs. feedback" acima e diga em voz alta essas frases de exemplo. Você pode ouvir que as palavras e o tom de voz podem facilmente deixar alguém nervoso ou à vontade. A maneira como você se comunica deve coincidir com sua intenção.

Depois de se formar na faculdade, Cameron Mann conseguiu um emprego temporário em uma fábrica. Estava ansioso para mostrar seu valor e trabalhar duro, mas era o único jovem em um depósito cheio de pessoas com mais de 50 anos, então ele não tinha certeza de onde se encaixava com seus colegas. Cameron tinha um colega chamado Paul, que tinha 65 anos e era muito rabugento. Ele parecia rígido em seus hábitos e sempre tinha uma atitude negativa.

Um dia, Cameron e Paul estavam consertando uma máquina que exigia uma chave de fenda. Paul estava usando uma chave de fenda manual, e estava demorando muito, então Cameron disse: "Por que você não usa uma chave de fenda elétrica?" Paul não perdeu o ritmo. "Esse é o problema da sua geração. Vocês são preguiçosos", ele disse. Cameron ficou um pouco desconcertado porque estava tentando ajudar, mas respondeu reativamente dizendo: "Ou somos apenas mais eficientes".

Paul não gostou nada disso. Cameron ouviu como suas palavras soaram e pediu desculpas: "Olha, não estava tentando dizer que você estava errado e eu estava certo. Eu só estava sugerindo como poderíamos melhorar nosso desempenho."

Depois disso, Cameron conversou abertamente com Paul e procurou a orientação dele. Começou a perguntar por que Paul fazia daquele jeito para que pudesse entender seu ponto de vista. Então, se Cameron visse outra solução, ele perguntava: "E se fizéssemos assim?" em vez de dizer diretamente a Paul para fazer algo diferente.

Devido a essa abordagem, eles se tornaram amigos e Cameron descobriu que ambos fizeram suposições um sobre o outro quando Cameron começou no emprego. Paul acabou procurando Cameron para pedir maneiras de melhorar a produção e economizar tempo em outras áreas da linha de produção. Eles começaram combativos e críticos um com o outro e acabaram amigos em um ambiente de trabalho saudável.

ASSUMA O COMANDO

"Não critique, condene ou reclame" foi o primeiro princípio de Dale por um motivo. Nada danifica relacionamentos e confiança mais rapidamente do que a crítica. Quando entendemos a diferença entre feedback — que é necessário para aprendizado e crescimento — e crítica — que é sempre destrutiva —, podemos nos capacitar e capacitar os outros a passar por momentos, em qualquer relacionamento, que poderiam ser muito difíceis.

PRINCÍPIO

Seja gentil ao dar e receber feedback.

COMO AGIR

- **PENSE EM UMA OCASIÃO EM QUE VOCÊ CRITICOU UM AMIGO, OU UM AMIGO O CRITICOU.** Qual foi a reação dele? Qual foi a sua reação? O que você gostaria de ter feito de forma diferente? Como está seu relacionamento agora?

- **AGORA PENSE EM UM RELACIONAMENTO QUE O ESTÁ FRUSTRANDO.** Você pode ter pensado em falar para essa pessoa o que está pensando. Escreva sua crítica e pense em como seria ouvir isso direcionado a você mesmo. Agora reescreva como feedback, usando linguagem construtiva e útil. Compartilhe esse feedback com a outra pessoa. Preste atenção a suas palavras, tom e intenção ao dar feedback.
- **PENSE EM UMA OCASIÃO EM QUE VOCÊ SE SENTIU CRITICADO** — talvez no trabalho ou nas redes sociais. Pergunte a si mesmo:
  - Essa crítica vem de alguém em quem confio e respeito? Quanto eu conheço essa pessoa? Quanto essa pessoa me conhece?
  - A crítica é justa ou injusta? Eles têm alguma base para dizer o que disseram?
  - Pratique deixar de lado críticas injustas ou que vêm de alguém que não procura o seu bem. Pratique procurar a lição em críticas justas.

12

LIDE COM PESSOAS DIFÍCEIS

> Primeiro, ouça. Dê aos seus oponentes a chance de falar. Deixe-os terminar. Não resista, defenda ou debata. Isso só levanta barreiras. Tente construir pontes de entendimento.
>
> Dale Carnegie

Não importa quem você é, onde você mora, o quanto é gentil (ou pensa que é) ou o quanto você tenta, você vai encontrar pessoas difíceis. É a vida. Um parente que reclama das suas escolhas de vida. Um colega que acredita que está sempre certo. O pai ou a mãe de seu filho que tem um estilo de parentalidade diferente do seu e se recusa a ouvir suas ideias. Um "amigo" que se faz de vítima e exige toda a sua atenção e energia emocional. Quando confrontamos pessoas difíceis, podemos sentir vontade de jogar as mãos para o alto e sair da situação. Mas isso raramente funciona — especialmente quando as pessoas em questão são uma parte fundamental do nosso mundo. Em vez de sair, temos que cultivar a habilidade de lidar com pessoas e interações difíceis quando elas inevitavelmente surgem.

O que fazemos quando isso acontece? Seja porque não temos escolha senão lidar com a pessoa ou porque estamos dispostos ao desafio de construir um relacionamento melhor de qualquer maneira, temos que aprender a lidar primeiro com nós mesmos. Pode ser surpreendente ouvir que lidar com pessoas difíceis tem menos a ver com elas e seu comportamento e tudo a ver com a maneira como pensamos na interação e a realizamos. Não podemos controlar os outros, mas podemos controlar como reagimos.

Neste capítulo, vamos cobrir um processo de quatro partes que usamos quando enfrentamos pessoas difíceis:

1. Estabelecer limites saudáveis.
2. Comunicar seus limites.
3. Aprender a ouvir.
4. Obter uma terceira perspectiva.

Estabelecer limites saudáveis

A chave para lidar com pessoas frustrantes é começar consigo mesmo. Primeiro, você estabelece limites para a maneira como as pessoas podem tratá-lo? Ou são os outros que tomam essas decisões por você? Limites nesse contexto são "os limites e regras que estabelecemos para nós mesmos dentro dos relacionamentos". A maioria de nós tem dificuldade em entender limites — o que eles são e como afetam os relacionamentos. Quando temos limites saudáveis, sentimo-nos confortáveis o suficiente para dizer não quando necessário, mas ainda podemos ser abertos e nos conectar com os outros.

Estabelecer limites pode parecer assustador no início, especialmente se fomos criados para pensar que dizer algo além de sim é agressivo, e que dizer não é iniciar uma guerra. Digamos que você esteja no trabalho e seu supervisor pede que você assuma um projeto urgente, mas você já tem três outros prazos próximos, e sabe que não pode assumir mais uma coisa... mas você diz sim sem comunicar sua preocupação. E agora? Seu estresse aumenta, você se esforça até a exaustão, reclamando o tempo todo sobre o chefe insensível. Mas você informou ao supervisor sua situação?

A verdade é que você não pode sempre culpar alguém por tratá-lo de uma maneira que você não gosta se você nunca estabeleceu um limite e informou sobre isso. Embora possamos ter medo de falar porque não queremos perder nosso emprego ou nosso relacionamento, tudo isso se resume ao medo. Estabelecer um limite não significa que seus entes queridos vão abandonar você ou que seu chefe vai demiti-lo. É o início de uma conversa sobre como vocês podem trabalhar juntos para criar um relacionamento melhor. Embora isso possa acontecer, você decide o que vai permitir ou não em sua vida. Lembra-se quando dissemos, no Capítulo 1, "Escolha seus pensamentos", sobre as coisas que dizemos a nós mesmos? O medo de um resultado antecipado muitas vezes vem de uma história falsa que criamos em nossas cabeças. Olhe para a situação da maneira mais objetiva possível e mantenha seu limite enquanto entra nessas conversas.

A mãe e dona de casa Carmen Medina ligava para sua irmã mais velha, Alicia, uma vez por semana, porque elas moravam a três mil quilômetros de distância uma da outra. Toda vez que conversavam, Alicia criticava o filho e a nora de Carmen, Daniel e Isabel, dando sermões sobre o relacionamento deles, a maneira como criavam seu filho e como praticavam sua fé. Alicia era muito devota em sua fé, mas Daniel e Isabel não eram. Ela estava muito preocupada com o bem-estar espiritual deles e pressionava constantemente Carmen a "conversar com eles" e tentar fazê-los "ajustarem-se". Carmen não tinha problemas com a maneira como Daniel e Isabel viviam suas vidas, e não queria que Alicia interferisse na jovem família deles. "Eu não queria mais ouvir isso, mas também não queria perder meu relacionamento com minha irmã", disse Carmen.

Depois de meses disso, Carmen se cansou. "Eu pensei sobre o que estava disposta a conversar e o que estava fora dos limites, e então decidi dizer isso à Alicia", disse Carmen. "No começo, eu estava com medo, mas segui em frente mesmo assim. Eu disse a ela que ainda queria manter meu relacionamento com ela, mas não discutiria mais sobre Daniel e Isabel", disse ela. Carmen disse a Alicia que suas palavras eram dolorosas e inúteis, o que tornava Daniel e Isabel um tópico proibido. "Foi difícil no começo. Ela não entendeu totalmente e ficou meio na defensiva sobre isso, mas eu não precisava que ela 'entendesse'. Eu só precisava que ela respeitasse meus desejos, e ela fez isso", disse Carmen. Carmen continuou tratando sua irmã como família — nada mais em seu relacionamento mudou exceto o limite que ela estabeleceu.

Como mostra a história de Carmen, estar em um relacionamento não significa que temos que deixar as pessoas nos pisarem, e é possível ter limites e ainda mostrar empatia com os outros. Estabelecer e fazer cumprir limites saudáveis com as pessoas em nossas vidas nos ajuda a construir e preservar relacionamentos fortes.

Entender seus limites leva tempo. A maioria de nós não consegue definir nossos limites de maneira abstrata — geralmente, você se verá tendo que pensar neles em reação a um evento ou situação. A psicóloga clínica dra. Britney Blair diz que a parte mais importante de estabelecer limites é entender o que são. "O primeiro passo para estabelecer limites saudáveis é reconhecer o que você quer e precisa e trabalhar a partir daí."[1] Quando situações difíceis surgem, tire um tempo para estabelecer limites para o que é aceitável para você.

Comunicar seus limites

Você pode definir seus limites, mas se não os comunicar, eles são inúteis. Sentimentos negativos acumulam-se quando paramos de conversar com aqueles ao nosso redor para evitar uma discussão. Mesmo que pareça mais fácil evitar a situação, compartilhar nossas necessidades é o primeiro passo para tê-las atendidas.

Tudo se resume à entrega. Podemos dizer algo gentilmente ou friamente, e mesmo se usarmos exatamente as mesmas palavras, é a forma como dizemos que terá o efeito mais forte sobre a outra pessoa. Michael uma vez teve que negociar com Bill, um vendedor que já havia trabalhado na empresa de Michael. O pai de Bill também havia trabalhado na empresa, e quando ele faleceu, Michael teve que discutir a transição com Bill. Mesmo antes dessa situação difícil, Bill era difícil de lidar. Em todas as conversas anteriores, Bill tinha sido desagradável e imaturo, deixando Michael com a impressão de que ele era um idiota. Ele não estava ansioso por isso, mas Michael sabia que essa negociação era muito importante. Ele pensou sobre o que toleraria e o que não toleraria e sentiu fortemente que não deixaria Bill passar por cima dele. "Ao começarmos a conversa, disse a Bill que se ele elevasse a voz, eu lhe daria um aviso. E se ele não conseguisse falar comigo em um nível normal, então a conversa acabaria." Embora não gostasse de Bill, Michael compartilhou seu limite com gentileza e clareza.

Em certo momento da reunião, Bill elevou a voz. "Bill", disse Michael calmamente, mantendo a compostura, "esse é o seu primeiro e único aviso. Eu não vou permanecer nesta reunião se você continuar elevando a voz. Eu gostaria de continuar e discutir as coisas e espero que você também queira". Bill olhou para Michael, respirou fundo e se controlou. Como Michael dedicou tempo para definir e comunicar seus limites com Bill, ele conseguiu evitar a dor de cabeça de uma discussão e negociou com sucesso o acordo.

Inevitavelmente, seus limites serão testados, e nem todos serão receptivos aos seus limites, mas o dr. Michael Kinsey — psicólogo clínico e fundador da Mindsplain — aconselha as pessoas a usarem a abordagem do disco quebrado. "Os limites mais difíceis de estabelecer são aqueles que devem ser estabelecidos em relacionamentos onde a palavra 'não' é implicitamente tratada como tabu. Estabeleça o limite de maneira educada e tática da maneira que você normalmente faria. Se estiver se sentindo generoso, dependendo de como [a outra pessoa reage] ao limite, lembre-os de que você já respondeu e apreciaria que respeitassem seus desejos." Para casos extremos de resistência, o dr. Kinsey disse: "Se for necessária uma abordagem mais firme, simplesmente declare, 'Não'. Diga 'não' novamente. Repita 'não' mais uma vez. Continue dizendo 'não' com confiança, sem se desculpar e sem hesitar até que a insistência pare. Se a insistência não parar, encerre a conversa."[2]

Aprender a ouvir

Pense em fazer perguntas para entender melhor o ponto de vista da outra pessoa ou por que está agindo daquela maneira. Parte de ouvir bem é ouvir objetivamente, sem permitir que nossos próprios sentimentos e reações nos impeçam de ouvir a perspectiva da outra pessoa. Isso não é uma habilidade fácil.

Priya Wilson sempre levava seu sogro cego, Derek, para suas consultas com o dentista e o médico. Uma manhã, eles estavam no carro quando começaram a conversar sobre um interesse comum deles: o marido de Priya, Austin. Austin e Derek não tinham um bom relacionamento porque tinham perspectivas muito diferentes sobre a maneira como Derek havia criado Austin. Derek disse a Priya: "Não sei por que Austin explodiu comigo na outra noite". No jantar semanal deles, pai e filho estavam conversando sobre crescer e a infância de Austin quando Derek disse: "Nunca entendi por que você mentia tanto para mim quando era criança. Você sabia que podia falar comigo sobre qualquer coisa."

Austin ficou atônito porque isso soava como uma versão completamente diferente de sua infância. Ele disse: "Pai, toda vez que eu te contava algo honestamente, você me castigava ou me batia ou tirava algo que eu gostava! Eu não podia conversar com você sobre as coisas porque não era um lugar seguro para isso." Derek ficou arrasado e disse baixinho: "Bem. Estou ficando muito cansado. Vou para a cama. Você pode sair sozinho."

Austin saiu da casa de seu pai e contou tudo a Priya quando chegou em casa. Priya entendeu quanto sofrimento Austin carregava de sua infância, então ouvir Derek dizer que não tinha ideia de por que Austin "explodiria" com ele a deixou furiosa. Ela queria intervir e defender Austin, mas pensou: "Tudo bem, mas do que vai adiantar? Ele obviamente está chateado. Não precisa ficar ainda mais." Então, em vez de inserir sua própria perspectiva, ela disse: "Sim, vocês dois parecem ver as coisas de maneira muito diferente. Como foi para você criá-lo sozinho depois que sua esposa morreu?"

"Austin tinha 14 anos quando ela faleceu. Ele estava começando a ter aquela vontade de independência, e então a Amy foi hospitalizada. Ela morreu cerca de dois meses depois disso." A voz de Derek falhou enquanto ele falava. "Eu queria estar lá para o Austin. Mas ela era minha esposa. Eu não sabia o que fazer. Foi tudo de uma vez só. Eu queria mantê-lo seguro, e pensei que tinha me tornado mais acessível para conversar. Acho que fui mais rigoroso do que pensava porque não sabia fazer diferente", ele disse.

"Nem consigo imaginar como foi isso", disse Priya. "Deve ter sido muito difícil para vocês dois." Derek concordou que foi. Eles chegaram ao consultório médico, então a conversa terminou abruptamente, mas o que poderia ter sido uma conversa explosiva terminou em entendimento mútuo.

Ouvir antes de reagir dá espaço para ver as razões da pessoa. Carlos Cubia também queria criar um espaço seguro onde as pessoas pudessem ser honestas sobre suas percepções, mesmo que suas opiniões fossem ofensivas ou ignorantes. Como vice-presidente sênior e chefe global de diversidade da Walgreens Boots Alliance, Carlos observou em 2020 como outras empresas divulgaram declarações condenando o preconceito e o racismo sistêmico após o assassinato de George Floyd. Algumas eram apenas declarações vazias de relações públicas. Outras eram verdadeiras reflexões sobre os valores da empresa e dos líderes.

Quando Carlos olhou para sua organização, ele queria ter certeza de que estavam sendo autênticos, mas percebeu que nem todos na empresa concordavam com a ideia de combater o racismo. Alguns funcionários achavam que o racismo não era real ou não entendiam o que estava acontecendo. Isso tornou ainda mais importante que eles abordassem o assunto com cuidado genuíno e ponderado — ele queria que as pessoas fizessem a coisa certa sem torná-las defensivas.

Carlos decidiu que, onde quer que as pessoas estivessem emocional ou politicamente, ele queria dar espaço para falarem sobre como se sentiam sem julgamento. Ele pensou no primeiro princípio de Dale — "Não critique, condene ou reclame." Sendo negro, Carlos notou que homens brancos vinham até ele para dizer que não eram racistas, mas que também não tinham sido antirracistas. Eles estavam pedindo ajuda.

"Se vamos criar um espaço seguro para ter um diálogo aberto e uma conversa corajosa, não podemos julgar as pessoas por seus pensamentos ou pelo que fizeram ou deixaram de fazer ao longo dos anos", disse Carlos. Em alguns círculos, esses homens poderiam ter sido criticados e condenados, mas Carlos viu que estavam pedindo instrução e ajuda para se tornarem embaixadores e aliados.

Para que as pessoas compartilhassem suas histórias com segurança, Carlos sentiu que tinha que ouvir sem julgamento. "Este país está muito polarizado — não só este país, mas o mundo —, com a mentalidade de 'nós contra eles'", disse Carlos. "Eu posso nunca concordar com eles, mas eles têm o direito de sentir o que sentem, assim como você e eu temos o direito de sentir o que sentimos. Não vou condenar você por isso", ele disse. Claro, isso nem sempre funciona — especialmente quando as pessoas se recusam a cooperar ou ter uma conversa honesta. Falaremos mais sobre isso na seção posterior chamada "Quando terminar o relacionamento".

Obter uma terceira perspectiva

Todos nós enfrentamos o desafio de sair de nossas próprias cabeças. Às vezes, não estamos na melhor posição para determinar o que está acontecendo entre nós e alguém com quem estamos tentando nos dar bem. Pedir a opinião de outra pessoa pode ajudar. Uma vez que vocalizamos as coisas, podemos ouvi-las mais claramente. Você pode conversar com um amigo de confiança, um mentor, um terapeuta — alguém que tenha seus melhores interesses em mente, mas também possa olhar para a situação de um lugar neutro. Pergunte a essa pessoa o que ela faria nessa situação, ou se acha que você está reagindo exageradamente.

Indra Nooyi, ex-CEO da PepsiCo e considerada uma das mulheres mais poderosas do mundo, disse certa vez: "Não importa o que uma pessoa diga ou faça, presuma que ela tem boas intenções. Você ficará surpreso ao ver como toda a sua abordagem a uma pessoa ou problema se torna muito diferente."[3]

Conversar com outra pessoa também pode nos ajudar a entender quando nós somos a pessoa difícil.

Em determinado momento de minha carreira, tive um funcionário talentoso que gerenciava um grande departamento. Jack orgulhava-se de apoiar sua equipe, permitindo que eles resolvessem os problemas por si mesmos. "Não vou tratar as pessoas como crianças. Somos todos adultos. Se você quer crescer, precisa enfrentar e resolver seus desafios. O que menos preciso é fazer o trabalho de outra pessoa." Ele também era franco. "Não há motivo para eu adoçar meu feedback. Odeio quando as pessoas não dizem o que pensam. Devo às pessoas dar feedback direto e honesto. Elas devem ser capazes de lidar com isso, e se não conseguem, talvez precisem ter uma pele mais grossa", costumava dizer.

O problema é que, às vezes, todos nós precisamos de um pouco de ajuda, e Jack não reconhecia isso. Um dia, uma de suas subordinadas, Mei, entrou em meu escritório, claramente no limite com Jack. "Ele é impossível", disse Mei. "Ele espera que saibamos de tudo, e toda vez que pedimos ajuda, ele diz: 'Vá descobrir'. Ele não ouve."

Pouco depois dessa conversa, e em parte em resposta a ela, contratamos um consultor externo para fazer uma avaliação do departamento de Jack, que incluía entrevistar membros da equipe e conduzir uma pesquisa anônima. Depois de concluir sua avaliação, a consultora nos informou que o clima no departamento estava péssimo.

Quando Jack viu os resultados e leu os comentários da pesquisa, ficou chocado. "Não entendo. Não tinha ideia de que as pessoas se sentiam assim." De certo modo, poderíamos dizer: "Sério, Jack? Como você não tinha ideia? Onde você estava?" Ao mesmo tempo, todos nós temos pontos cegos sobre coisas que simplesmente não podemos ver sozinhos sem que alguém nos diga. Para seu crédito, Jack levou esse feedback a sério. Oferecemos contratar um coach para trabalhar com ele individualmente, e ele prontamente acolheu a ideia. Ao longo de muitos meses de coaching, Jack desenvolveu empatia pelas pessoas com quem trabalhava e aprendeu a liderar com compaixão em vez de controle.

Assim como Jack nunca tinha se visto como a pessoa difícil, muitos de nós não estamos cientes de como os outros nos veem. A solução muitas vezes é o feedback de terceiros — seja na forma de uma avaliação ou de um amigo ou colega de confiança.

Por anos, tenho o hábito de pedir ajuda às pessoas com quem trabalho. Posso fazer uma pergunta como "Eu realmente quero continuar me tornando um líder melhor. O que você acha que eu poderia fazer para melhorar?" Se a pessoa disser: "Não consigo pensar em nada", a próxima coisa que digo é "Bem, ninguém é perfeito. Certamente não eu. Deve haver algo que você acha que eu posso fazer melhor, mesmo que seja pequeno."

Geralmente, isso funciona. A pessoa pode pensar por um momento e então dizer: "Bem, acho que você poderia..." Então eu ouço. Não interrompo. Mantenho minha boca fechada até que terminem de falar. E a primeira coisa que digo depois que terminam é "Obrigado. Agradeço muito seu feedback." Digo isso mesmo se discordar ou se o que ouvi for doloroso. Posso pedir esclarecimentos (e tenho o cuidado de fazer isso de maneira não defensiva) para entender melhor, ou posso dizer "Me conte mais", mas não discuto. Quero garantir que a pessoa se sinta confortável compartilhando feedback no futuro.

Se você está lidando com uma pessoa difícil, ou se está preocupado que possa ser a pessoa difícil, peça ajuda.

Quando encerrar o relacionamento

Há momentos em que não há nada que você possa — ou deva — fazer para consertar um relacionamento. Quando nos encontramos em um relacionamento tóxico que sempre nos deixa emocionalmente feridos, esgotados e nos sentindo para baixo, é hora de reavaliar se esse relacionamento vale a pena salvar.

A dra. Kelly Campbell, professora de psicologia da California State University e diretora associada do Institute for Child Development and Family Relations, descreve um relacionamento tóxico como "aquele que impacta adversamente a saúde e o bem-estar de uma pessoa. (...) Quando estão indo bem, geralmente estamos bem. Mas quando não estão indo bem, nossa saúde e felicidade provavelmente serão afetadas negativamente,"[4] Isso se aplica não apenas a relacionamentos românticos, mas também a amizades, conexões familiares e relacionamentos no local de trabalho.

Relacionamentos tóxicos causam danos mentais, emocionais e às vezes até físicos. Os sinais de alerta mais sérios são qualquer tipo de violência física, mas a parte difícil é que o comportamento não saudável nem sempre é tão óbvio quanto um soco ou um tapa. Você se vê andando de maneira cuidadosa ao redor de alguém para não o irritar? Você está investindo mais no relacionamento do que ele? Se você se sente infeliz ou esgotado depois de passar tempo com essa pessoa, sente-se triste, ansioso ou com raiva, ou se nunca gosta de passar tempo com a pessoa, o relacionamento pode não valer a pena salvar. Se ele constantemente mina, desqualifica, prende ou faz você se sentir mal consigo mesmo, esse é um sinal de que o relacionamento pode não ser bom para você.

Pode ser difícil terminar relacionamentos ruins, mas temos que lembrar que, por mais difícil que seja, o custo de não terminar pode ser ainda maior. Às vezes, "cortar relações" pode ser tão simples quanto não iniciar o contato com eles — apenas não lhes mande mensagens de texto nem ligue para eles, e quando eles finalmente entrarem em contato, mantenha leveza e não se comprometa a passar tempo com eles novamente. Você também pode deixar de seguir ou excluir das redes sociais e recusar por um tempo quaisquer convites sociais onde possa ver a pessoa. Em outras palavras, não precisa ser confrontador o tempo todo.

No entanto, haverá situações que exigirão uma ação forte. Trina costumava ser consultora de vendas e uma vez trabalhou para um CEO terrível chamado Roman. Ele microgerenciava seus funcionários, esperava que todos se alinhassem com suas ideias e métodos e demitia pessoas pela primeira infração. Sua atitude criou uma cultura tóxica dentro da empresa. Trina tentou discutir isso com ele, mas quando expressou suas preocupações ele apenas ameaçou demiti-la. "O ambiente era terrível. Todos estávamos com medo o tempo todo. Não eram ameaças vazias — Roman havia demitido muitas outras pessoas", disse ela.

Isso continuou por anos, e não importava quantas vezes ela comunicasse seus limites, Roman os ignorava completamente. Trina fez muitos esforços para se afastar de seu chefe — como ele não respeitava o tempo dela, ele a bombardeava com e-mails e pedidos enquanto ela estava de férias, esperando que ela estivesse de plantão 24 horas por dia, 7 dias por semana. "Eu sabia que algo tinha que mudar quando recorri a reservar férias em uma pequena ilha remota que não tinha acesso à internet, apenas para estar completamente fora de alcance", disse ela. "Não gostava de ser passiva-agressiva, mas estava no meu limite e precisava de algum espaço."

Quando Trina voltou, ela sabia o que tinha que fazer. "Pensei em como o estresse da situação estava me corroendo, como me mantinha acordada à noite e como a falta de respeito de Roman pela minha vida pessoal estava afetando minha família. Decidi que já bastava", disse ela. Apesar de muitas chances, Roman claramente não ia fazer nenhuma mudança na maneira como agia. Ele era o CEO, porém. Dizer algo significava ir para o conselho da empresa. "Quando você vai ao conselho para denunciar o CEO, pode esperar que não manterá seu emprego", disse Trina.

Trina foi ao conselho e contou sobre a cultura tóxica que Roman criou e como isso afetava os funcionários. "Eu esperava ser demitida, mas fiquei chocada quando o conselho investigou e depois demitiu Roman", disse ela.

Quer seja simples ou complicado encerrar o relacionamento, dê o tempo que você precisa para se recuperar. Não importa o quanto vocês eram próximos ou o quanto você esteja aliviado por sair dessa dinâmica, uma perda ainda é uma perda, e é importante dar a si mesmo liberdade para processar o que aconteceu.

Quando tentamos estabelecer limites, às vezes as consequências mudam a situação de maneiras que não podemos esperar, para melhor ou para pior. E tudo bem. Isso não deve nos impedir de defender o que acreditamos e fazer o que é certo. Trina desapegou-se completamente de seu emprego e fez as pazes com o fato de que poderia perdê-lo. Naquele momento, falar o que pensava e impor seu limite — mesmo que isso significasse ser demitida — era melhor do que qualquer alternativa. Quando finalmente tomamos a decisão de fazer algo sobre uma situação difícil, sentimos paz, não importa o que aconteça.

ASSUMA O COMANDO

Às vezes, a única maneira de lidar com relacionamentos difíceis é repensar como os abordamos. Temos pouco controle sobre o que os outros fazem — o único controle real que temos é sobre nós mesmos. Lidar com algumas das conversas e relacionamentos mais difíceis muitas vezes significa ter clareza, antes de entrar na conversa, sobre o que estamos dispostos ou não a tolerar.

PRINCÍPIO

Estabeleça e comunique limites — e saiba quando se afastar.

COMO AGIR

Pense em uma pessoa em sua vida com quem você tem um relacionamento difícil. Siga o exercício a seguir e anote suas respostas:

- **ESTABELEÇA LIMITES SAUDÁVEIS.** Como seria ser respeitado nesse relacionamento? Quando você se sente desrespeitado? Tenha certeza do que você vai e não vai tolerar no relacionamento.
- **COMUNIQUE SEUS LIMITES.** Limites não significam nada a menos que sejam compartilhados. Compartilhe seus limites com a outra

pessoa o mais rápido possível. Como você pode compartilhar seus limites de uma maneira firme, mas gentil?

- **ANALISE SUAS HABILIDADES DE ESCUTA.** Pense nas últimas interações que teve com essa pessoa. Quão bem você ouviu? Você poderia ter ouvido ou se comunicado de uma maneira melhor? A chave para consertar esse relacionamento pode ser encontrada no modo como vocês se escutam.
- **OBTENHA UMA TERCEIRA PERSPECTIVA.** Quando tudo mais falhar, converse com uma terceira pessoa que possa lhe dar uma visão diferente da situação. Em quem você confia para falar sobre isso? Considere conversar com alguém que o conheça bem, mas possa olhar a situação de uma posição neutra. Eles podem oferecer conselhos que podem ajudá-lo a avançar.

13

VEJA AS COISAS DO PONTO DE VISTA DE OUTRA PESSOA

> Lembre-se de que outras pessoas podem estar totalmente erradas. Mas elas não pensam assim. (...) tente entendê-las. Apenas pessoas sábias, tolerantes, excepcionais podem sequer tentar fazer isso.
>
> Dale Carnegie

Bryan Jablonski Johnson e seu amigo Adam faziam tudo juntos na faculdade. Eles viajavam e passavam toneladas de tempo juntos estudando para provas, indo a eventos esportivos profissionais e malhando na academia. No entanto, ao longo dos anos, Bryan percebeu que a amizade deles se distanciou, especialmente quando começou a ver as postagens políticas de Adam no Facebook. Enquanto Bryan ficou chocado ao ver algumas dessas postagens, que eram o oposto de suas crenças, ele manteve suas opiniões para si mesmo. Eles comentavam nas postagens não políticas um do outro e evitavam tópicos sensíveis.

Essa atitude levou a uma explosão maior quando finalmente falaram sobre política. Um dia, Adam compartilhou uma postagem que Bryan achou incrivelmente depreciativa em relação aos imigrantes. Bryan comentou na postagem e discordou fortemente da visão do amigo. Adam respondeu imediatamente e atacou Bryan pessoalmente. Foi como se Adam estivesse liberando anos de frustração acumulada sobre as ideias políticas de Bryan. Bryan respondeu duramente e Adam o bloqueou. Eles não se falam há anos.

"Gostaria de ter enviado a ele uma mensagem privada ou ligado para entender por que ele se sentia daquela maneira. Eu adotei a abordagem de 'Ele tem direito à sua opinião. Vou deixar por isso mesmo', mas ele também estava fazendo isso. Nós simplesmente nunca nos comunicamos." Embora Bryan e Adam nunca tenham concordado sobre esses problemas, eles poderiam ter sido capazes de entender as razões um do outro.

Por que é tão difícil entender a perspectiva de outra pessoa? Para começar, estamos fortemente investidos em nossas próprias opiniões e gostamos de ter certeza de que a maneira como vemos o mundo é a "certa". Quando encontramos pessoas e ideias que desafiam nossa perspectiva, podemos nos sentir ameaçados e inseguros.

Pode parecer que estão nos atacando e mirando em nossa autoestima. Podemos reagir e entrar em modo de luta antes de realmente entender por que eles pensam como pensam. E todos sabemos, com base em nossas próprias experiências, onde isso pode nos levar: geralmente a nenhum lugar bom.

Na Dale Carnegie, desenvolvemos uma ferramenta que chamamos de *innerview* (uma mescla de *inner view*, visão interna, e *interview*, entrevista) para aprofundar nossa conexão com os outros. Usamos três conjuntos diferentes de perguntas para nos conhecermos: perguntas factuais, que examinam os fatos básicos da vida de uma pessoa; perguntas causais, que analisam os motivos por trás de alguns dos fatos, e perguntas baseadas em valores, que nos ajudam a entender o que as pessoas valorizam.

Aqui estão alguns exemplos de perguntas factuais que podemos fazer para conhecer as pessoas. Você provavelmente já ouviu muitas delas antes.

1. Onde você cresceu?
2. O que você gosta de fazer para se divertir?
3. Qual é o seu trabalho?

4. Como é sua família?

As perguntas factuais são importantes, mas apenas arranham a superfície. Todos nós já ouvimos essas perguntas e ficamos entediados com nossas próprias respostas, mas elas nos ajudam a começar a construir rapport com uma outra pessoa.

O próximo passo são as perguntas causais:

1. Como foi crescer lá?
2. Como você se envolveu nesse hobby / o que você gosta nele?
3. O que o levou a entrar nessa profissão?
4. Como foi crescer com sua família?

Você notará que nenhuma das perguntas causais possibilita uma resposta simples de sim ou não. Quando usamos como ou o que, convidamos as pessoas a dedicarem um pouco de tempo para explicar, o que nos ajuda a conhecê-las melhor.

Em seguida, as perguntas baseadas em valores nos ajudam a realmente chegar ao cerne de outra pessoa, ajudando-nos a ouvir suas crenças e experiências. Essas são as perguntas que as pessoas raramente fazem:

1. Fale sobre uma pessoa que teve um grande impacto em sua vida.
2. Se você tivesse que fazer tudo de novo, o que faria diferente?
3. Ao olhar para trás em sua vida, fale sobre um momento de virada.
4. Fale sobre algo que você considera um ponto alto ou um momento de orgulho.
5. (Michael gosta de adicionar esta pergunta bônus aqui.) O que a escolha desse ponto alto revela sobre o que é importante para você?
6. Fale sobre um momento que foi particularmente difícil para você emocionalmente. O que o ajudou a superar esse ponto baixo?
7. Que palavras de sabedoria você daria a alguém que procurasse seu conselho? Como você resumiria sua filosofia pessoal em uma ou duas frases?

Quando trabalhamos com essas perguntas, inevitavelmente começamos a construir empatia, que é a capacidade de compartilhar e entender os sentimentos de outra pessoa. Em seu livro *Inteligência emocional*, o renomado psicólogo e jornalista científico Daniel Goleman escreve: "A raiz do altruísmo está na empatia, na capacidade de ler emoções nos outros; sem uma percepção das necessidades ou do desespero do outro, não há cuidado. E se há duas posturas morais que nossos tempos exigem, são precisamente essas, autocontrole e compaixão."[1] Quando olhamos para o mundo através dos olhos de outra pessoa, nossa capacidade de empatia cresce. Podemos começar a nos ver naquela pessoa e entendê-la de uma maneira nova.

O primeiro emprego de Kirsty Tagg foi em uma loja de sapatos infantis no Reino Unido. Um dia, uma mulher trouxe seu filho para a loja, e imediatamente Kirsty percebeu que ele não estava se divertindo. Ele estava agindo de forma agressiva e à beira das lágrimas. Por causa de sua própria experiência, ela pôde perceber que o menino era neurodivergente e se sentia desconfortável.

"Eu tinha um irmão com autismo, e a única maneira de me conectar com ele era ser muito paciente, ver as coisas do ponto de vista dele e falar suavemente. Então, quando vi esse garoto em nossa loja, pensei comigo mesma, 'Me pergunto como ele está se sentindo agora. Talvez ele esteja com medo de tirar os sapatos? Talvez ele esteja desconfortável aqui?'"

Kirsty tirou os sapatos, sentou-se no chão ao lado do menino e começou a conversar e brincar com ele. Ela ignorou os olhares de todos os outros clientes na loja e até rolou no chão como ele. Milagrosamente, o menino se acalmou e começou a conversar calmamente com Kirsty. Ela pediu que ele experimentasse um par de sapatos, de que ele gostou e que sua mãe comprou satisfeita. Ela agradeceu muito a Kirsty e se tornou uma cliente fiel, sempre pedindo por Kirsty.

Kirsty usou suas próprias experiências para deixar o menino mais confortável. Ela conseguiu se conectar com ele de uma maneira que teria sido impossível sem essa perspectiva.

Quando não temos experiências compartilhadas, precisamos tomar a decisão de ouvir, aprender e experimentar o ponto de vista de outra pessoa. Quando somos confrontados com amigos ou colegas que têm opiniões diferentes, a primeira coisa a fazer é assumir o controle de nossas emoções.

Lembre-se, queremos notar a emoção, decidir se o sentimento está nos ajudando e então talvez optar por abandoná-lo. Em seguida, precisamos avaliar a situação em questão. Estamos assumindo atitudes positivas ou negativas quando nossas posições são desafiadas? Temos que nos perguntar "Essa pessoa realmente está me ameaçando apenas porque tem uma opinião diferente?".

Vamos nos afastar por um momento da situação e ter curiosidade. Vamos ter clareza sobre o que a pessoa acredita — saber o suficiente para que possamos declarar a posição dessa pessoa para outra pessoa como se fosse nossa. Por que ela acredita nisso? Quando podemos olhar para o ponto de vista de outra pessoa sem julgar ou ser crítico em relação a seus pensamentos e emoções, podemos realmente nos conectar e nos entender mutuamente.

Sem empatia e perspectiva, é fácil nos pegarmos tentando "fabricar perspectivas" em vez de "adotar perspectivas". Podemos entrar em uma conversa com a intenção de mudar a mente da outra pessoa ou fazê-la ver como está errada, mas isso nunca nos levará a lugar nenhum. Se realmente quisermos ter empatia com outra pessoa, devemos estar dispostos a ver suas experiências como ela as vê, não como imaginamos que seja sua experiência. Às vezes, são as histórias em que acreditamos que atrapalham nossa capacidade de ver verdadeiramente a perspectiva de outra pessoa.

Já parou para pensar nas histórias que você tem sobre outras pessoas — e como essas histórias podem impactar seus relacionamentos? Chimamanda Ngozi Adichie, uma escritora e dramaturga nigeriana, foi uma leitora e escritora precoce. Como os únicos livros disponíveis para ela eram britânicos e americanos, ela lia principalmente livros infantis sobre crianças de olhos azuis e loiras que brincavam na neve, comiam maçãs e falavam sobre o clima sempre mutável — realidades que lhe eram estranhas.

Em sua impressionável juventude, Chimamanda estava convencida de que os livros não eram livros a menos que retratassem estrangeiros fazendo coisas com as quais ela não podia se conectar pessoalmente. Quando descobriu os livros africanos de Chinua Achebe e Camara Laye, sua visão sobre as histórias começou a mudar: "Percebi que pessoas como eu, meninas com a pele da cor do chocolate, cujo cabelo crespo não podia formar rabos de cavalo, também poderiam existir na literatura".

Anos depois, quando deixou a Nigéria para estudar na universidade nos Estados Unidos, a colega americana de quarto de Chimamanda perguntou como ela aprendeu a falar inglês tão bem, sem saber que o inglês é o idioma oficial da Nigéria. Por causa de seu entendimento limitado da Nigéria, sua colega de quarto também presumiu que Chimamanda não sabia usar um fogão. Quando ela perguntou a Chimamanda se poderia ouvir um pouco de sua "música tribal", ficou desapontada quando Chimamanda colocou uma música de Mariah Carey. A percepção de sua colega de quarto sobre a África era de catástrofe e desastre.

"Em sua história única, não havia possibilidade de africanos serem semelhantes a ela de maneira alguma, nenhuma possibilidade de sentimentos mais complexos do que pena, nenhuma possibilidade de conexão como humanos iguais", disse Chimamanda. "Mostre um povo como uma coisa, como apenas uma coisa, repetidas vezes, e é isso que ele se torna. A história única cria estereótipos, e o problema com os estereótipos não é que eles sejam falsos, mas que são incompletos. Eles fazem com que uma história se torne a única história", disse Chimamanda.

Quando olhamos para as pessoas através de nossa própria lente estreita — e não conseguimos entendê-las verdadeiramente —, perdemos a oportunidade de nos conectar com quem nos cerca. Empatia e conexão começam com o desejo de entender alguém.

Quando conversamos com as pessoas em nossas vidas, precisamos superar o impulso de julgá-las com base em nossas próprias experiências e crenças. Dale escreveu: "Tente entendê-las. Somente pessoas sábias, tolerantes, excepcionais conseguem tentar isso. Há uma razão pela qual o outro pensa e age como age. Descubra essa razão e você tem a chave para suas ações, talvez para sua personalidade."

Kara Noonan e sua melhor amiga, que conhecia há 15 anos, encontraram-se em uma conversa tensa durante a pandemia. Sua amiga mencionou pelo telefone que não acreditava na vacina contra a covid-19 e não iria tomá-la. "Eu me senti pessoalmente ofendida", disse Kara. "Minha mãe foi diagnosticada com câncer em julho de 2020 e estava em alto risco. Vi o quanto ela teve que monitorar toda a sua vida para sobreviver. Pensar que uma das minhas amigas poderia ser tão egoísta a ponto de não querer protegê-la simplesmente me enfureceu."

Felizmente, Kara não deixou suas emoções a dominarem. Ela pausou e lembrou que essa era sua melhor amiga e que queria manter sua amizade.

Kara disse a ela: "Eu te amo. Continuaremos sendo melhores amigas mesmo se você não tomar a vacina". Embora tenha sido difícil, ela calmamente compartilhou com sua amiga tudo o que os médicos haviam dito sobre sua mãe e que tipo de riscos a covid representava para pacientes com câncer. Kara disse a sua amiga o quanto era grata pela vacina, porque acreditava que ela dava proteção extra para sua mãe.

Kara queria saber mais sobre as opiniões de sua amiga. Sua amiga estava grávida na época e tinha meninos pequenos. Kara perguntou como ela se sentiria se um de seus filhos estivesse em risco. A pergunta ajudou a preencher lacunas no entendimento. Sua amiga estava com medo porque não havia estudos mostrando a segurança das vacinas para mulheres grávidas. Quando Kara soube do medo de sua amiga, instantaneamente sentiu um nível diferente de compreensão por sua posição.

Ao final da conversa, sua amiga disse que manteria a mente aberta. Ela disse: "Eu me importo com a saúde de sua mãe, e isso faz diferença para mim". Kara não entrou na conversa com a intenção de mudar a opinião de sua amiga. Ela queria entender a decisão de sua amiga e permanecer emocionalmente conectada com ela. Ela foi clara desde o início que não queria prejudicar a amizade delas. Através da conversa delas, Kara percebeu que ambas estavam tentando cuidar de suas famílias da melhor maneira que sabiam.

A partir dessa experiência, Kara aprendeu que antes de cada conversa difícil deve haver um objetivo claro. "Se você está tentando entender a perspectiva de uma pessoa, primeiro tem que estar disposto a vê-la como um humano e realmente tentar entender o que poderia aprender com ela, em vez de deixar as emoções arruinarem o momento", disse ela. "Se realmente quisermos entender as perspectivas uns dos outros, e não há expectativa de que mudemos, então podemos ter uma conversa saudável."

ASSUMA O COMANDO

Considerar a perspectiva de outra pessoa é uma das coisas mais difíceis — e significativas — que podemos fazer para entender as pessoas em nossas vidas. Por mais difícil que seja, é importante entender que cada um tem um ponto de vista diferente, e cada referencial é limitado, inclusive o nosso. Quando aprendemos a ver nossa própria perspectiva de maneira honesta e a dos outros com empatia, podemos ajudar melhor as pessoas a se sentirem vistas e compreendidas, o que fortalece nossos relacionamentos.

PRINCÍPIO

Tente honestamente ver as coisas do ponto de vista da outra pessoa.

COMO AGIR

- **PRATIQUE A EMPATIA.** Pense no que pode ter levado essa pessoa a pensar como pensa: Como foi o dia dela? Como ela cresceu? O que você sabe sobre suas crenças? O que você sabe sobre como ela chegou a essas crenças?

- **USE SUA EXPERIÊNCIA PESSOAL PARA ENTENDER OS OUTROS.** Pense nas suas próprias experiências de vida. O que você sabe sobre o que a outra pessoa está passando? Você tem experiência pessoal com uma situação semelhante? Use sua vivência para entendê-la melhor.
- **OUÇA ATIVAMENTE PARA ENTENDER COMO SE SENTEM.** Às vezes, temos que ouvir mais profundamente para ter uma ideia real do que as pessoas pensam. Faça perguntas para entender melhor e depois repita o que elas disseram para mostrar que você as entendeu. Se ouvir "Você realmente entendeu!", está no caminho certo.
- **MANTENHA A MENTE ABERTA.** Muitas vezes, o maior desafio é sair de sua própria perspectiva. Deixe de lado seu próprio ponto de vista e mantenha a mente aberta sobre o que os outros compartilham com você.

PARTE III

ASSUMINDO O COMANDO DE SEU FUTURO

Fizemos um ótimo trabalho para chegar a este ponto, assumindo o comando de nossos pensamentos, emoções e relacionamentos. Agora é hora de nos voltarmos para o impacto que queremos ter no mundo. Sobre o que queremos que sejam nossas vidas? Qual legado queremos deixar? Nossas vidas são compostas pelas pequenas decisões que tomamos a cada dia, e se não prestarmos atenção ao nosso tempo, esses momentos escaparão mais rápido do que pensamos. Ter clareza sobre o que mais importa para nós é o primeiro passo para fazer diferença no mundo.

No primeiro capítulo da Parte III, definiremos nossos valores e nosso propósito e teremos clareza sobre o que nos impulsiona. No segundo capítulo, criaremos uma visão para nosso futuro que nos ajude a viver nossos valores e moldar o mundo que queremos ver. Enquanto os dois primeiros capítulos se concentram nas vidas que queremos viver, o terceiro capítulo orienta nossa direção para fora, em direção à comunidade que queremos construir. Ninguém alcança nada sozinho — inclusive uma visão grandiosa —, então encontrar uma comunidade que compartilhe nossa visão e valores é o próximo passo. Por fim, falaremos sobre o que significa viver uma vida de significado e serviço — fazer a diferença no mundo, não importa quão grande ou pequena essa diferença possa ser.

Cabe a cada um de nós assumir a responsabilidade pelo mundo ao nosso redor — não podemos nos dar ao luxo de ser participantes passivos. Ao assumir o comando de nossos valores, propósito e visão, criaremos o tipo de mundo em que queremos viver. Vamos nos desafiar a tornar este um mundo melhor para as gerações futuras.

14

VIVA UMA VIDA COM PROPÓSITO

Uma das coisas mais trágicas que sei sobre a natureza humana é que todos tendemos a adiar a vida.

Dale Carnegie

Daniela Fernandez nasceu no Equador, um lugar conhecido por suas deslumbrantes montanhas, pela floresta amazônica e pelas Ilhas Galápagos. "Passei minha infância cercada pela natureza e habitats, e meu amor pelo meio ambiente veio dessa criação. Depois me mudei para Chicago quando tinha sete anos. Como você pode imaginar, passar de um ecossistema tão bonito, intocado e magnífico para uma planície no meio dos Estados Unidos foi desolador. Lembro-me de olhar pela janela do avião e ver a diferença gritante entre o que eu estava acostumada e como era: planícies e alguns arranha-céus", disse Daniela.

Um dia, quando Daniela estava voltando para casa da escola aos 12 anos de idade, viu a imagem de um pinguim. Era um anúncio para o filme *Uma verdade inconveniente*, um dos primeiros filmes a chamar a atenção pública para as mudanças climáticas. Ela não conhecia o contexto do pôster do filme na época, mas se perguntou por que um de seus animais favoritos estava andando na areia. "Foi quando minha vida mudou. Vi esse filme e isso abriu completamente meus olhos para a realidade das mudanças climáticas e a crise climática. Tive uma epifania naquele momento quando percebi que seria minha responsabilidade fazer algo para ajudar a proteger nosso planeta", disse ela.

Depois de assistir ao filme, Daniela fez aulas de ciências ambientais, pesquisou e mergulhou no estudo de nosso ambiente em mudança. Juntou-se a um clube de estudantes e liderou a arrecadação de fundos para comprar e instalar painéis solares para sua escola secundária. Muito depois de se formar, os painéis solares ainda estavam em uso na escola. Daniela tem orgulho e uma sensação de realização por saber que ajudou a criar mudanças em tão tenra idade.

O impulso de Daniela para mudar o mundo continuou na faculdade. Em seu primeiro ano na Universidade de Georgetown, ela foi convidada à ONU para participar de uma reunião sobre o estado do oceano. Daniela tinha apenas 19 anos na época. Ela estava rodeada por chefes de estado, embaixadores estrangeiros e CEOs proeminentes. Ela se sentiu totalmente deslocada como a pessoa mais jovem na sala.

Apesar do desconforto, Daniela percebeu duas coisas essenciais naquela reunião. Em primeiro lugar, não havia um fluxo constante de informações sobre o estado do oceano disponível para sua geração — ou qualquer outra geração, para ser honesta. (Isso foi em 2014, antes de muitos dados específicos sobre mudanças climáticas estarem amplamente disponíveis ou compartilhados com o público.)

A segunda percepção foi que todas as pessoas que se levantaram para falar no pódio falaram sobre a gravidade da situação por meio de estatísticas assustadoras — a quantidade de plástico no oceano ou o número de recifes de coral morrendo —, mas ninguém falou sobre soluções. Ninguém compartilhou um plano do que fazer ou sequer uma esperança ou possibilidade de que algo pudesse ser feito.

No trem de volta da reunião da ONU, a mente de Daniela estava fervendo de ideias. Ela pegou seu caderno e esboçou dois círculos diferentes. Um círculo representava sua geração, o segundo representava as pessoas no poder. Em seguida, ela adicionou um terceiro círculo conectando os dois círculos, que representava o que ela estava prestes a construir: Aliança Oceânica Sustentável, ou SOA. Ela decidiu ser a ponte que conectava os tomadores de decisão aos jovens, para que pudessem trabalhar juntos para construir soluções para o oceano.

"Percebi que não tinha todas as respostas — foi difícil e me senti insegura. Não sabia como iria conseguir isso, mas senti uma imensa responsabilidade. Tive o privilégio de estar nessa reunião na ONU para ouvir tudo isso acontecendo com o oceano, de ter essa experiência que poucas pessoas têm. Não podia simplesmente me afastar. Tive que fazer algo a respeito, algo que beneficiasse não apenas a mim mesma, mas também nosso planeta e outras pessoas", disse Daniela.

Desde jovem, Daniela identificou e cultivou seu propósito — ajudar o nosso mundo. Ela cultivou esse interesse quando adolescente e jovem, e quando viu uma oportunidade de agir, não hesitou. A SOA é agora uma organização global que ajuda a cultivar e acelerar soluções para proteger e sustentar a saúde dos oceanos.

A SOA criou a maior rede mundial de jovens líderes oceânicos — membros da SOA com menos de 35 anos comprometidos com o Objetivo de Desenvolvimento Sustentável 14 estabelecido pelas Nações Unidas em 2015 ("Conservar e usar de maneira sustentável os oceanos, mares e recursos marinhos para o desenvolvimento sustentável"). Esses jovens líderes oceânicos estão presentes em mais de 185 países. Por meio da SOA, Daniela lançou o primeiro Acelerador de Soluções para Oceanos do mundo, um programa projetado para ajudar empreendedores a enfrentar as maiores ameaças à saúde de nosso planeta.

A história de Daniela é um exemplo fantástico de alguém que decidiu viver uma vida com propósito e segui-lo todos os dias. Na verdade, sua história exemplifica muitas das ideias que discutiremos na última parte deste livro.

O conceito de viver uma vida com propósito é uma ideia poderosa que muitos de nós ignoramos. Passamos de uma coisa para outra, dia após dia, focados em nossa lista de afazeres. Finalizamos nossas tarefas e, quando erguemos os olhos, os anos se passaram.

Viver uma vida com propósito é conhecer o seu porquê — o que você quer realizar e o que o impulsiona para a frente. Você já se perguntou qual é o seu propósito na vida? Já parou para pensar sobre seus objetivos para sua vida? Muitas pessoas não o fazem, a menos que enfrentem uma crise séria em suas vidas e sejam obrigadas a pensar sobre o que suas vidas representam.

Em nossos Dale Carnegie Courses, quando começamos a falar sobre viver uma vida com propósito, nossos treinadores apoiam os participantes na identificação de seu porquê — incentivam-nos a dar um passo atrás e pensar sobre o tipo de vida que desejam viver, a contribuição que desejam fazer e as coisas que são importantes para eles. Quando as pessoas passam por esse exercício, muitas vezes saem eufóricas. Pela primeira vez, elas têm uma visão cativante para si mesmas e para seus futuros. Pessoalmente, esse foi o aprendizado mais importante do meu primeiro Dale Carnegie Course — contribuiu para eu deixar a prática da advocacia, entrar nos negócios, iniciar uma empresa de e-learning e me tornar uma pessoa mais empática.

Desenvolver uma visão nos força pensar sobre nossas vidas, tanto no que estamos fazendo quanto no que não estamos fazendo. Como discutimos no Capítulo 6, "Supere o arrependimento", a pesquisa mostra que as pessoas frequentemente se arrependem mais das coisas que não fizeram que das que fizeram. Aqui está um exemplo: quando Michael trabalhava para a Dale Carnegie, ele viajava pelo mundo.

"Honestamente", diz ele, "eu estava tão consumido pelo meu trabalho que deixei meus relacionamentos sofrerem. Em retrospecto, envergonho-me de admitir isso. Por tantos anos, coloquei meu trabalho em primeiro lugar e minha família e amigos em segundo. Não me entenda mal, eu os amava e me importava profundamente com eles. Mas eu estava tão ocupado tentando me estabelecer no meu trabalho — e achava meu trabalho profundamente gratificante — que perdi de vista o que era mais importante." Um dia, essa verdade o atingiu com força.

Toda vez que Michael viajava, ele enviava um cartão postal para sua filha, Nicole, para se manterem conectados. Quando Nicole estava no primeiro ano, sua professora pediu que ela trouxesse uma coleção de 101 itens — moedas, bolas de gude, qualquer coisa que ela quisesse trazer para compartilhar com as outras crianças. Michael estava em casa com ela enquanto ela se preparava para esse exercício, então ele viu quando Nicole tirou todos os cartões postais que havia recebido de Michael, jogou-os no chão da sala e escolheu 101 de seus cartões postais favoritos.

"Naquele momento, me senti mal", ele disse. "Olhei para a enorme pilha de cartões postais. Cada um representava os dias em que estive longe da minha família. Pensei comigo mesmo: 'O que perdi?' Foram horas e dias na vida da minha filha pequena que nunca mais voltarão." Ele viajou dois milhões de quilômetros em quatro anos — e perdeu milhões de memórias com sua filha.

Aquele momento foi como um tiro de advertência — sacudiu Michael para que agisse, pois percebeu que não estava vivendo a vida que pretendia. "Tirei alguns dias para pensar em como poderia trabalhar duro e ainda conhecer minha esposa e filhos", ele disse. "Eu sempre disse que a família era meu valor mais precioso, e precisava demonstrar isso. Tive que ajustar minha vida para que meus outros valores, como trabalho e contribuição, não sobrepujassem aquele." A mudança não aconteceu da noite para o dia, mas assim que Michael viu o desequilíbrio, ele se tornou mais atento, reduziu suas viagens e encontrou maneiras de passar mais tempo de qualidade com sua família.

Com muita frequência, ouvimos falar de pessoas que têm crises de meia-idade. Na maioria das vezes, essas crises surgem de uma falta de alinhamento entre o que estamos fazendo dia após dia e o que imaginamos para nós mesmos. O trabalho árduo, então, é desmantelar ou reorganizar nossa vida para combinar com nossas intenções de forma positiva. Acreditamos que dedicar tempo para definir valores e propósito claros ajuda a prevenir esse tipo de confusão e desgosto, então começaremos definindo seus valores e depois seu propósito.

Defina seus valores

Valores são as crenças fundamentais que temos e que guiam e motivam nossos objetivos e ações. Todos nós temos valores, mas muitos de nós nunca dedicaram tempo para pensar sobre eles ou escolhê-los conscientemente. Muitas vezes adotamos os valores das pessoas que nos criaram ou da cultura em que crescemos, sem realmente refletir sobre isso. Embora isso seja natural, precisamos tirar um tempo para analisar e escolher nossos próprios valores, porque eles desempenham um papel muito importante em nossas vidas. Eles nos guiam e orientam a viver nosso propósito e realizar nossa visão.

O almirante Michael Mullen é o ex-chefe de operações navais da Marinha dos Estados Unidos e serviu como o oficial de maior patente nas Forças Armadas dos Estados Unidos por cinco anos (entre muitos outros cargos influentes). Em todas as suas diferentes áreas de especialidade, ele ensina há décadas sobre valores.

"Quando falamos sobre liderança hoje — em um mundo bastante confuso em que sofremos ataques de todas as direções —, precisamos de uma maneira de tomar decisões", ele disse. "Precisamos criar para nós mesmos uma estrutura que inclua nossas crenças e valores. Descobri que quando estamos em uma crise, se você não pensou em seus valores — se não criou esses limites de proteção — vai tomar as decisões erradas."

Quando pensamos sobre nossos valores antecipadamente, podemos confiar neles quando nos encontramos em situações difíceis ou confusas. Quando Mullen assumiu o cargo de chefe de operações navais, ele escreveu três páginas sobre seus valores e crenças principais — integridade, confiabilidade, responsabilidade. Ele compartilhou isso com todos com quem trabalhava diretamente e disse a eles: "Este é um grande trabalho, e aqui está o que eu defendo. Eu me responsabilizo por esses valores", ele disse.

Faça isto agora: pense sobre seus valores. Você muito provavelmente já vive seus valores, mesmo se nunca os tiver definido antes. Tudo bem se esse exercício levar um tempo. Você pode precisar de dias ou semanas para ter clareza sobre seus verdadeiros valores. Para esse exercício, use a ferramenta que preferir para documentá-los — pode ser papel e caneta, um diário ou um aplicativo de notas. A chave é garantir que você possa capturar o que descobrir.

1. **PENSE SOBRE SUAS PRÓPRIAS AÇÕES.** Quais valores já o guiam? Talvez você valorize a honestidade e lealdade ou a família, e isso já se

reflete em suas escolhas.

2. **QUE EXPERIÊNCIAS VOCÊ TEVE QUE MOLDARAM SEUS VALORES?** Como você agiu durante alguns dos desafios mais difíceis de sua vida? O que isso diz sobre seus valores?
3. **PENSE EM TRÊS PESSOAS QUE VOCÊ ADMIRA.** Quais valores eles incorporam por meio de suas ações? São esses valores que você quer ter em sua própria vida?
4. **COMO É UMA VIDA SIGNIFICATIVA?** Quais valores são necessários para ter essa vida?

Faça uma lista de todos os valores que encontrar. Pode começar com uns dez a vinte valores. Então, afaste-se por um tempo. Sua mente vai remoer o assunto nas próximas horas ou dias, e quando estiver pronto para revisitar a lista, terá uma ideia de quais valores significam mais para você.

Ao olhar para a lista, pense em escolher valores saudáveis. O blogueiro e autor best-seller Mark Manson explicou a diferença entre os valores úteis e os potencialmente prejudiciais. Valores bons são baseados em evidências, construtivos e controláveis. Por exemplo, integridade, honestidade, curiosidade e respeito são todos bons valores. Valores não úteis são baseados em emoções, destrutivos e incontroláveis. Valores ruins podem incluir dinheiro por aparência ou status, festas excessivas ou obter o maior número de curtidas nas redes sociais. Ele escreve:

> Existe uma linha tênue entre crescimento e dano. Eles em geral aparecem como dois lados da mesma moeda. É por isso que o que você valoriza muitas vezes não é tão importante quanto o motivo pelo qual você valoriza. Se você valoriza artes marciais porque gosta de machucar pessoas, então isso é um valor ruim. Mas se você valoriza porque está no exército e quer aprender a se proteger e proteger os outros, isso é um bom valor. Mesmo exercício, valores diferentes.[1]

Escolha três a cinco valores que representem o que mais importa para você e escreva-os. Mantenha-os em um lugar visível, como sua mesa ou o papel de parede de seu telefone. Esses valores são sua base, seu guia para qualquer situação que você enfrente. Quando a vida ficar confusa, você pode voltar aos seus valores e lembrar-se da pessoa que deseja ser e do caráter que deseja ter.

Defina seu propósito

Se os valores são a base, o propósito é aquilo que inspira e mantém você em movimento. Às vezes, o propósito pode parecer algo que encontramos ou descobrimos. Outras vezes, pode soar como algo fixo: "Este é o seu propósito! Sem mais perguntas". Michael e eu tendemos a pensar no propósito de duas maneiras: propósito com "p" minúsculo e Propósito com "P" maiúsculo.

No primeiro caso, podemos ter um propósito baseado em nossa situação de vida atual; esse tipo de propósito é sinônimo de objetivos e metas. O propósito com "p" minúsculo pode mudar e crescer, assim como você muda e cresce. No Ensino Médio, seu propósito pode ser fazer amigos ou tirar boas notas. Como jovem adulto, esse propósito pode mudar para ser bem-sucedido em sua carreira ou viver uma vida da qual você se orgulhe. O propósito pode ser muito diferente para alguém que está apenas começando e para alguém em seus 40 anos, e ainda mais diferente para alguém em seus 70 anos. Meu propósito agora é muito diferente de meu propósito quando eu estava na casa dos 20 anos.

Quando jovem, meu objetivo era ser o advogado mais bem-sucedido que eu poderia ser e aprender o máximo que pudesse. Queria deixar meus parceiros felizes e ganhar dinheiro no processo. Naquela época da minha vida, ter "as melhores coisas" — roupas bonitas, um carro esportivo, minha primeira casa, ir a restaurantes — era muito importante para mim, tanto porque eu queria essas coisas quanto porque eu acreditava que fariam os outros me considerar mais. Em sua maioria, meu foco era apenas em mim.

Depois que conheci minha esposa e comecei a ter filhos, meu propósito começou a mudar. Quando segurei meu primeiro bebê nos braços, momentos depois de ela nascer, foi como se tivesse virado uma chave — cuidar dessa criança, prover para ela e ensiná-la habilidades de vida me fez repensar minhas prioridades. À medida que seus cinco irmãos nasciam nos oito anos seguintes, fui obrigado a me tornar menos egoísta e mais paciente. Se eu tivesse tentado manter meu nível anterior de egoísmo, teria implodido. Tive que pensar a longo prazo — sobre legado e mortalidade. Meu propósito com "p" minúsculo mudou a cada estágio da minha vida.

Michael passou seus 20 e 30 anos trabalhando até altas horas, tudo em nome de se provar para os outros — esse era seu propósito naquela época. Quando ele teve filhos, quando sua mãe morreu e quando Michael cresceu em sua carreira, sua perspectiva mudou. Agora que Michael está aposentado há muitos anos, ele desenvolveu um novo propósito: fazer a diferença em sua comunidade e servir aos outros.

O Propósito com "P" maiúsculo é um pouco diferente. Aqui, estamos procurando algo mais profundo que pode nos guiar por todas as fases de nossas vidas. Ao contrário do propósito com "p" minúsculo, o "P" maiúsculo é muito maior do que os objetivos e metas pelos quais podemos nos esforçar em diferentes estágios de nossas vidas. Esse tipo de propósito é abrangente, o que significa que pode permanecer constante ao longo de nossas vidas — embora também possa mudar ao longo do tempo. Nos últimos 20 anos, passei a ver meu Propósito como servir, inspirar e despertar o melhor nos outros. Acolher isso me orienta em tudo que faço — como líder empresarial, pai, marido, amigo, palestrante, escritor etc. Este Propósito continuará a me direcionar, não importa como as coisas em minha vida mudem.

Quando estamos apenas começando em nossas carreiras, podemos nos sentir inseguros, e isso pode se refletir na maneira como pensamos sobre nosso propósito. Em vez de perseguir nossos sonhos ou viver de acordo com nossos valores, podemos escolher uma carreira que prometa satisfazer nossos objetivos com dinheiro ou elogios para alimentar esse lado inseguro em nós.

Com a idade e a perspectiva, percebi que a busca por elogios foi uma perda de tempo, embora seja totalmente normal desejar essas coisas. Quanto ao dinheiro, todos precisamos dele. A questão é: quanto, como o usamos e o que estamos dispostos a sacrificar por ele? Conheço muitas pessoas que perderam casamentos, famílias, amigos, saúde e significado em uma busca por coisas materiais, reconhecimento e uma percepção de segurança. Ao refletir sobre meu Propósito agora, posso ver que ele evoluiu tanto quanto eu. Não me entenda mal, ainda gosto de "coisas", como a maioria das pessoas, mas encontrei um significado maior em servir aos outros.

Não importa de que cultura você venha, provavelmente associa seu Propósito em parte ao seu trabalho — seja focado no seu sucesso pessoal (carreira, educação) ou no bem-estar dos outros (colaboração, serviço, família). Fazer isso pode nos levar a pensar que, se estamos em um emprego que não tem um título importante ou algum tipo de poder associado a ele, não estamos vivendo nosso Propósito. Nada poderia estar mais longe da verdade. Para a maioria das pessoas, seu trabalho é uma maneira de ganhar dinheiro e se sustentar. A oportunidade aqui, no entanto, é encontrar alegria e significado em qualquer trabalho que você faça. Seu trabalho real não precisa refletir seu Propósito, mas a maneira como você o desempenha pode.

Conheci um garçom uma vez em São Paulo, Brasil, chamado Guilherme, que era excepcional — provavelmente o melhor e mais atencioso e gentil garçom que já conheci. Ele era amigável e genuinamente interessado em mim; ele demonstrou um profundo conhecimento do cardápio e deixou claro como era importante para ele que eu tivesse uma experiência memorável naquele restaurante.

Eu disse a ele isso no final da minha refeição (e disse ao gerente dele também). "Guilherme", eu disse, "acho que nunca tive um garçom se importando tanto com a minha experiência, e já comi em alguns restaurantes maravilhosos. Por quê? Foi seu treinamento? Seus valores? Por que você é tão apaixonado?" Sua resposta me surpreendeu: "Minha mãe me ensinou que a vida envolve serviço. Quero servir aos outros. Posso melhorar o dia deles. Talvez eu os encontre apenas uma vez, mas posso lhes proporcionar uma experiência memorável e significativa." Lembre-se, essa não é uma pessoa que teve um papel, título ou responsabilidade enormes, mas ele encontrou um Propósito profundo em seu trabalho.

Sinto fortemente que nosso trabalho deve nos enriquecer não apenas monetariamente, mas com significado. A vida é muito curta para fazer um trabalho que pareça sem sentido. Qualquer que seja o emprego que você ocupe, eu o encorajo a perguntar: "O que neste trabalho me deixa grato? Que talentos únicos posso trazer para este trabalho?"

O que você acha que é o seu Propósito? Pode ser difícil de definir a princípio, mas as pistas provavelmente estão espalhadas por seus melhores momentos. Quando você pensa sobre sua vida, quando você sentiu um senso de realização? Em seu trabalho ou vida profissional há momentos que se destacam como especiais? Em quais momentos você esteve no seu melhor? Pense nas pessoas que você estava servindo ou com quem estava trabalhando nesses momentos. O que você gostou nelas? Como elas impactaram o significado da experiência? Quando você pensa nesses momentos significativos, eles lhe deram a sensação de ter feito algo para melhorar o seu mundo ou o de outra pessoa? Como? Há algo mais que você gostaria de fazer?

Em nossos Dale Carnegie Courses, os participantes definem seu Propósito criando uma declaração de missão. Você pode usar uma declaração de missão para lembrar-se do seu Propósito e da vida para a qual está trabalhando. Ela deve ser curta, não mais do que uma a três frases. Um modelo útil para usar, se estiver com dificuldades, é "Eu vou [fazer algo] para [alguém] usando [as habilidades que tenho] para [alcançar um resultado]". Mas não precisa ser tão formal. Confira estes exemplos para inspiração:

- "Vou usar meu dom de falar em público para inspirar as pessoas no meu país de origem."
- "Vou usar minha habilidade de arrecadar fundos para apoiar as organizações sem fins lucrativos na minha região."
- "Minha missão é ensinar crianças desfavorecidas e ajudá-las a desenvolver habilidades que as ajudem a ter sucesso."
- "Erradicar a insegurança alimentar para as pessoas da minha comunidade."
- "Viver uma vida de integridade, amor e compaixão."
- "Meu propósito é buscar aprendizado contínuo e educação para

que eu possa ser uma fonte confiável de conhecimento para minha filha enquanto ela cresce."

- "Meu propósito é ser uma fonte de esperança em tempos de luto e incerteza, voluntariando-me em organizações internacionais que operam em países assolados pela guerra."
- "Usar meu coração de servidor para tornar o mundo um lugar melhor de qualquer maneira possível."
- "Ser gentil com cada pessoa que encontro."

Assim como nos exercícios anteriores, escreva sua declaração de missão e mantenha-a em um lugar que você veja todos os dias — bem colada a seus valores.

O Propósito resume-se à responsabilidade. Uma vida bem vivida muitas vezes envolve algum elemento de serviço. Janett Liriano, fundadora da INARU Valley, que fornece produtos de cacau premium da República Dominicana por meio de agricultura ética, cresceu na cultura caribenha de Nova York, onde ajudar e apoiar o próximo era a norma, não a exceção. "Meus pais sempre me disseram: 'Somos todos responsáveis'. Somos responsáveis uns pelos outros, somos responsáveis pelo que está errado, somos responsáveis pela nossa felicidade ou pela nossa falta de felicidade", disse Janett.

Janett percebeu que, se não estiver ativamente auxiliando seu canto do universo e trabalhando para combater o mal, então o está ajudando. Quando ouve sobre injustiça social, ela pensa sobre como contribui para uma sociedade que pode cometer tanta violência. Ao estudar as operações da fazenda de cacau de seu pai, ela aprendeu que 70% dos alimentos globais são produzidos por pequenos agricultores que recebem abaixo do salário-mínimo. Janett não podia parar de pensar nisso, e comprometeu-se a garantir que nada falte àqueles que alimentam o mundo — a INARU dá aos agricultores uma parte dos lucros de suas colheitas e garante que os produtores sejam pagos de maneira justa e confiável.

"Acredito firmemente que a responsabilidade não tem currículo", disse ela. "Embora eu tenha desistido da faculdade, sou a única mulher não branca a arrecadar mais de um milhão de dólares de capital de risco... duas vezes. Apareci duas vezes em uma lista de menos de cem mulheres não brancas a conseguir isso. Minhas quatro irmãs e eu crescemos com pais imigrantes que trabalhavam em vários empregos para nos proporcionar a melhor educação e oportunidade. Vê-los superar todas as adversidades me deu a determinação para fazer o mesmo pelos outros."

Por meio de seu trabalho, Janett assume a responsabilidade por sua parte na sociedade, repetidamente. "Cada um de nós é capaz de criar mudanças significativas, mas desperdiçamos esse poder acreditando que outra pessoa tem mais capacidade. Qualquer pessoa de qualquer origem pode se comprometer a trazer amor para o mundo, mas isso não significa que seja fácil. É por isso que é chamado de trabalho de amor. Todos nós poderíamos aprender com os agricultores — eles trabalham com amor para que alguém, em algum lugar, seja nutrido com essa colheita."

ASSUMA O COMANDO

Dependendo da cultura em que vivemos, podemos valorizar eficiência, serviço, família, igualdade, dinheiro, tempo, paz, sucesso, indulgência ou restrição. Com que frequência avaliamos nossos valores? Nós os escolhemos, ou nossa família ou nossa comunidade os escolheu para nós? Estamos vivendo nossa vida de uma certa maneira porque achamos que deveríamos ou porque queremos nos tornar pessoas melhores? Sua vida importa, não a desperdice adotando os valores de outra pessoa. Temos que descobrir o que é importante para nós, e nos apegarmos a isso. Se não fizermos isso, podemos nos arrepender mais tarde na vida pelas coisas que não fizemos. Como disse Dale, "Hoje é a vida — a única vida da qual você tem certeza. Aproveite ao máximo hoje." Aproveitar ao máximo hoje começa com a definição de seus valores e seu Propósito. Pergunte a si mesmo agora o que você realmente quer da vida, quem você quer ajudar e então comprometa-se a sair e fazer isso.

PRINCÍPIO

Cultive seu propósito.

COMO AGIR

- **PENSE NO TIPO DE PESSOA QUE VOCÊ QUER SER.** Escreva isso e torne-o o mais claro possível. O que você quer que as pessoas digam sobre você no final de sua vida? O que você quer realizar? Que tipo de relacionamentos você quer ter? Que tipo de serviço ao mundo você quer oferecer?
- **DEFINA SEUS VALORES.**
  - Pense sobre suas ações.
  - Que experiências você teve que moldaram seus valores?
  - Pense em três pessoas que você admira.
  - Como é uma vida significativa?
  - Anote suas ideias e dê um tempo a elas.
  - Escolha três a cinco valores principais, anote-os e coloque-os onde possa vê-los.
- **DEFINA SEU PROPÓSITO.**
  - Quando você sentiu significado e realização? Em que momentos você esteve no seu melhor? Como você pode construir esse senso de significado e realização em sua vida cotidiana?
  - Elabore sua declaração de missão e reveja-a todos os dias.

15

DESENVOLVA UMA VISÃO PARA A VIDA

Arrisque-se! Toda vida é uma oportunidade. Geralmente, a pessoa que vai mais longe é aquela que está disposta a fazer e a se atrever.

Dale Carnegie

Depois de esclarecer seus valores e seu Propósito, é hora de criar sua visão. Se seus valores são as guardas que o mantêm no caminho certo e seu Propósito é o motor que o mantém em movimento, sua visão é o destino.

As experiências iniciais de Xiaohoa Michelle Ching a levaram a valorizar a educação, a equidade e a compaixão. Seus pais imigraram para os EUA depois de viverem em campos de refugiados na Tailândia e no Laos, e Xiaohoa mudou-se muitas vezes, para diferentes escolas e estados. Depois de frequentar várias escolas primárias diferentes, Xiaohoa percebeu que estava aprendendo coisas na quinta série em uma escola que havia aprendido na segunda série em outra escola. Percebeu que a educação não era a mesma em todos os lugares.

Quando ela se mudou para Milwaukee para morar com seu pai, sua escola secundária havia sido negligenciada e tinha baixas expectativas para os alunos. No primeiro dia de aula, o diretor disse à assembleia: "Cento e vinte de vocês, calouros, vão ser expulsos do sistema se não tomarem jeito". Xiaohoa ficou perplexa ao ouvir isso em seu primeiro dia de escola secundária. "Havia tantos alunos que haviam sido repetidamente reprovados ao longo de sua experiência escolar que, naquele ponto, se não passassem pelo primeiro ano e avançassem para o segundo ano, seriam simplesmente expulsos da escola. Eles não tinham chance. Não se falava em faculdade. A mensagem era: isso é uma prisão", ela disse.

A visão de Xiaohoa de lutar pela equidade começou a se moldar. "Para mim, ficou muito claro que as coisas precisavam mudar, e eu comecei uma vida de ativismo vibrante. Tentei me juntar ao conselho escolar. Eles não tinham um conselho escolar juvenil na época, então tentei me juntar ao conselho escolar real. Tipo, 'Deixe-me sentar à mesa se vocês não estão tendo essas conversas'." Durante a faculdade, ela se juntou ao Teach for America para obter experiência na sala de aula e fazer mestrado.

"Eu queria consertar tudo. Todos os dias, eu estava tentando descobrir qual era a raiz de muitas das coisas com as quais eu estava lidando como professora. Não há emprego na América, acho, que seja mais difícil do que ser professor." Enquanto trabalhava nas salas de aula, Xiaohoa conheceu diversas crianças que precisavam de apoio emocional, lutavam contra questões de comportamento ou não conseguiam se sair bem academicamente — e tudo remetia à alfabetização.

Xiaohoa pesquisava todas as noites e descobriu que se uma criança não conseguisse ler até os oito anos, ela tinha quatro vezes mais chances de abandonar o Ensino Médio. Além disso, se ela viesse de um ambiente socioeconômico mais baixo, tinha 13 vezes mais chances de abandonar a escola.

"Fiquei arrasada. Estava ensinando crianças de sete anos que já estavam em desvantagem. Eu tinha que fazer alguma coisa", disse ela. Esse foi o momento em que sua visão se cristalizou — ela abordaria as desigualdades na educação indo à raiz do problema: a falta de alfabetização. E ela fez isso: uniu-se a especialistas do setor e criou o Literator, um software para professores que lhes permite trabalhar individualmente com crianças que precisam de ajuda para aprender a ler. Sessenta por cento dos alunos cujos professores usaram o Literator alcançaram o nível de leitura da série até o final do ano. Milhares de estudantes nos Estados Unidos estão no caminho para se formar porque Xiaohoa disse: "Chega. Se eu puder fazer uma coisa, será garantir que você possa ler e ter a vida que merece."

Desenvolva sua visão

Agora é sua vez de desenvolver sua visão. Sua visão é a maneira como você usa seu propósito e seus valores para impactar o mundo. Com o mesmo diário ou aplicativo que você usou para seus valores e Propósito, siga o exercício a seguir. Enquanto trabalha, visualize as respostas para as perguntas e escreva como se já estivesse onde deseja estar. Se você imagina se tornar um palestrante de classe mundial, você escreverá: "Estou falando em palcos e inspirando pessoas de todo o mundo". O ponto é experimentar a vida que você deseja.

1. **O QUE VOCÊ QUER?** Essa é uma pergunta aparentemente simples. No final de sua vida, o que você quer que as pessoas digam sobre você? O que você quer ter realizado? O que você quer ter experimentado? No capítulo anterior, você pensou sobre quais valores são necessários para ter uma "vida significativa" e como isso apoia seu Propósito. Como se parece o resultado tangível dessas coisas?
2. **QUAIS SÃO SUAS HABILIDADES E INTERESSES, E COMO PODEM AJUDÁ-LO A ALCANÇAR O QUE VOCÊ QUER?** No que você é bom? Se sentir dificuldade para descobrir isso, peça a quem conhece e ama para dizer o que pensa sobre seus talentos. O que te anima? Você gosta de escrever ou criar arte? Você é apaixonado pelo bem-estar animal? Uma boa visão incluirá as atividades que o fazem sentir-se vivo.
3. **QUAIS AÇÕES VOCÊ TERÁ QUE FAZER PARA ALCANÇAR O QUE QUER?** Você pode começar com os itens mais abrangentes, como "obter um

mestrado" ou "aprender a criar um jardim comunitário", mas então você precisará pensar no que é necessário para chegar a esse ponto.

4. **COMO ISSO SE MOSTRA NO DIA A DIA?** Em seu mundo ideal, como é sua manhã, tarde e noite? Com quem você os passa? Onde você mora? Que tipo de trabalho você faz e que tipo de impacto isso tem nas pessoas e no mundo ao seu redor?
5. **DO QUE O MUNDO PRECISA E QUAL É SUA HABILIDADE EXCLUSIVA PARA AJUDAR?** Há tanto trabalho a ser feito no mundo, e precisamos nos levantar e fazer o que podemos. Pense em seus conjuntos de habilidades únicas e paixões e como você poderia ajudar as pessoas ao seu redor. Como você pode aplicar seu propósito para causar um impacto?

Seja honesto consigo mesmo ao definir sua visão. Às vezes, escrevemos o que é importante para os outros em vez de escrever o que realmente importa para nós. Podemos decidir que "devemos" fazer algo porque é o que nossa família ou sociedade espera de nós, ou porque é o caminho que já estamos trilhando. Mas se você se pegar dizendo "Realmente deveria", é provável que esteja escrevendo a visão de outra pessoa e não a sua própria. Temos que definir o sucesso para nós mesmos; não podemos deixar que as ideias ou expectativas de sucesso de outras pessoas definam o que fazemos na vida. Você precisa estar centrado e focado nas coisas que acha importantes. Volte aos seus valores e ao seu Propósito repetidamente. O que importa para você? Como você deseja contribuir?

Dê a si mesmo a liberdade de pensar e sonhar grande. Há anos, quando Tamara Fletcher e sua família se mudaram da Jamaica para os Estados Unidos, eles não tinham muito dinheiro. Quando ela e seus três irmãos iam ao supermercado com a mãe, eles olhavam para o corredor de doces com admiração, porque nunca tinham visto nada parecido na Jamaica. Eles não entravam no corredor, porém, porque a mãe sempre dizia: "Não. Não passe por esse corredor. Não ouse." Tamara entendia o que sua mãe queria dizer: não fique tentado porque a resposta é não. Eles não podiam pagar por nada daquele corredor. Agora, muitos anos depois, Tamara ainda para em frente ao corredor de doces e diz a si mesma que não pode pagar por nada dali.

Sendo pilota amadora, ela foi recentemente a uma festa com tema havaiano em um hangar de aviões. As pessoas estavam apreciando música ao vivo e havia decorações festivas por toda parte. Ela amou tanto o tema que se virou para seu amigo Elijah, que também ajudava a planejar as festas do clube de pilotos deles, e disse: "Precisamos fazer isso para a nossa festa. Precisamos de uma festa tão divertida quanto essa. Eu quero as dançarinas de hula e tudo o mais."

"Tamara, não podemos pagar por isso", ele disse.

"O que você quer dizer com não podemos pagar? Vá lá e pergunte quanto custa a banda. Depois pergunte quanto custam as decorações. Depois pergunte sobre a máquina de bolhas. Depois que você tiver um valor, então podemos decidir se podemos pagar ou não, se precisamos arrecadar fundos ou não."

Ele insistiu que não podiam pagar.

Tamara contou a ele a história do corredor de doces. Uma mulher adulta com um salário estável, ela ainda estava convencida de que não podia pagar uma barra de chocolate de dois dólares. "Você está me dizendo que não podemos pagar essa festa havaiana porque você já decidiu que não podemos. Vamos tentar não fazer um 'corredor de doces' aqui?" Elijah sorriu e foi perguntar.

"Nós fazemos 'corredores de doces' para muitas coisas na vida. Dizemos 'Não posso. Não vai acontecer.' Decidimos que não podemos fazer algo antes mesmo de tentarmos", disse Tamara. Muitas vezes, são apenas nossas crenças sobre o que é possível que estão no caminho. A verdade é que não há nada que o impeça de fazer praticamente qualquer coisa.

Quando você se sentar para criar sua visão, pense grande e seja tão ambicioso quanto quiser. Não há ninguém aqui para corrigi-lo ou dizer que você não pode fazer algo. O único limite aqui é você. Michael descobriu isso em primeira mão quando liderou uma pequena equipe no início de sua carreira e sentiu que seu chefe não estava sendo razoável ao negar seus pedidos por recursos básicos. Michael veio preparado e apresentou suas ideias: "Ninguém poderia dizer não a esse pedido", pensou com confiança. Então, quando seu chefe disse não, Michael ficou tão furioso que mal conseguia falar.

Ele voltou para seu escritório e bateu a porta. Mas Michael não se sentou para remoer o que havia acontecido. Em vez disso, pegou um flip chart e escreveu no topo: "Se eu fosse rei, eu..." Depois de 90 minutos escrevendo sua visão das coisas que faria para trazer sucesso à equipe, o estado mental de Michael havia mudado. Ele estava animado com suas ideias. A maioria delas nem dependia da aprovação de seu chefe. Aquele dia marcou o início de cinco anos de crescimento recorde para a equipe de Michael.

Sua visão não precisa ser perfeita imediatamente. Assim como no exercício anterior, pode levar horas, dias ou mais para ficar claro. Com o tempo, você pode perceber que uma parte de sua visão é mais importante do que outra. Assim como seus valores e Propósito, você quer manter sua visão em algum lugar onde você a verá todos os dias.

Saiba que sua visão provavelmente mudará. Na época em que o dr. Stephen Klasko teve sua primeira mudança de visão, ele já havia ajudado dois mil bebês a nascer, como obstetra em Allentown, Pensilvânia. "Naquela época, praticamente todos os obstetras-ginecologistas eram homens, e os procedimentos mais comuns em mulheres eram histerectomias e cesarianas", disse Klasko. "Era consenso na comunidade médica que, após o parto, uma mulher não precisava mais de seu útero."

Stephen ainda estava em sua residência como médico quando começou a questionar essa narrativa. Pouco depois de ver um obstetra-ginecologista mais velho, homem, dando palestra na Penn State sobre a necessidade de histerectomias, aconteceu de ele de visitar uma livraria e olhar para os dez mais vendidos de não ficção. Livros com títulos como *Fraude da histerectomia* chamaram sua atenção — quatro dos dez livros mais vendidos eram sobre como as histerectomias haviam arruinado a vida das mulheres. Naquele momento, ele percebeu que havia uma grande desconexão entre seus colegas e suas pacientes.

Ao obter seu diploma de medicina, sua visão era ser o melhor obstetra-ginecologista que pudesse ser. "Reconheci desde cedo que ajudar as mulheres a dar à luz seus bebês é uma coisa incrível", disse Stephen. E ainda assim ficou claro que um dos ensinamentos centrais em sua profissão na verdade estava prejudicando as pessoas de quem deveriam estar cuidando. Na época, sua visão incluía expandir sua prática, mas após sua percepção, ele agora sabia que algo tinha que mudar.

Stephen fez algumas pesquisas sobre os efeitos psicológicos e sexuais das histerectomias, o que o levou a perceber que o procedimento levava a resultados terríveis para os pacientes. "Com base na pesquisa, criamos um questionário de triagem prévia que nos ajudaria a determinar quem não se daria bem com uma histerectomia," disse ele.

"Senti que queria fazer mais mudanças e realmente afetar minha área. À medida que estudava o problema, percebi que realmente estávamos errados nessa questão — aqueles livros estavam certos." Ele procurou outros médicos que estavam tentando diferentes opções de tratamento para evitar histerectomias e começou a trabalhar com outras pessoas que tinham a mesma visão e já estavam fazendo coisas para mudar o setor. Ele começou a ver como uma pessoa poderia fazer a diferença e como um pequeno grupo de pessoas dedicadas poderia mudar um paradigma. Isso o levou a criar, com um sócio, um negócio chamado Spirit of Women, que foca na saúde holística.

De certa maneira, aquele momento na livraria foi definidor para Stephen. Sua visão anteriormente tinha sido definida pelo que ele achava possível. "Agora chamo o que fiz após aquele momento de abordagem 'sem limites': afaste-se do que você pensa que é possível e olhe para a arte do impossível", disse ele.

Stephen mudou sua visão e plano de vida muitas vezes desde aquele momento na livraria, e ele tem uma lista de realizações das quais qualquer um se orgulharia. Ele foi decano de duas faculdades de medicina e liderou três centros de saúde acadêmicos, e então tornou-se presidente e CEO do Hospital Universitário Thomas Jefferson. Durante seu tempo na Jefferson, ele liderou uma fusão com a Universidade da Filadélfia e criou o primeiro currículo de design thinking em uma faculdade de medicina.

Uma visão é direcional. É uma Estrela Guia, mas não há nada de errado em mudar a visão se algo em sua vida mudou. Se seus valores mudaram, ou se você teve uma epifania sobre a vida que quer levar, é perfeitamente natural mudar a visão para acomodar essa nova percepção. Sua visão é projetada para ajudá-lo a levar uma vida com propósito, não para puxá-lo para trás e mantê-lo comprometido com algo que não ressoa mais com você.

Às vezes, acontecem coisas na vida que parecem arruinar nossa visão, e sentimos como se tivéssemos falhado. Mas vamos ver como definimos o fracasso. A maioria de nós pode dizer que é a incapacidade de atender a uma expectativa, uma falta de sucesso, ou não tomar uma ação necessária. Isso seria uma maneira muito estreita de olhar para isso.

Digamos que seu propósito seja ajudar a reformar a justiça criminal. Sua visão é ir para a faculdade de direito, mas você não consegue entrar. Às vezes, a resposta é "continue tentando", mas há momentos em que precisamos reconhecer que alguns objetivos podem não fazer parte do plano geral de nossa vida. Pode parecer um fracasso. Mas há dezenas de maneiras de reformar a justiça criminal sem se tornar advogado. Seu Propósito ainda é viável, mas sua visão para alcançar seu Propósito precisa mudar.

Quando você se propõe a dar vida à sua visão, precisa estar preparado para pivotar, mudar de direção. Mire no seu Propósito, não apenas no objetivo que você deseja alcançar no momento. Dessa maneira, quando for hora de mudar ou reavaliar sua visão, você não se encontrará preso a um único caminho para chegar lá. E lembre-se, sua felicidade deve ser um fator em sua visão. Está tudo bem mudar de rumo simplesmente porque o caminho em que você está não o faz mais feliz, e está tudo bem decidir que seu Propósito mudou.

Embora incentivemos você a criar um plano para sua vida o mais cedo possível, alguns de nós precisam de tempo e espaço para refletir antes de elaborar uma visão para nós mesmos. Miriam Duarte, que mencionamos no Capítulo 10, "Criar confiança", flutuou pela vida sem um objetivo definido. Ela tinha alguns valores fundamentais, e provavelmente poderia ter definido seu Propósito, mas não estava vivendo com propósito.

Quando tinha 25 anos, teve uma experiência quase fatal que a fez se colocar mais propósito em sua vida. Na época, ela morava em Portugal e trabalhava em uma escola de surfe. Um dia, ela saiu para surfar na maré baixa, quando as ondas estavam quebrando mais rápido. Depois de um dia frustrante de trabalho na escola de surfe, ela queria desabafar — como se fosse uma luta na praia. Ela pegou duas boas ondas, ambas enormes. Então, quando se levantou para pegar a terceira onda, caiu e instantaneamente soube que algo estava errado. Quando voltou à tona, havia sangue na água, porém mais ondas estavam chegando e ela teve que mergulhar novamente e novamente para evitar as quebras.

Miriam sofreu uma lesão na medula espinhal e um sangramento cerebral, além de uma concussão. Ela sentia uma dor excruciante e enfrentava a possibilidade de desconforto e lesão para o resto da vida. Pelos seis meses seguintes, ela dormiu 16 horas por dia e teve que voltar para a Alemanha para se recuperar.

Ela não pôde trabalhar por um ano. Pela primeira vez em sua vida, teve muito tempo para refletir sobre as escolhas que havia feito. Percebeu que suas tentativas nunca estavam realmente alinhadas com o que ela queria. Ela não conseguia entender por que fazia as escolhas que fazia. "Eu sabia que tinha um propósito, mas ou estava ativamente evitando ou não sabia o que era. Deixei que fatores externos determinassem minha vida e os resultados da minha vida", disse ela. Ela conseguiu empregos em países como a Suíça porque queria viver neles. Embora tenha aproveitado o tempo, muitas vezes isso a levou a se sentir insatisfeita. Ela não tinha uma visão.

Ela decidiu viver com mais propósito. Tinha apenas uma vida, e quase a perdeu. "Comecei a pensar no que amava no passado. Eu adorava trabalhar com pessoas e facilitar treinamentos quando estava recrutando, o que fiz em um estágio", disse ela. Miriam criou uma visão para si mesma que incluía trabalhar com pessoas e ajudá-las a se transformar. "Tornei-me uma treinadora. Já faço isso há cinco anos e meio. É o primeiro trabalho que realmente amo fazer, e é o único trabalho que continuei fazendo por mais de um ano", disse ela. A visão de Miriam a ajuda a servir outras pessoas, o que a realiza. Miriam dedicou tempo para refletir, determinou seu Propósito, criou uma visão para si mesma e a colocou em prática.

Compartilhando sua visão com outros

No final da década de 1990, eu havia feito a transição de ser advogado praticante para trabalhar como diretor de desenvolvimento em uma das principais empresas imobiliárias. Eu havia ingressado em um programa de treinamento executivo acelerado, havia sido promovido duas vezes em dois anos e realmente amava meu trabalho e as pessoas com quem trabalhava.

Ainda assim, no fundo da minha mente, eu tinha uma visão de começar minha própria empresa de e-learning. Decidi escrever um plano de negócios detalhando minha ideia, completo com pesquisa competitiva, previsões financeiras e uma estratégia de entrada no mercado. Por meses, trabalhei em isolamento, não contando a ninguém que estava fazendo isso. Apenas minha esposa, Katie, sabia. Eu pensei que se as pessoas apenas soubessem no que eu estava pensando, diriam: "Você está louco em considerar sair de um emprego fantástico para uma startup. Você sabe quantas empresas falham nos primeiros cinco anos? Quase todas elas. O que há de errado com você? Não seja estúpido."

Quando meu plano ficou pronto, decidi correr um risco calculado. Contei a um dos meus melhores amigos, Randall Kaplan, sobre a ideia. Randall era alguém que sempre me apoiou e me desafiou a ser o melhor que eu poderia ser. Quando eu estava na faculdade de direito e recebi uma oferta de emprego de um bom escritório de advocacia, Randall disse: "Você consegue mais", e me encorajou a recusar e continuar procurando.

Quando decidi deixar a advocacia, Randall foi um modelo para mim, pois ele já havia feito isso. Ele compartilhou comigo uma abordagem inovadora que ele havia usado para se relacionar com os principais líderes empresariais e me apresentou muitas dessas pessoas, incluindo o presidente da empresa imobiliária onde eu acabei trabalhando. Randall também era um empreendedor extraordinariamente bem-sucedido; ele havia cofundado uma empresa de internet que teve uma das ofertas públicas iniciais mais bem-sucedidas da história, em 1999.

Ao mesmo tempo, Randall podia ser brutalmente franco, e eu sabia que se ele odiasse minha ideia, não hesitaria em me dizer. Depois de explicar a ele a ideia pelo telefone, fiquei aliviado porque Randall me apoiou. Não me entenda mal: ele me desafiou e sugeriu coisas que eu poderia fazer para melhorar o projeto, mas quanto a seguir ou não a ideia, ele disse: "Só vivemos uma vez. Por que não arriscar? E se você puder apertar seu plano de negócios, eu até investirei e liderarei sua rodada inicial. Meu apoio definitivamente ajudará você com outros investidores. E saiba disso: eu acredito em você, Joe. Eu o apoiaria se você começasse uma empresa de rolamentos ou de palitos de dente."

Eu não podia acreditar. Eu praticamente caí de costas. "E", continuou Randall, "você precisa conversar com David Foltyn. Ele é inteligente, tem boas conexões e, se ele gostar da ideia, pode ajudá-lo." David Foltyn? David era um advogado líder em Michigan, alguém que eu havia conhecido através de Randall anteriormente e que eu respeitava muito, mas não alguém que eu conhecia extremamente bem na época. "Randall, eu não posso contar ao David. Não há como. E se ele achar que essa é uma ideia estúpida? Eu não quero que David pense mal de mim."

"Vai ficar tudo bem. Apenas ligue para ele. Além disso, se David achar que é uma má ideia, seria melhor você descobrir isso agora, antes de sair do seu emprego." Eu estava nervoso, mas levei David para almoçar. "David, eu acredito que um dos maiores problemas dos programas de treinamento é que as pessoas os concluem e não fazem acompanhamento — não usam o que aprenderam como deveriam. Minha ideia é um sistema baseado na internet que as pessoas usariam depois de fazer um curso. Poderia ser um programa de liderança ou vendas, por exemplo, e depois eles receberiam lembretes que os incentivariam a usar pequenas partes dessa informação ao longo do tempo. O objetivo é reforçar o que as pessoas aprendem em um curso para que possam tornar isso um hábito. Pessoas que fazem programas de liderança vão se tornar líderes mais fortes; pessoas que fazem cursos de vendas vão se tornar vendedores mais bem-sucedidos. Acredito ter uma abordagem que pode fazer isso acontecer."

"Gostei", disse David. "Eu mesmo já passei por isso. Acho que há essa necessidade." Ele então fez uma série de perguntas, às quais respondi uma de cada vez. "Isso é ótimo", ele disse. "Acho que posso ajudar você." "Uau", pensei. "David Foltyn vai me ajudar? Isso é absolutamente incrível." E era. David tornou-se um conselheiro. Ele fez o trabalho jurídico na formação da empresa e na captação de recursos. Ele também se tornou um amigo. Ao olhar para trás e lembrar do começo daquela primeira empresa, vejo que não teria acontecido sem Randall e David — e não teria acontecido se eu tivesse deixado meu medo de falar com os outros me calar.

Depois de desenvolver uma visão para sua vida, o próximo passo é compartilhá-la com os outros. Ninguém alcança nada sozinho. Vamos muito mais longe quando temos o apoio de nossos amigos e entes queridos.

Falar sobre nossa visão ajuda a torná-la mais clara. As pessoas com quem compartilhamos nossa visão podem ter insights que apoiam a ideia, ou até mesmo querer ajudar. No mínimo, geramos mais responsabilidade quando compartilhamos nossos sonhos. Se alguém mais souber sobre sua visão, eles podem cobrar você por ela.

Pode parecer estranho compartilhar seu sonho, como se estivesse se expondo ao ridículo — e não vou mentir, pode ser exatamente isso —, mas raramente algo bom vem da inação e do medo. Toda vez que você fala com alguém sobre suas ideias, é um risco. Você se expõe, e pode se sentir vulnerável. É desconfortável, mas grandes realizações só acontecem com a ajuda de outras pessoas. Comece com pessoas em quem você confia, seu parceiro ou seu melhor amigo.

A razão pela qual compartilhar nossa visão nos deixa tão vulneráveis é que, ao compartilhar nossos sonhos, estamos pedindo ajuda. As pessoas acham que deveriam ser capazes de fazer algo por conta própria, que é um sinal de fraqueza dizer que precisam de apoio. Mas nada é realizado sozinho.

Compartilhe sua visão com entusiasmo

A chave para realizar sua visão e conseguir o apoio dos outros é o entusiasmo.

Nós reagimos à energia ao nosso redor. Quando compartilhei minha ideia de negócios com Randall Kaplan e David Foltyn, estava empolgado com a nova empresa, e eles captaram isso. Quando Michael relembra o dia em que compartilhou suas ideias de "Se eu fosse rei" com sua equipe, ele disse: "Definitivamente, foi o entusiasmo que fez a diferença. Não foram apenas as ideias que compartilhei; foi como as compartilhei. Eu vi minha equipe ficando animada como eu. Foi uma lição que me ajudou a inspirar outros ao longo de minha carreira."

Então, o que exatamente queremos dizer com entusiasmo?

A palavra entusiasmo vem da palavra grega *entheos*, que significa "o deus interior". Os gregos usavam esse termo quando viam pessoas falando com zelo, como se estivessem "possuídas por um deus". Eles perceberam que cada um de nós tem uma energia interior que pode se manifestar de forma poderosa.

Como você se comportaria se estivesse compartilhando sua visão como se estivesse "possuído por um deus"? Como seria sua voz? Seu tom? Como seriam suas expressões faciais? E sua postura? Imagine-se em pé na frente de uma plateia, falando do fundo do coração sobre o que você enxerga para o mundo. Você olha diretamente para a plateia, sorri, sua voz é forte e confiante, seus braços estão abertos e todos te ouvem com atenção total. Nosso engajamento emocional é aquele ingrediente elétrico que influencia os outros a agir.

Trabalhe junto para realizar a visão

Michia Rohrssen e sua equipe criaram o Prodigy, um software pioneiro na indústria que permite que as pessoas comprem carros de casa em apenas alguns minutos, em vez de perder horas nas concessionárias. Michia é o primeiro a admitir que ninguém em sua equipe acorda sentindo paixão por ajudar concessionárias a vender mais carros e ganhar mais dinheiro. Ele sabia que se essa fosse a visão, ele teria ou uma equipe que só apareceria pelo salário ou nenhuma equipe. Michia não queria criar uma empresa cuja única busca fosse o dinheiro.

"Eu estava em uma conferência muito chique e exclusiva no Vale do

Silício, onde o CEO de uma empresa de 20 bilhões de dólares estava falando. O CEO disse: 'Estamos em 20 bilhões agora. Precisamos estar em 40 bilhões em dois anos'", disse Michia. "Saí da conferência porque pensei 'Quem se importa se você passa de 20 para 40 bilhões? Em algum momento, precisa haver um benefício para a sociedade em um negócio que está crescendo, além do retorno para os acionistas.'"

Foi quando ele percebeu que ter um impacto positivo era primordial. O versículo bíblico favorito de Michia é "Onde não há visão, o povo perece".[1] Ele e sua equipe teriam que criar uma visão que os inspirasse todos os dias, ou fracassariam.

"No início, eu e meus colegas trabalhamos muito para estabelecer uma missão maior do que escrever software para concessionárias," disse Michia. A equipe chegou a algumas decisões. Decidiram que não iriam focar na concessionária, mas no comprador individual de carros. Cada um havia vivenciado uma venda de carro ruim ou conhecia alguém que havia, então eles desenvolveram um software que ajudaria uma pessoa comum a comprar um carro sem ser explorada.

Eles encontraram camaradagem em ser uma equipe heterogênea enfrentando o mercado automotivo de 1,3 trilhão de dólares.

Michia percebeu que eles tinham que comunicar sua visão ao restante da equipe. A prova de que a visão estava viva tinha que se manifestar em suas ações diárias, se todos fossem aderir a ela. Então, começaram uma iniciativa: para cada carro vendido por meio de sua plataforma, eles doavam dez refeições para famílias em dificuldades. Eles nunca fizeram propaganda sobre isso e não falaram sobre isso fora da empresa, mas isso importava para a equipe. A empresa inteira estava entusiasmada com a visão de Michia e estavam ansiosos para trabalhar por essa causa. Eles sabiam que estavam fazendo diferença em um momento especialmente difícil. No total, eles doaram incríveis 189.000 refeições.

Apesar do propósito muito simples de seu software, eles conseguiram criar uma visão significativa juntos, compartilhar essa visão com sua equipe e fazer com que essa visão ganhasse vida de uma maneira que ajudasse outras pessoas.

À medida que compartilharmos nossa visão, ela evoluirá e crescerá. Michia não se sentou e disse à sua equipe o que ia acontecer. Eles trabalharam juntos para expandir a ideia original de Michia até terem uma visão pela qual se empolgassem. Quando ficamos apegados ou nos apaixonamos pela primeira ideia que temos, podemos involuntariamente nos fechar para um feedback que realmente poderia ajudar. Se precisamos que outras pessoas nos ajudem a alcançar essa visão, então vamos deixá-las contribuir. Se conseguirmos permanecer abertos às ideias e sugestões que recebemos de outras pessoas, poderemos criar coletivamente uma visão que empolgue a todos.

ASSUMA O COMANDO

Nossos valores e nosso Propósito compõem o "porquê" de nossas vidas, nossos sonhos internos. Mas sem agir, nossos valores e nosso Propósito ficarão adormecidos. Nossa visão compõe o "como", nossos planos externos para tornar nossos sonhos realidade. Quando sentimos entusiasmo e possibilidade, somos muito melhores em ajudar outras pessoas a verem o potencial de nossa visão, não importa quão grande ou pequena ela seja. Se pessoalmente criarmos nossa visão e a nutrirmos, podemos ter o impacto que desejamos.

PRINCÍPIO

Comprometa-se a nutrir e compartilhar sua visão.

COMO AGIR

- **ANOTE O SEGUINTE E SEJA O MAIS DESCRITIVO POSSÍVEL:**
  - O que você quer?
  - Quais são suas habilidades e interesses, e como podem ajudá-lo a alcançar o que você quer?

- Que ações você terá que tomar para alcançar o que quer?
- Como sua visão se parece no dia a dia?
- Do que o mundo precisa, e como você está especialmente apto a ajudar?

- **AGORA, DEIXE ESSA VISÃO DE LADO E ANOTE UMA SEGUNDA VISÃO.** Faça-a maior do que a primeira. Mude os detalhes. Talvez esta represente outras ideias para sua vida que não parecem se encaixar na visão principal.
- **ENTÃO, ANOTE UMA TERCEIRA VISÃO.** Essa visão deve ser maior do que as duas anteriores, mesmo que comece a parecer impossível ou fora de alcance. Solte-se, anote o que lhe vier à mente, não importa o quão difícil seja imaginar. Não se limite ao que você ou outros acham possível — sonhe tão grande quanto quiser.
- **COMPARE AS VISÕES.** O que você observa? Ao percorrer a terceira visão, você pode notar que foi obrigado a ficar mais criativo do que nas duas anteriores. O que você gosta em cada uma das visões? O que o surpreendeu? O que o entusiasma?
- **ESCOLHA AS PARTES MAIS INSPIRADORAS DAS TRÊS VISÕES** e integre-as em uma imagem coesa que o ajude a perseguir seus valores, abraçar seu Propósito e ter um impacto positivo no mundo.
- **COMPARTILHE SUA VISÃO COM ENTUSIASMO COM OUTRAS PESSOAS PARA QUE HAJA CLAREZA E RESPONSABILIDADE.** Pratique dizê-la em voz alta pelo menos três vezes nas próximas duas semanas. Observe como as pessoas reagem — não a mude por causa do que elas dizem, mas reavalie como a compartilha para que também possam ver a visão. Refine sua visão enquanto avança.
- **TRABALHE JUNTO PARA REALIZAR A VISÃO.** Encontre outras pessoas que tenham visões iguais ou semelhantes à sua e criem maneiras de tornar essas visões realidade.

16

CONSTRUA SUA COMUNIDADE

> Se você faz algo por alguém, nunca se lembre. Se alguém faz algo por você, nunca esqueça.
>
> Dale Carnegie

O que você pensa quando ouve a palavra networking? Durante nossa pesquisa para este livro, a maioria das pessoas com quem conversamos não tinha uma visão positiva do termo. A palavra evoca imagens de uma sala cheia de pessoas entregando ansiosamente cartões de visita, procurando alguém que possa ajudá-las, sem pensar em mais ninguém além delas mesmas e se importando pouco em fazer conexões genuínas. Ou talvez lembre das mensagens do LinkedIn que você recebeu de estranhos que pedem para "conectar" e depois tentam lhe vender algo. Esse tipo de networking pode parecer egoísta, e é. Em seu livro de sucesso sobre networking, *Jamais coma sozinho*, o autor Keith Ferrazzi escreve que a razão pela qual não gostamos do networking é porque imaginamos o "idiota do networking":

> É o homem ou é a mulher com um martini em uma mão, cartões de visita na outra e um *elevator pitch* sempre pronto. Ele ou ela é um artista da bajulação, olhos vasculhando cada evento em busca

constante de peixes maiores para fritar. Ele ou ela é o bajulador insincero e ambicioso que você não quer se tornar.

Todos conhecemos essa pessoa e nenhum de nós quer ser essa pessoa. Então, evitamos o networking porque imaginamos que é assim que seremos percebidos.

Lembre-se do Capítulo 9, "Fique conectado", sobre a importância dos relacionamentos. Grande parte da vida é conectar-se com os outros de maneira significativa. Ao trabalhar com outras pessoas, nós as ajudamos a alcançar seus objetivos e elas nos ajudam a alcançar os nossos. Quando interesses, valores e visão se combinam, comunidades formam-se em torno de um propósito central. Em uma comunidade de pessoas que se apoiam mutuamente, todos podem criar um movimento para a realização de sua visão de vida.

Construir uma comunidade é encontrar pessoas que compartilham um propósito. Para nós, comunidade significa construir intencionalmente relacionamentos com pessoas que promovam crescimento mútuo. A construção de relacionamentos é uma via de mão dupla. Não entramos em uma conversa com alguém que acabamos de conhecer pensando no que eles podem fazer por nós. Em vez disso, pensamos no que podemos fazer para apoiá-los.

Você pode estar pensando: "Por que preciso ter uma comunidade? Não gosto de conhecer pessoas. Não quero ir a lugares novos. Não me sinto confortável com isso." A verdade é que podemos falar o dia todo sobre como construir uma comunidade, mas se não entendermos por que é importante, então o como é inútil. Então, por que ter uma comunidade é tão valioso?

As pessoas pensam que pedir ajuda é ruim porque querem "fazer tudo sozinhas". Quando a filha de Michael, Nicole, tinha vinte e poucos anos, não queria deixar ninguém ajudá-la. Nicole foi para a pós-graduação, fez seu MBA e, ao final, havia desenvolvido muitos relacionamentos fortes e tinha uma comunidade de amigos que se apoiavam. Uma amiga próxima, Beth, candidatou-se a um emprego em uma grande empresa de consultoria após a formatura. No entanto, quando entraram em contato, Beth já havia aceitado outro emprego. Ela ainda queria ser útil, então disse ao empregador: "Minha amiga da pós-graduação, Nicole, é muito qualificada. Acho que você deveria entrevistá-la." Foi assim que a filha de Michael conseguiu o emprego — para o qual sua amiga havia se candidatado — que ela adora. É importante lembrar que se Nicole não fosse qualificada, eles não a teriam contratado. Mas como sua amiga Beth a recomendou, e eles gostaram de Beth, Nicole teve a oportunidade de conseguir o emprego.

Seja generoso com seus esforços

Em minha entrevista no podcast com Keith Ferrazzi, ele compartilhou os dois aprendizados mais importantes que teve sobre a diferença entre fazer networking e construir relacionamentos genuínos. Formar uma comunidade não se trata mais do que você pode obter das pessoas.

"Não, é 'O que posso dar?' O que você pode fazer por essa pessoa? (...) Quando chegar, seja autêntico, seja real (...) Comece construindo empatia e conexão. Quanto mais interpessoal, quanto mais vulnerável você for, mais vulnerabilidade receberá de volta."

Adam Hammes é um tremendo exemplo de alguém que deu seu tempo e esforços generosamente. Há anos, Adam estava encantado por estar em uma cabana em uma praia na Ilha Catalina com dois de seus heróis da vida inteira — Jean-Michel Cousteau, o lendário explorador oceânico, ambientalista e educador, e Richard Murphy, um ecologista marinho que todos chamavam de "Murph". Cousteau estava continuando o legado de seu pai, Jacques Cousteau, em mergulho e ciência marinha, além de lutar para proteger os oceanos. Murph era o braço direito de Cousteau a bordo de seu navio e profundamente envolvido na mesma luta. Suas visões estavam alinhadas com a visão de Adam de salvar o meio ambiente.

Adam ouvia enquanto eles contavam histórias sobre os programas educacionais práticos que criaram para incentivar as pessoas a viverem de maneira mais consciente e sustentável — Embaixadores do Meio Ambiente (AOTE). "Nós nos concentramos em ensinar crianças porque elas são nosso futuro. Também nos posicionamos para atender as crianças dos tomadores de decisão do mundo. No entanto, se você não treinar os pais, as crianças não têm muita autonomia para fazer o que querem em casa", disseram eles. "Lentamente, estamos fazendo mudanças, mas não estamos fazendo mudanças grandes o suficiente."

O interesse de Adam foi despertado. "Então, precisamos de educação ambiental para adultos? Eu tive essa ideia de focar em jovens profissionais em cidades, porque eles realmente moldam a cultura. Você acha que isso ajudaria?", ele perguntou. Eles disseram: "Sim, achamos. Essa seria uma ótima maneira de fazer mudanças".

As engrenagens de Adam estavam girando. Ele havia imaginado construir uma organização sem fins lucrativos que visava pessoas que se mudavam para a cidade por causa de seus empregos e queriam conhecer novas pessoas que tinham os mesmos interesses. Ele sabia o que normalmente funcionava — música, boa cerveja, entretenimento —, então só precisava misturar ali a educação ambiental. Ele estava na casa dos 20 anos na época e sabia que jovens profissionais gostavam de se conectar uns com os outros.

Ele compartilhou sua ideia com aqueles seus dois eco-heróis e eles lhe disseram para ir em frente. Ele ficou um pouco surpreso — planejava continuar trabalhando para eles em outro local legal, talvez na Ilha Grand Cayman, e lá estavam eles dizendo para sair e fazer sua visão acontecer em outro lugar. "Eu tinha alguém que eu realmente admirava me dizendo que era uma boa ideia. E agora, o que eu deveria fazer? Fingir que não ouvi e continuar vivendo minha vida despreocupada, ou fazer algo a respeito?"

Depois de pensar sobre isso por algumas semanas, Adam decidiu voltar para casa, em Iowa, e criar essa comunidade em Des Moines.

Levou algum tempo para ele começar — tinha que trabalhar em três empregos de meio período para pagar as contas enquanto criava a organização sem fins lucrativos, que ele chamou de Embaixadores Urbanos. Durante o primeiro ano, estudou o processo de lançamento de uma organização sem fins lucrativos. Participou de eventos locais, fez treinamentos e expandiu sua rede de contatos com pessoas que conheceu que tinham interesses similares. Ele também procurou todas as organizações locais que estavam trabalhando com sustentabilidade. Ele percebeu que havia muitos grupos pequenos e apaixonados de pessoas tentando fazer mudanças no ambiente, mas todos estavam isolados. Algumas pessoas se concentravam em energia limpa, enquanto outras se concentravam em construção verde, conservação de água, redução de resíduos ou transporte sustentável. Eles estavam fazendo um ótimo trabalho, mas não estavam trabalhando juntos.

Adam recrutou uma diretoria pequena, mas poderosa, e lançou um site que mapeava todo o trabalho que estava sendo feito pela cidade. Agora, todos esses esforços e organizações pequenas estavam expostos lado a lado, formando um grande movimento em Des Moines de pessoas trabalhando para um objetivo comum — em vez de muitos esforços pequenos, mas separados.

Adam e sua equipe organizaram eventos voluntários chamados O Que Está Faltando em Des Moines. Pessoas de toda a cidade apareceram e eles falaram sobre todos os eventos e grupos trabalhando em várias categorias de sustentabilidade. Isso levou a discussões sobre o que eles gostariam que estivesse disponível e acessível na cidade. Esses eventos levaram a mais conexões e novos projetos colaborativos.

"Gerenciamos e tiramos do papel essa peça que estava faltando. As pessoas já estavam interessadas em ajudar, e apenas mostramos a elas onde poderiam gastar seu tempo e energia para ajudar", disse Adam. "Conseguimos fazer um trabalho muito bom com o mínimo possível de duplicação, o que significa que todos nós que compartilhamos a mesma visão tivemos o maior impacto possível."

Note que Adam não precisou iniciar uma série de comitês, organizações sem fins lucrativos e grupos para realizar sua visão. Seu objetivo era ampliar os grupos já ativos ao seu redor e ajudá-los a alcançar suas visões.

Adam foi muito generoso com sua comunidade e criou conexões para si e para aqueles ao seu redor. Ele usou algumas ideias básicas que todos devemos ter em mente. Quando você conhece pessoas, lembre-se de ser caloroso — um sorriso e o som do nome delas podem fazer muito para criar conexão. Depois de se encontrar com elas, certifique-se de fazer um acompanhamento. Envie-lhes uma nota pessoal ou um sinal de apreciação pela troca que tiveram. É tão simples quanto uma mensagem no Facebook ou um e-mail. Seja qual for o formato que você escolher para enviar, certifique-se de que eles entendam que conhecê-los foi significativo para você.

A razão pela qual a imagem estereotipada de um evento de networking é tão difundida é porque, em algum momento, era uma das únicas maneiras de conhecer pessoas. Esse já não é mais o caso. A internet transformou a maneira como nos conectamos com pessoas, grupos e organizações que compartilham nossos interesses. Não precisamos mais sofrer com esse tipo de evento apenas para conhecer uma pessoa com quem realmente nos conectamos.

Entre em contato com pessoas com quem você não fala ou que não vê há algum tempo e chame-as para uma chamada de vídeo ou um café, para colocar o papo em dia e saber o que estão fazendo agora.

Em sua vida ocupada como escritora, palestrante, mãe e executiva de marketing de uma empresa Fortune 500, Portia Mount, a quem apresentamos no Capítulo 4, "Construa sua confiança", gosta de reservar tempo em sua agenda para fazer isso toda semana. "Gosto de enviar um artigo de interesse para alguém em minha comunidade, ou apenas entrar em contato com alguém com quem não conversei por um tempo e enviar uma mensagem de texto para dizer oi. Também adoro escrever cartas à mão. Especialmente agora, as pessoas anseiam por conexões autênticas", disse Portia. É por isso que é importante lembrar do conselho de Dale: sorria e lembre-se de que as pessoas adoram ouvir seu nome falado, e elas querem saber que são importantes.

Para Michael, o voluntariado e o serviço à sua cidade levaram a mais oportunidades do que qualquer outra coisa em sua vida. Embora o voluntariado seja um compromisso de tempo, é uma ótima maneira de construir sua comunidade enquanto faz algo que ajuda outras pessoas.

Encontre um propósito comum

Eduardo Quintero Cruz aprendeu com seu pai sobre a importância de construir relações mutuamente benéficas. Eduardo era um garoto observador e observava atento seu pai interagir com outras pessoas. Ele sempre ficava fascinado com suas conversas. Um dia, ele perguntou ao seu pai por que ele estava tão atento aos aniversários de seus clientes ou dos filhos deles. "Porque são pessoas, e as pessoas são importantes", disse seu pai. Foi uma resposta óbvia, mas Eduardo aprendeu à medida que crescia que nem todo mundo pensa assim.

Essa abordagem calorosa para conectar e fomentar relacionamentos reflete-se na vida adulta de Eduardo. No Google, Eduardo e alguns de seus amigos de trabalho inicialmente criaram um GRF — um grupo de recursos para funcionários — porque queriam conhecer outros latinos dentro da empresa. Com mais de cem mil funcionários, o Google é uma empresa tão grande que era difícil se conhecerem, e o GRF os ajudou a se conectar.

"No começo, o objetivo era conectar pessoas (...) e isso evoluiu para uma equipe e um grupo enormes que não apenas conecta pessoas, mas cria oportunidades para quem quer avançar na carreira", disse Eduardo.

O grupo cresceu e se tornou uma comunidade com milhares de membros ao redor do mundo. Eles realizam reuniões para colaborar e cúpulas para aprender. Eles oferecem oportunidades para pessoas em níveis mais baixos ou que estão procurando empregos diferentes dentro da empresa, apoiando especificamente os latinos ao redor do país e do mundo. Quando o furacão Maria destruiu partes de Porto Rico, eles enviaram um grupo de voluntários para ajudar nos esforços de recuperação. Para Eduardo, a satisfação veio ao ver esse grupo de pessoas se tornar uma força para o bem.

Portia Mount vê a comunidade como uma maneira de ajudar outras pessoas e adota uma abordagem descontraída em relação a isso. "Como exemplo rápido, uma vez encontrei um artigo interessante na *HBR* sobre ser um aliado, então retuitei no Twitter. Aconteceu de um dos autores do artigo ver e comentar, perguntando se eu estava interessada em conversar", disse ela. Portia disse a eles que seria ótimo conversar. "Quando olhei para o site deles antes de nossa conversa, percebi que tínhamos uma conexão profunda em nosso trabalho. É louco e ao mesmo tempo tão comum, e realmente começou um diálogo fantástico entre nós. E foi tão simples quanto compartilhar o artigo deles", disse ela. "Isso é o tipo de coisa para a qual você precisa abrir espaço em sua vida, que é a conexão genuína e a curiosidade e a vontade de se conectar."

Tudo bem ser seletivo e focado, especialmente se você estiver construindo uma comunidade em torno de uma visão compartilhada. Nem todos terão visões semelhantes. Negin Azimi, a quem mencionamos no Capítulo 7, "Lide com o estresse", começou a construir sua comunidade quando era jovem. Ela aprendeu desde cedo a não se cercar de coisas ou gastar tempo em atividades que não agregavam valor à sua vida. Ela decidiu não seguir muitas pessoas nas redes sociais e não mantém relacionamentos com pessoas que não se alinham com seus valores. "Quando eu era mais jovem, queria mais amigos, mas aprendi princípios para construir relacionamentos genuínos e não tenho tempo para fazer isso com muitas pessoas", disse ela. "Então escolho algumas pessoas que compartilham meus valores para ter bons relacionamentos com elas."

Criar oportunidades para os outros

Lembre-se da via de mão dupla de uma comunidade. Haverá momentos na vida em que alguém o ajudará dando-lhe um lugar para morar ou um emprego remunerado. Lembre-se de retribuir isso para pessoas que talvez não tenham o mesmo acesso a relacionamentos que você tem, cuidando dos membros marginalizados de nossa sociedade.

Moses Mbeseha cresceu cercado pela família e membros da comunidade. Ele morava com muitos primos e parentes distantes, e amigos frequentemente iam e vinham de sua casa. "Tudo o que tínhamos enquanto crescíamos, tínhamos que compartilhar — não apenas como uma forma de garantir que todos tivessem algo, mas também como uma maneira de criar amizade e harmonia."

Moses foi voluntário na ACM no Ensino Médio e todos os domingos sua família recebia toda a igreja para o brunch após o culto. Como seus pais viajavam muito a trabalho, Moses teve que aprender a pedir ajuda a outras pessoas. "A vida para mim dependia de uma comunidade de pessoas que sempre estavam lá. 'Quer jogar futebol? Vamos jogar futebol. Precisa de uma carona? Eu te dou uma carona. Precisa aprender a fazer isso? Vou te ensinar a fazer.'" Seus relacionamentos eram mutuamente benéficos, com muita troca, e todos estavam sempre dispostos a ajudar.

Essa maneira de pensar não terminou quando Moses saiu da casa de sua família. "Sempre tive pessoas para me mostrar o caminho, então quando cheguei à faculdade pensei: 'Muito bem, quem eu posso ajudar? Que coisas posso fazer para dar um pouco mais? Quais recursos tenho disponíveis para começar?'" Quando Moses estava na casa dos vinte anos, ele cofundou a Conscious Connect com um amigo que conheceu na universidade. A Conscious Connect oferece oportunidades para crianças em áreas de baixa renda e luta pela equidade das crianças em educação, cultura, saúde e segurança. Eles começaram ajudando a transformar "desertos de livros" — áreas dos Estados Unidos onde há apenas um livro para cada 300 crianças — em oásis literários por meio de doações de livros culturalmente relevantes e apropriados para a idade, escritos por autores diversos. Desde 2015, eles distribuíram mais de 60 mil livros na região do Greater Miami Valley, em Ohio.

Quando Moses descobriu sobre a falta de parques onde as crianças poderiam brincar em Springfield, Ohio, ele ficou perplexo. "Vou encontrar todas as oportunidades possíveis para garantir que haja um parque aqui nos próximos dois anos", disse a si mesmo. Moses diz que se você tem paixão por algo e realmente quer ver isso acontecer, olhe para sua comunidade imediata. Fazer a diferença não significa necessariamente "mudar o mundo".

"Pense sobre o problema em seu bairro, sua comunidade, e vá resolvê-lo", disse ele. "Encontre as pessoas certas. Não faço nada sozinho. Qualquer ideia que eu tenha em mente, imediatamente identifico duas ou três pessoas que quero envolver. E então eu assumo a liderança, e sei que elas vão apoiar enquanto avanço." Ao encontrar pessoas que ele sabe que serão boas em determinado trabalho ou que são apaixonadas por uma determinada causa, Moses cria oportunidades para os outros trabalharem e servirem.

Liderança servidora

Há um aspecto na construção de uma comunidade que requer liderança, mesmo que você não se veja como um líder. Para Michael e para mim, líderes são pessoas que tiram o melhor dos outros e constroem uma comunidade no processo. Seu sucesso como líder, na verdade, não tem nada a ver com você — tem a ver com o que você pode fazer trabalhando com as pessoas ao seu redor pelo bem maior.

As pessoas frequentemente me perguntam quem eu mais admiro como líder, e minha resposta é sempre a mesma: Alan Mulally, ex-CEO da Boeing e da Ford, que criou culturas positivas de "trabalhando juntos" e transformou empresas moribundas em prósperas. O *Seattle Times* o chamou de "Sr. Cara Legal" — e não estão errados sobre isso. Conheci Alan muito bem ao longo dos anos, e ele é excepcionalmente um "cara legal". Ele também é tenaz quanto aos resultados, inflexível quanto aos seus valores e intolerante com comportamentos que minam as pessoas ou a cultura.

Alan salvou a Boeing Commercial Airplanes do colapso financeiro após o 11 de setembro e passou os próximos cinco anos transformando a empresa em um exemplo de colaboração e cultura de trabalho saudável. Em 2006, ele recebeu uma ligação da Ford Motor Company — precisavam de sua ajuda. Na época, Alan pensava que nada poderia estar em pior estado do que um fabricante de aviões pós-11 de setembro, mas estava enganado. A Ford estava à beira da falência e precisava de um milagre.

O presidente executivo, Bill Ford, foi vulnerável e honesto com Alan sobre a situação em que a Ford se encontrava — não tentou amenizar para preservar sua imagem. Bill colocou o destino da empresa antes de seu ego e pediu a Alan para assumir a liderança. Alan admirou a abertura e o senso de responsabilidade de Bill e quis fomentar essa atitude no resto da organização. Seus dois objetivos para a força de trabalho da empresa eram honestidade e responsabilidade. Nada de segredos — cada funcionário estaria envolvido no processo, independentemente do cargo. Seria necessária toda a equipe para tirar a Ford daquele abismo.

Alan passou um tempo observando cuidadosamente a empresa, estudou fabricantes de automóveis concorrentes, voltou aos valores originais de Henry Ford e, mais importante, fez perguntas. Apesar de ter o título de CEO, ele sabia que não tinha todas as respostas — ele precisava da contribuição de todos na empresa. "O oposto da humildade é a arrogância. É um veneno, porque significa que você acha que de alguma forma sabe todas as respostas e está ali para dizer a todos os outros o que fazer", disse Alan. "Como líder, chegará um momento em que você saberá menos detalhes do que qualquer outra pessoa. É tão importante fazer perguntas, ter interesse e ser curioso do que lhes dizer o que fazer."

Armado com essas informações, Alan criou um plano de jogo detalhado e compartilhou a visão com a empresa. Ao longo do caminho, a equipe continuou contribuindo para o plano, e Alan nunca parou de se comunicar com a equipe e seus clientes. Ele estava lá para consertar as coisas, mas também era o principal torcedor da equipe. Todos sabiam que Alan estava do lado deles — ele lutou pelo sucesso da empresa e falou positivamente em público sobre a transformação. Por ele acreditar na Ford, toda a empresa começou a acreditar, logo seguida pelo país. Depois de apenas três anos com a ajuda de Alan, a Ford passou da quase falência para um lucro anual de US$2,7 bilhões. Dois anos depois, a Ford era a fabricante de automóveis mais lucrativa do mundo.

Alan aprendeu que ser um bom líder significa acreditar nas pessoas ao seu redor e aprender a trabalhar com elas. "O líder define o tom da cultura. (...) A coisa mais importante que descobri é que quem você realmente é como pessoa terá mais a ver com sua eficácia como líder do que qualquer outra coisa que você faça." Para Alan, isso remonta aos momentos da infância em volta da mesa do café da manhã quando sua mãe lhe disse: "Se você aprender a trabalhar junto com as pessoas, poderá realmente fazer a diferença em grande escala".

Alan demonstra os traços essenciais de um grande líder — é confiável, empático, aspiracional e está sempre aprendendo. Ele não apenas alcança resultados notáveis, mas o faz de uma maneira que inclui todos, faz com que todos trabalhem juntos como uma equipe e traz o melhor de cada um. Esse é o tipo de liderança servidora que Michael e eu defendemos.[1]

Quem você é como pessoa — e como trabalha com as pessoas ao seu redor — é muito mais importante do que seu título. O que descobrimos é que alguns dos líderes mais inspiradores — aqueles que têm grande impacto — lideram com autenticidade e colocam os outros em primeiro lugar. Em mais de 110 anos ensinando liderança, a Dale Carnegie Training viu que as pessoas estão mais dispostas a serem lideradas por aqueles que se conectam com elas em um nível humano, são verdadeiros consigo mesmos, moralmente enraizados e focados nos outros.

ASSUMA O COMANDO

É preciso uma comunidade para dar vida a uma visão. Ninguém trabalha sozinho — precisamos de outras pessoas com mentalidade semelhante ao nosso redor para nos ajudar e, em troca, serem ajudadas. Na Dale Carnegie, gostamos de dizer: "As pessoas apoiam um mundo que ajudaram a criar". Quando trabalhamos juntos, não há substituto para a força e a influência de uma comunidade que se preocupa um com o outro e com seu pedaço do mundo.

PRINCÍPIO

Encontre um propósito comum com outras pessoas.

COMO AGIR

- **PENSE SOBRE AS PESSOAS EM SUA VIDA AGORA.** Quem você conhece que tem visões e valores semelhantes? Como vocês podem se ajudar a alcançar suas visões?
- **FAÇA UM PLANO PARA SER GENEROSO COM SEU TEMPO.** Quanto tempo você pode dedicar para construir suas visões e as de outras pessoas?
- **CRIE OPORTUNIDADES PARA OS OUTROS.** Como você pode abrir portas

para outras pessoas para ajudá-las a alcançar seus objetivos? Que pessoas você pode apresentar hoje que podem mudar o rumo da vida de alguém?

- **BUSQUE UMA COMUNIDADE QUE FOMENTE O CRESCIMENTO MÚTUO.** Pense em seu grupo de amigos. Eles apoiam seus objetivos? Eles têm visões que estão perseguindo ou estão flutuando pela vida? Se for o último caso, faça alguma pesquisa para encontrar comunidades, grupos sociais ou organizações que estejam alinhadas com seus objetivos e valores. Envolva-se com pessoas que o apoiarão enquanto você cresce e evolui.

17

FAÇA DIFERENÇA NO MUNDO

O raro indivíduo que tenta servir os outros de maneira altruísta tem uma enorme vantagem no mundo.

Dale Carnegie

Meu pai costumava dizer: "Aproveite ao máximo a vida. Lembre-se, ninguém sai vivo dela." Ele estava certo. Cada dia contém dentro de si o potencial para uma nova alegria, conexão, contribuição e significado. E a cada dia que passa, temos menos dias. Não é para ser negativo ou mórbido; é um fato. Isso nos lembra que um dia partiremos. Como queremos usar o tempo que temos? Queremos deixar o mundo um lugar melhor do que quando começamos? Que impacto queremos ter no mundo ou nas pessoas ao nosso redor?

Até este ponto, trabalhamos para fortalecer nossa determinação, gerenciar nossos pensamentos e emoções e construir coragem e resiliência maiores. Também aprendemos como desenvolver relacionamentos mais duradouros com os outros e acabamos de começar a focar no que significa viver uma vida com propósito. Tudo neste livro — cada capítulo, princípio e ideia — nos trouxe exatamente a este ponto. Agora vamos falar sobre fazer uma verdadeira diferença na vida. A maioria de nós sonha em fazer exatamente isso — deixar algum tipo de marca que torne o mundo melhor. Mas para fazer isso, primeiro devemos assumir a responsabilidade. Responsabilidade pode ser uma palavra bem pesada, mas ainda assim é difícil deixar um legado sem ela.

Juan Pablo Romero Fuentes descreve sua infância em Jocotenango, Guatemala, como cheia de "dor secundária". Seus amigos cresceram cercados por membros da família lutando contra o vício em drogas, agressões e violência de gangues. A vida de gangue não era o que os amigos de Juan sonhavam quando cresciam. Eles queriam se tornar jogadores de futebol, ter dinheiro para sustentar suas famílias e amigos e viver uma vida boa. Mas tinham poucos recursos para criar essa vida. Sem ninguém para protegê-los, a rua era o seu playground.

A família de Juan não tinha muito, mas era o suficiente para criar uma base estável. Seu pai era professor e sua mãe, pastora. Eles incutiram valores em seus filhos, e Juan sempre teve alguém para cuidar dele e comida para comer — algo que seus amigos nem sempre tinham. Juan entrou na faculdade, mas logo se viu sobrecarregado com a escola, com dificuldades em seu primeiro semestre. Um dia, em sua aula de psicologia, seu professor disse para ele sair porque estava fazendo muitas perguntas. "Foi o momento em que percebi que minha vida não estava nesse tipo de escola. Agradeci a ele porque foi a melhor lição que uma universidade poderia proporcionar. Antes de sair, disse a ele: 'Um dia, vou construir uma escola onde cada criança possa fazer qualquer pergunta que quiser'."

Quando Juan voltou para casa, encontrou propósito. "Muitos dos meus amigos estavam na prisão ou mortos por violência de gangues. Alguns simplesmente tinham desaparecido. Ver o quanto era ruim me deixou triste", disse Juan. Ele viu crianças brincando nas mesmas ruas antigas, enfrentando os mesmos problemas de violência e drogas. "Se ninguém fizesse nada sobre o crime, a mesma coisa aconteceria com a próxima geração e a seguinte", disse ele. "Pensei: 'Precisamos proteger as vidas dessas crianças e fazer algo possível para o futuro delas'."

Juan não se perdeu em suas emoções. Ele deixou a tristeza e a raiva o inspirarem. Depois de refletir sobre o problema, concluiu que ele era solucionável. Sabia que precisava assumir a responsabilidade pela situação — mesmo que não a tivesse criado — para que alguma coisa melhorasse.

Juan queria ajudar as pessoas, mas não queria fazer parte de um sistema escolar rígido no qual as crianças se sentiam tão reprimidas. Juan teve uma ideia: o lugar mais seguro onde ele já estivera era sua casa. Era uma casa simples, antiga, com flores e laranjeiras e cheia do amor de seus pais. Então, um dia, ele sentou-se com seus pais e disse que queria abrir uma escola na casa deles.

"Você está louco?" eles perguntaram.

"Precisamos tornar este um espaço seguro para outras crianças assim como vocês o tornaram um espaço seguro para mim. Precisamos fazer isso pelas crianças lá fora que não têm chance. Não haverá futuro para essas crianças se não fizermos algo por elas", disse Juan.

Ele estava tão apaixonado por sua ideia que seus pais concordaram em deixá-lo usar a casa deles. "Foi o mais belo ato de amor que alguém já fez por mim", disse Juan.

No começo, as crianças não estavam interessadas. "Eu disse a elas que ia construir uma nova escola. Claro, as crianças odiavam a escola, então elas não queriam vir."

Juan continuou confiante. Após três semanas e sem sucesso, pausou uma noite para pensar no que precisava mudar. "A coisa mais importante que percebi foi que o que eu queria oferecer nunca funcionou até eu ficar em silêncio. Decidi perguntar a elas o que queriam", ele disse.

No dia seguinte, ele falou com um grupo de crianças em seu bairro e disse: "Há espaço aqui, há comida e vocês são bem-vindos. O que vocês gostariam de fazer?" Elas estavam com fome, então a comida despertou o interesse delas. Então elas perguntaram: "Podemos apenas assistir televisão?" Naquele dia, três crianças vieram. Na semana seguinte, dez vieram.

Juan aprendeu que eles precisavam cobrir algumas necessidades básicas antes que a educação pudesse começar. Esses jovens estavam lutando para conseguir comida suficiente todos os dias, e muitos não tinham um parente ou responsável confiável em casa para cozinhar uma refeição para eles. Então Juan ensinou a eles habilidades para a vida, como comprar comida, cozinhar e lavar louça. Eles se concentraram na arte, o que ajudou as crianças a se sentirem criativas e livres. Eles tocavam música, pintavam, liam poesia e aprendiam break dance. Então, após sentir realização e alegria, começaram a educação.

Após seis meses, a escola de Juan estava tão cheia que eles tinham uma equipe de voluntários e começaram a angariar fundos e a procurar um prédio escolar que pudesse comportar todos os alunos. "Não se trata sempre de comunicar sua visão. Trata-se de ouvir outras pessoas e ouvir o que elas precisam", disse Juan. Nos oito anos seguintes, ele e sua equipe crescente criaram um currículo e expandiram a escola para uma organização chamada El Patojismo, que ajuda jovens carentes a adquirir habilidades interpessoais, técnicas e acadêmicas. Pelo seu trabalho, Juan foi indicado como um dos Top 10 Heróis de 2014 para o especial de TV anual CNN Heroes.

Juan dá crédito às crianças por inspirá-lo a agir. "Por causa dessas crianças dizendo que estavam com fome, com medo, sendo espancadas pelos pais, morando nas ruas — todas essas coisas partiram meu coração, não com piedade, mas com raiva. Você precisa ter raiva e amor juntos para haver esperança que faça você se mexer. Elas me deram esperança porque estavam trazendo sua dor para mim com a expectativa de que eu pudesse fazer algo para ajudá-las", disse ele.

Fazer do mundo um lugar melhor pode começar com uma simples intenção. Juan não planejou tornar-se um líder e criar uma organização que ganharia interesse internacional. Ele queria que sua vida importasse para outras pessoas, tivesse um impacto profundo e duradouro. Ele se propôs a melhorar a vida das crianças em seu bairro ao abrir sua casa e dar-lhes comida e um lugar seguro para ficar durante o dia. Mas, com sua dedicação, ele encontrou uma utilidade para muitos de seus talentos — sua arte, música e visão criativa, junto com seu desejo de ajudar outras pessoas. Seu trabalho lhe dá um profundo senso de realização e alegria, e no final de sua vida ele saberá que fez a diferença para as pessoas em sua comunidade.

O que podemos fazer para tornar nossas vidas significativas? Em seu livro *A segunda montanha*, o comentarista do *New York Times*, David Brooks, fala sobre as duas montanhas que a maioria de nós enfrentará na vida. A primeira montanha é aquela que normalmente associamos ao sucesso: você vai para a escola, escolhe uma carreira, constrói uma família, cultiva uma identidade e ganha dinheiro. "Os objetivos dessa primeira montanha são os objetivos normais que nossa cultura endossa (...) ser bem considerado, ser convidado para os círculos sociais certos e experimentar felicidade pessoal", diz ele.

Então, a vida acontece. Se não praticarmos pensamentos elevados e trabalharmos com nossas emoções, seremos derrubados da primeira montanha ao experimentar fracasso ou luto por um ente querido ou o fim de um relacionamento importante. Podemos até cair da primeira montanha quando percebemos que o sucesso não é tudo. Podemos lutar durante esse tempo, mas, se tivermos sorte, nessa batalha, podemos descobrir que há uma segunda montanha — e que é muito mais significativa.

"A segunda montanha não é o oposto da primeira montanha. Escalá-la não significa rejeitar a primeira montanha", disse Brooks. "Você não escala a segunda montanha da mesma maneira que escala a primeira. Você conquista sua primeira montanha (...) você é conquistado pela sua segunda montanha. Você se rende a algum chamado e faz todo o necessário para responder a ele e enfrentar o problema ou injustiça que está bem diante de você." A segunda montanha trata de nos perdermos em serviço às pessoas ao nosso redor.

Se tivermos sorte, e se vivermos nossas vidas com propósito, podemos ser pessoas de "segunda montanha". Podemos viver vidas significativas que tornam nosso mundo um lugar melhor. Quando dedicamos nossas vidas a fazer o bem no mundo, encontramos um propósito interno que talvez não conhecêssemos. Embora possamos nos preocupar em não ter o que é necessário, fazer a diferença e viver uma vida de serviço às outras pessoas nos ajuda a criar um legado que dura muito além do nosso tempo na terra — mesmo que apenas tomemos pequenos passos para fazer essas coisas todos os dias. Quando terminar este capítulo, queremos que você acredite que pode fazer a diferença de qualquer maneira possível para você e sinta a coragem de sair e fazê-lo.

Com muita frequência, as pessoas acreditam que não poderiam ter um efeito positivo no estado do mundo hoje. Isso me lembra de *The star thrower* (*O lançador de estrelas*) ou a "história da estrela do mar" de Loren Eiseley. É assim: um homem caminhava ao longo da praia depois que uma grande tempestade havia passado. A vasta praia estava cheia de estrelas do mar até onde a vista alcançava, em ambas as direções.

Ao longe, ele notou um menino pequeno caminhando à beira da água. O homem pôde ver que o menino estava pegando algo da praia e jogando no mar. O homem disse: "Bom dia! Posso perguntar o que você está fazendo?"

O jovem olhou para cima e disse: "Estou jogando estrelas do mar no oceano. A maré as trouxe para a praia e elas não podem voltar para o mar sozinhas", respondeu o jovem. "Quando o sol se erguer, elas vão morrer, a menos que eu as jogue de volta para a água."

O homem disse: "Mas deve haver dezenas de milhares de estrelas do mar nesta praia. Não acredito que você consiga fazer muita diferença."

O menino pegou uma estrela do mar e a jogou o mais longe que pôde no oceano. Então ele sorriu para o homem e disse: "Fez diferença para essa!"

De que maneiras cada um de nós pode ser um "lançador de estrelas" para as pessoas ao nosso redor? Como amigos, colegas de trabalho, líderes, pais, cidadãos? Encontramos pessoas todos os dias que precisam do talento, compaixão e bondade que apenas você e eu podemos dar — e quando não o fazemos, essa oportunidade é perdida.

Dale diz em *Como fazer amigos* que ele colou a seguinte citação no seu espelho para que ele a visse todos os dias e fosse estimulado à ação: "Passarei por aqui apenas uma vez. Portanto, qualquer bem que eu possa fazer ou qualquer gentileza que eu possa mostrar, que eu faça agora. Que eu não adie ou negligencie, pois não passarei por aqui novamente." Quando procuramos pelas oportunidades, comprometemo-nos a fazer nosso melhor para melhorar uma determinada situação e ajudar no que pudermos, independentemente do resultado, já estamos contribuindo para um mundo melhor.

Yulkendy Valdez foi impelida a se tornar uma defensora da justiça social após ouvir a notícia sobre Alton Sterling, um homem negro assassinado por policiais em Baton Rouge, Louisiana. Ela estava indo de trem para o trabalho durante seu estágio quando ouviu a notícia e desabou em lágrimas. Notícias como essa eram gatilhos para Yulkendy porque ela havia se formado no distrito escolar de Ferguson, Missouri, onde outro homem negro, Michael Brown, havia sido baleado e morto por um policial alguns anos antes. Ela não queria viver em um mundo onde a violência racial fosse normal.

Yulkendy estava no meio de um estágio em uma empresa de consultoria em inovação na época. Ela estava fazendo entrevistas para uma posição de tempo integral e sabia que o emprego seria financeiramente estável se conseguisse. No entanto, quando chegou ao trabalho após ouvir a notícia sobre Alton Sterling, ela ficou chocada com a indiferença de seus colegas. Eles estavam focados em tarefas do dia a dia — fazendo apresentações para clientes, sendo notados, progredindo. "Por dentro, parecia que meu mundo havia acabado de desmoronar. Não parecia certo para mim", disse ela.

Inicialmente, ela se perguntou que diferença poderia fazer. O racismo é um problema tão difundido e sistêmico que ela não tinha certeza de que uma pessoa poderia causar impacto. Ao mesmo tempo, Yulkendy sentia o peso das expectativas. Sua família havia imigrado para os EUA da República Dominicana, e ela achava que precisava conseguir um emprego imediatamente após se formar para ajudar a sustentar sua família. Ela também queria fazer a parte dela para que seu irmão mais novo não tivesse a ansiedade em relação ao dinheiro que ela tivera.

Yulkendy tinha uma última entrevista marcada com a empresa quando surgiu uma oportunidade de ir para LA para se encontrar com educadores e ativistas no espaço da diversidade. Ela não apenas foi convidada, mas também foi patrocinada — tudo o que ela precisava fazer era comparecer. Foi uma batalha entre escolher a primeira montanha ou a segunda montanha. No final, ela não pôde dizer não à segunda montanha. "Algo tomou conta de mim. Em vez de ir para a entrevista, onde eu 'deveria' estar, peguei um voo para LA para ajudar a criar um currículo de empreendedorismo social", disse ela. O poder de seu sonho superou o poder de suas dúvidas. Embora soubesse que poderia decepcionar sua família, ela encontrou sua verdadeira vocação durante essa viagem a LA. Ela decidiu ir em tempo integral e criar uma empresa que ajudasse jovens profissionais não brancos e capacitasse líderes corporativos com habilidades de liderança inclusiva.

"Eu sabia que não podia esperar, e queria usar meus dons para fazer o bem no mundo", disse ela. Ela recusou mais entrevistas e não se candidatou a empregos durante o último ano da faculdade. Ela passou esse tempo nutrindo sua empresa, Forefront, e conheceu sua sócia. Em 2019, foi escolhida para a Bolsa de Estudos Camelback Ventures em 2018 e selecionada para a lista Forbes 30 Under 30 de Empreendedores Sociais em 2020. Yulkendy agora trabalha na Visible Hands, um fundo pré-semente que investe em empreendedores negligenciados. Ela está retribuindo e pavimentando o caminho para outros empreendedores.

Há muitas maneiras de ajudar — trabalhar com uma organização sem fins lucrativos como voluntário ou *pro bono*, iniciar uma empresa com a intenção de usar seu negócio para o bem, escolher uma carreira alinhada com seus valores que lhe dê propósito. Talvez você decida doar uma parte de suas finanças a cada ano para apoiar uma causa com a qual se importa. Ter um impacto não requer que você aja em uma grande escala.

Meu pai era um alcoólatra em recuperação. Ele esteve sóbrio por 51 anos. Enquanto eu crescia, ele nunca me disse que tinha sido alcoólatra, mas duas ou três vezes por semana ele dizia que ia a uma reunião da cidade quando na verdade estava frequentando os Alcoólicos Anônimos. Eu costumava pensar que ele era realmente engajado civicamente. Mais tarde na vida, eu brincava com minha mãe que meu pai havia despertado meu interesse por política porque eu achava que todos deveriam ser tão politicamente ativos como ele.

Não fiquei bravo por ele ter me enganado quando eu era jovem; quando fiquei mais velho ele explicou tudo, e eu entendi como ele estava envergonhado de seu passado. O que me chocou foi que quando meu pai morreu, em 2017, pessoa após pessoa em seu funeral veio até mim e me disse como meu pai havia salvado suas vidas. Aparentemente, ele era uma lenda no grupo local dos AA porque havia passado mais de cinco décadas sem beber. Ele incentivava as pessoas que estavam lutando contra o álcool a apenas passar por aquele dia. Mesmo extraordinariamente ocupado durante sua carreira, ele arranjava tempo para os outros — ligava para ver como estavam, encontrava-os para tomar café, dava palavras de apoio. Meu pai deu esperança aos outros, e eu acho que ele nunca soube realmente o quanto os impactou. Mas ele tinha propósito em sua vida e em ajudar as pessoas que enfrentavam a mesma luta que ele. Apenas comparecendo e sendo verdadeiro consigo mesmo, ele inspirava as pessoas ao seu redor.

Quando Scott Stibitz foi diagnosticado com Alzheimer, ele sentiu muita tristeza. Ele não passou muito tempo em desespero, porém. Muito pouco depois de seu diagnóstico, decidiu que viveria a vida o mais plenamente possível no tempo que lhe restava. Scott planejou algumas viagens com sua família para lugares onde ele havia morado antes, como Barcelona, Espanha, e lugares que ele sempre quis conhecer, como Memphis, Tennessee. Essas viagens significavam muito para ele, mas era seu trabalho voluntário que mais importava.

Era mais importante do que nunca para ele ajudar o maior número de pessoas possível enquanto ainda podia. Por ter um tipo sanguíneo raro, ele doou quase 200 litros de sangue ao longo de alguns anos. Ele acolheu animais como cuidador temporário. Comprou seus livros favoritos muito depois de não poder mais ler e os doou à biblioteca para que outros que não pudessem comprá-los pudessem ler o último romance de Jack Reacher. Ele se voluntariou para ajudar pessoas com Alzheimer que estavam mais avançadas na doença — levando-as às consultas médicas e ajudando-as a cuidar de suas casas e animais de estimação. Ele cuidou de outras pessoas pelo tempo que pôde — até o fim, os relacionamentos importavam mais para ele do que qualquer outra coisa.

Tudo o que ele fazia, ele fazia localmente, em pequena escala, mas ele afetou profundamente dezenas de pessoas ao seu redor e mudou suas vidas para melhor. Mesmo alguém no fim de sua vida, enfrentando um dos desafios mais difíceis que podemos enfrentar, foi capaz de fazer a escolha de viver para outras pessoas e ajudá-las da melhor maneira que podia.

Causar um impacto real nas pessoas tem mais a ver com ser autêntico consigo mesmo do que com qualquer outra coisa. Cada um de nós pode ter um impacto significativo no mundo quando vivemos genuinamente como somos.

ASSUMA O COMANDO

Cada um de nós tem a responsabilidade de fazer o que podemos para tornar o mundo um lugar melhor. Acreditamos firmemente que a vida significa usar nossos dons únicos para fazer a diferença e que "A quem muito é dado, muito é exigido".[1] Não importa quais valores tenhamos, devemos buscar crescimento pessoal, empatia e uma contribuição significativa para as pessoas ao nosso redor. Uma vez que tenhamos um bom entendimento dessas coisas, estamos no caminho certo para assumir o comando de nossas vidas — encontrando nossa força interior, construindo relacionamentos duradouros e vivendo a vida que queremos.

PRINCÍPIO

Faça sua vida ter significado.

COMO AGIR

- **O QUE SIGNIFICA UMA VIDA DE SERVIÇO PARA VOCÊ?** Como você imagina?
- **PENSE SOBRE A PRIMEIRA E A SEGUNDA MONTANHAS DA VIDA.** O que significaria para você ser uma pessoa da "segunda montanha"?

- **PENSE NAS MANEIRAS COMO VOCÊ JÁ ESTÁ AJUDANDO AS PESSOAS.** Como você pode fazer mais disso? O que mais você pode fazer?
- **OLHE PARA SUA COMUNIDADE E ELABORE MANEIRAS DE COMO VOCÊ PODE AJUDAR.** Faça um plano para isso.
- **COMPROMETA-SE A FAZER O SEU MELHOR E A FAZER O QUE VOCÊ PODE.**

CONCLUSÃO

Ao longo do processo de escrita deste livro, Michael e eu conversamos com centenas de jovens. Suas histórias nos deixaram ainda mais esperançosos e entusiasmados com o futuro do que quando começamos essa empreitada. As pessoas que entrevistamos eram talentosas, realizadas e comprometidas em tornar o mundo um lugar melhor. Ficamos encorajados ao ver como elas desenvolveram um mindset forte, uma coragem profunda e uma resiliência poderosa diante da adversidade. Essas pessoas realmente se importavam em colocar seu conhecimento em ação e melhorar as vidas das pessoas ao seu redor, e esperamos que suas histórias tenham motivado você a assumir o comando de sua vida, assim como fizeram conosco.

Quando você pegar as partes deste livro que mais ressoam com você e colocá-las em prática, também desenvolverá o mindset e as habilidades para fazer uma diferença mais significativa em seu mundo. Esperamos que você crie uma visão para sua vida, compartilhe o que aprendeu e incentive outros ao seu redor a adotarem medidas semelhantes. Você pode ser um catalisador para desbloquear sua grandeza e a grandeza das pessoas em sua vida.

A maior aspiração deste livro é que ele se torne um movimento para as pessoas que usam o *Assuma o comando* para promover comunidade e tornar o mundo melhor. Este livro faz parte de nossa missão pessoal; nós o vemos como um presente atemporal para nossos filhos e as gerações que os sucedem.

Esperamos que você colha os benefícios da leitura de *Assuma o comando* e aja com base nele, que seus relacionamentos se tornem mais ricos, que você tenha uma direção mais clara e que se liberte de quaisquer limitações mentais e emocionais que o restrinjam. Eu mesmo vi isso no processo de escrita — coloquei em prática o que escrevemos e, como resultado, tornei-me uma pessoa mais forte.

Neste ponto, você pode dizer: "Quero mais. Como posso continuar crescendo? O que mais posso fazer?" Temos três sugestões:

- **PENSE EM FAZER UM DALE CARNEGIE COURSE.** Michael e eu não estaríamos escrevendo este livro nem teríamos experimentado tanta riqueza em nossas vidas se não tivéssemos feito exatamente isso. Quando completei meu primeiro Dale Carnegie Course, aos 27 anos, o maior arrependimento que tive foi não o ter feito antes. Resolvi fazer com que todos os meus filhos fizessem o programa assim que tivessem idade para isso. Todos os seis fizeram, e o impacto foi profundo. Quando você faz um Dale Carnegie Course, um treinador altamente talentoso e certificado trabalhará com você individualmente e em grupo para implementar os princípios abordados neste livro. O treinador estará comprometido com o seu crescimento, oferecendo apoio pessoal e responsabilidade. O Dale Carnegie Course é oferecido, pessoalmente ou online, em todo o mundo e em 32 idiomas. Nosso conselho: faça o curso. Você não vai se arrepender — e pode ser um dos presentes mais importantes que você já se deu. Para mais informações, visite www.dalecarnegie.com.
- **LEIA OS LIVROS DO DALE.** Recomendamos fortemente que você leia os dois livros mais populares e duradouros de Dale, *Como fazer amigos e influenciar pessoas* e *Como evitar preocupações e começar a viver*. Esses livros são clássicos, lidos por dezenas de milhões de pessoas. Fazendo isso, você mergulhará mais fundo nos conceitos abordados neste livro e experimentará a voz e a sabedoria de Dale em primeira mão. Para mais informações, visite www.ama-

zon.com.br ou onde quer que você compre seus livros favoritos.

- **JUNTE-SE À COMUNIDADE ASSUMA O COMANDO.** Estaremos fornecendo conteúdo contínuo, insights, histórias de sucesso e recursos para ajudar nossos leitores a assumir o comando nos próximos meses e anos. Para saber mais, visite www.takecommand.com.

Não deixe sua jornada terminar aqui. Continue construindo, crescendo e assumindo o comando!

Agradecimentos

Em primeiro lugar, gostaríamos de agradecer à nossa equipe editorial na Simon & Schuster, incluindo Priscilla Painton, Emily Simonson, Brittany Adames e Hana Park. Eles nos incentivaram e desafiaram a pensar de forma diferente e a ver coisas que não conseguíamos enxergar. Somos eternamente gratos por sua ajuda para tornar este um livro melhor — e eles fizeram isso de uma maneira muito à moda de Dale Carnegie. Eles foram agradáveis, colaborativos, generosos e responsáveis pelo projeto. Significa muito para nós que a Simon & Schuster tenha trazido à vida o primeiro livro de Dale Carnegie, e estamos muito gratos por trabalhar com eles para continuar essa tradição. Um agradecimento especial a Stuart Roberts, que nos desafiou desde o início a pensar profundamente sobre como alcançar nosso público-alvo. Seus conselhos ao longo do projeto mudaram significativa e dramaticamente nossa abordagem.

A Sara Stibitz e Faith Smith-Place, as colaboradoras talentosas, comprometidas e sensíveis que nos ajudaram a escrever este livro; vocês realmente fizeram um trabalho maravilhoso trabalhando conosco, Michael e eu, para dar vida a nossa visão para *Assuma o comando*. Por mais que tenhamos trabalhado ao longo de muitos meses, vocês tornaram esse processo agradável. Obrigado pelas conversas maravilhosas, pelas histórias extraoficiais e pelos debates animados — e por nos ensinar a diferença entre *swoopers* e *bashers*. Somos profundamente gratos a vocês duas.

À Donna Dale Carnegie, agradecemos seu apoio a este projeto desde o início. Você sempre nos inspira com sua paixão pelo legado de seu pai e seu compromisso inabalável com ele. Seu entusiasmo inicial em torno da ideia de escrever *Assuma o comando* para ajudar a alcançar um público mais jovem com a sabedoria de seu pai foi crítico para nós; significou muito que você acreditasse na missão e em nossa visão.

A Alan Mulally, nosso amigo e mentor, que nos inspira continuamente com sua autenticidade, integridade, generosidade, humildade, amor e serviço. Obrigado por ser um incrível apoiador da Dale e nosso.

Um agradecimento especial a Brenda Leigh Johnson, que verificou nossos fatos históricos sobre Dale; a Chris Caughell, que ajudou a coliderar nosso conselho consultivo e coordenou uma quantidade significativa de auxílio de maneira impecável, e a Cliff Heckman, pela sua persistência agradável em nos manter no rumo ao longo deste projeto, mesmo que às vezes parecesse pastorear gatos.

Ao Carnegie Master e VP de Treinamento Ercell Charles, o homem que chamamos de "O Protetor da Chama" — obrigado por manter o espírito de Carnegie vivo e por trazer ideias e energia renovadas para a mesa toda vez.

À Christine Buscarino, obrigado por seu ouvido atento, visão cuidadosa e apoio constante.

A todas as pessoas que contribuíram com histórias: Adam Hammes, Alan Mulally, Alex Schwarzkopf, Ally Love, Andy Zinsmeister, Artis Stevens, Bryan Jablonski Johnson, Callen Schaub, Cameron Mann, Camille Chang Gilmore, Carlos Cubia, Daniela Fernandez, David Barrios, Deborah Ann Mack, Eduardo Quintero Cruz, Janett Liriano, Jenny Xu, Jéssika Santiago, John e Betty Mobbs, Juan Pablo Romero Fuentes, Kara Noonan, Katie Dill, Keith Ferrazzi, Kirsty Tagg, Lea Gabrielle, Luke Maguire Armstrong, Marshall Goldsmith, Michael Mullen, Michia Rohrssen, Miriam Duarte, Moses Mbeseha, Negin Azimi, Nicole Crom, Portia Mount, Ron Carter, Ryan Chen, Stephen Klasko, Tamara Fletcher, Tim Reilly, Wendy Wang, Xiaohoa Michelle Ching, Yesenia Aguirre, Yulkendy Valdez, Yuri Kruman e todos os outros que preferem permanecer anônimos. Mesmo que não tenhamos conseguido incluir todas as histórias que recebemos, somos muito gratos a cada indivíduo que compartilhou seus sucessos, suas falhas, sua sabedoria e seu coração conosco. Vocês nos inspiraram mais do que imaginam. Cada um de vocês nos deixou animados com o futuro. Ambos sentimos que vocês foram algumas das pessoas mais interessantes com quem conversamos em nossas vidas, e vocês nos deixaram pensando que moveriam montanhas e fariam uma verdadeira diferença no mundo. Obrigado por compartilhar suas experiências de maneira vulnerável. Sua autenticidade deu vida a este livro.

Ao nosso conselho consultivo absolutamente incrível: Bryan Jablonski Johnson, Cameron Mann, Darrell Pickering, Diana Menendez, Gaweed El Nakeeb, Jéssika Santiago, Joe Gannon, Kara Noonan, Khadidja Guerrab, Kirsty Tagg, Miriam Duarte, Natalie Glaneman, Nicholas McMullen, Tsvetelina Kemalova e Wendy Wang. Vocês foram extraordinários. Vocês contribuíram com inúmeras horas além de agendas já lotadas. Vocês trouxeram insights que tiveram um tremendo impacto nos princípios, na estrutura e no foco deste livro. A diversidade e a perspectiva que vocês forneceram aumentaram significativamente nossa capacidade de entregar este livro a um público global. Vocês modelam os princípios de Dale com entusiasmo e cuidado genuíno. Somos verdadeiramente gratos a cada um de vocês.

Aos nossos franqueados Dale Carnegie e suas equipes, bem como à nossa equipe de treinamento Dale Carnegie, obrigado por tudo o que fazem. Vocês são aqueles que trabalham juntos para entregar a sabedoria de Dale às pessoas ao redor do mundo e que mantêm seu sonho vivo, dia após dia. Não podemos agradecer o suficiente por serem parceiros nessa visão.

Aos nossos acionistas e conselho de administração, que apoiaram nossos esforços para escrever este livro e que continuam sendo grandes defensores e crentes na marca, obrigado pelo seu investimento e crença em nós.

A todos os nossos clientes que confiam em nós para ajudar a revelar sua grandeza e a de seu pessoal, vocês são a razão pela qual fazemos o que fazemos. Somos gratos e humildes por compartilhar sua jornada e contribuir para seu sucesso.

De Joe

Gostaria de agradecer e reconhecer minha família: minha esposa, Katie; meus filhos, Abby, Ellie, Maggie, Mary Kate, Thomas e Johnathan; minha mãe, Rosalie, e meu irmão, Brian. Eu amo muito todos vocês e tenho orgulho e gratidão em chamá-los de minha família. Este livro exigiu uma quantidade incrível de tempo e comprometimento, e vocês me apoiaram em tudo isso. Quero reconhecer seu sacrifício. Estou consciente de que, por um bom tempo, vocês tiveram que lidar com um cônjuge, pai, filho ou irmão indisponível. Para meu pai, Joe, sinto muito sua falta, mas sei o quanto você se orgulha de mim e deste livro. Para minha mãe: você sempre esteve lá para mim, e eu não poderia ter tido uma mãe mais amorosa e altruísta. Para Katie: como sempre, seu apoio tem sido incrível. Você esteve comigo em tudo que fiz — sem culpa, egoísmo ou ressentimento. Você esteve "comigo" todas as vezes; eu não poderia fazer o que faço sem você, e a amo com todo o meu coração.

De Michael

Para minha esposa, Nancy, que foi incrivelmente solidária e ansiosa para que eu assumisse este projeto desde o início. Obrigado por sua generosidade; este livro tomou muito do meu tempo, e você foi paciente e encorajadora durante todo o processo. Para minha filha, Nicole, obrigado por ler os primeiros rascunhos e compartilhar página após página de pensamentos e ideias para o livro. Seu apoio foi incrível. Para meu filho, Alex, obrigado por suas perspectivas sobre como nosso público responderia às ideias e princípios deste livro. Você trouxe muita clareza. Por fim, obrigado aos meus pais, Ollie e Rosemary Crom, por uma vida inteira de inspiração e exemplos incríveis de como viver uma vida com propósito.

NOTAS

Capítulo 1: Escolha seus pensamentos

1. MARCUS AURELIUS (Imperador de Roma). The Meditations of Marcus Aurelius. Boston: Shambhala, 1993.

2. VAISH, Amrisha; GROSSMANN, Tobias; WOODWARD, Amanda. Not all emotions are created equal: The negativity bias in social-emotional development. Psychological Bulletin, v. 134, n. 3, p. 383-403, mai. 2008. Disponível em: https://doi.org/10.1037/0033-2909.134.3.383.

3. VERYWELL MIND. What is the negativity bias? Disponível em: https://www.verywellmind.com/negative-bias-4589618. Acesso em: 12 jun. 2022.

4. THE STRIVE TEAM. What are affirmations & why should you use them? The STRIVE (blog), 18 ago. 2021. Disponível em: https://thestrive.co/what--are-affirmations/. .

Capítulo 2: Condicione sua mente para o sucesso

1. ENRIQUE, Benjamin; McCORMICK, Blaine. Ben Franklin: America's Original Entrepreneur. Irvine, CA: Entrepreneur Press, 2005.

2. The art of fiction nº182 - Entrevista de John Wray com Haruki Murakami. Paris Review, n. 170, verão de 2004. Disponível em: https://www.theparisreview.org/interviews/2/the-art-of-fiction-no-182-haruki-murakami.

3. "Study Shows a Pre-Game Routine Can Boost an Athlete's Performance," Medical Xpress, 29 nov. 2021. Disponível em: https://medicalxpress.com/news/2021-11-pre-game-routine-boost-athlete.html. Acesso em: 11 jun. 2022.

4. DWECK, Carol S. Mindset: The New Psychology of Success. Nova York: Ballantine Books, 2008.

5. ZENG, Guang; HOU, Hanchao; PENG, Kaiping. Effect of growth mindset on school engagement and psychological well-being of Chinese primary and middle school students: The mediating role of resilience. Frontiers in Psychology, v. 7, 2016. Disponível em: https://doi.org/10.3389/fpsyg.2016.01873.

6. CLEAR, James. How to build a new habit: This is your strategy guide. JamesClear.com, 18 jul. 2014. Disponível em: https://jamesclear.com/habit-guide.

Capítulo 3: Trabalhe com suas emoções

1. AL-SHAWAF, Laith; CONROY-BEAM, Daniel; ASAO, Kelly; BUSS, David M. Human emotions: An evolutionary psychological perspective. Emotion Review, v. 8, n. 2, p. 173-186, abr. 2016. Disponível em: https://doi.org/10.1177/1754073914565518.

2. ZHIVOTOVSKAYA, Emiliya. The many gifts of positive emotions. The Flourishing Center, 9 jun. 2015. Disponível em: https://theflourishingcenter.com/the-many-gifts-of-positive-emotions/.

3. RASCHLE, Nora Marie et al. Emotions and the brain—Or how to master 'The Force'. Frontiers for Young Minds, 12 set. 2016. Disponível em: https://kids.frontiersin.org/articles/10.3389/frym.2016.00016. Acesso em: 12 jun. 2022.

4. STAMEN DESIGN. The Ekmans' Atlas of Emotion. Disponível em: http://atlasofemotions.org/. Acesso em: 12 jun. 2022.

5. PSYCHOLOGY AND COUNSELING NEWS. The science of emotion: Exploring the basics of emotional psychology. 27 jun. 2019. Disponível em: https://online.uwa.edu/news/emotional-psychology/.

6. OWN, Brené. Atlas of the Heart: Mapping Meaningful Connection and the Language of Human Experience. Nova York: Random House, 2021.

7. EGER, Edith Eva. The Choice: Embrace the Possible, com Esmé Schwall Weigand. Nova York: Scribner, 2018.

8. DAVID, Susan A. Emotional Agility: Get Unstuck, Embrace Change, and Thrive in Work and Life. Nova York: Avery, 2016.

9. ROBINSON, Bryan E. The 90-second rule that builds self-control. Psychology Today. Disponível em: https://www.psychologytoday.com/ca/

blog/the-right-mindset/202004/the-90-second-rule-builds-self-control. Acesso em: 12 jun. 2022.

Capítulo 4: Construa sua confiança

1. WESTOVER, Tara. Educated: A Memoir. Nova York: Random House, 2018.

2. AGARWAL, Mihika. Attacked with acid at two-months-old, Anmol Rodriguez's story: One of thriving, not surviving. Vogue India, 9 jan. 2020. Disponível em: https://www.vogue.in/culture-and-living/content/acid-attack-survivor-anmol-rodriguez-social-media-instagram-influencer-model.

3. NEFF, Kristin. Why self-compassion trumps self-esteem. Greater Good Magazine, 27 mai. 2011. Disponível em: https://greatergood.berkeley.edu/article/item/try_selfcompassion. Acesso em: 12 jun. 2022.

Capítulo 5: Acolha a mudança

1. FRANKL, Viktor E. Man's Search for Meaning. Traduzido por Ilse Lasch, com prefácio de Harold S. Kushner e posfácio de William J. Winslade. Boston: Beacon Press, 2006.

2. DUCKWORTH, Angela. What is the difference between resilience and grit? DukeEthics Virtues & Vocations Reimagining Education series, Youtube, 31 jul. 2020. Disponível em: https://www.youtube.com/watch?v=05XmoKKrj4M.

3. DAVID, Susan A. Emotional Agility: Get Unstuck, Embrace Change, and Thrive in Work and Life. Nova York: Avery, 2016.

Capítulo 6: Supere o arrependimento

1. PINK, Daniel H. The Power of Regret: How Looking Backward Moves Us Forward. Nova York: Riverhead, 2022.

Capítulo 7: Lide com o estresse

1. CLEVELAND CLINIC. Stress: Signs, symptoms, management & prevention. 28 jan. 2021. Disponível em: https://my.clevelandclinic.org/health/articles/11874-stress. Acesso em: 10 jun. 2022.

2. BARRELL, Amanda. Stress vs. anxiety: Differences, symptoms, and relief. MedicalNewsToday, 24 abr. 2020. Disponível em: https://www.medicalnewstoday.com/articles/stress-vs-anxiety.

3. BARRELL, Amanda. Stress vs. anxiety: Differences, symptoms, and relief. MedicalNewsToday, 24 abr. 2020. Disponível em: https://www.medicalnewstoday.com/articles/stress-vs-anxiety.

4. BARRELL, Amanda. Stress vs. anxiety: Differences, symptoms, and relief. MedicalNewsToday, 24 abr. 2020. Disponível em: https://www.medicalnewstoday.com/articles/stress-vs-anxiety.

5. MCGONIGAL, Kelly. How to make stress your friend. TEDGlobal, Edimburgo, 4 set. 2013. Disponível em: https://www.ted.com/talks/kellymcgonigal_howtomakestressyourfriend.

6. MCGONIGAL, Kelly. How to make stress your friend.

7. MCGONIGAL, Kelly. How to make stress your friend.

8. SAGER, Jessica. You can feel burnout in your body—Here are the 15 physical symptoms to pay attention to, according to doctors. Parade, 1º mar. 2022. Disponível em: https://parade.com/1341134/jessicasager/physical-symptoms-burnout/.

9. MICHEL, Alexandra. Burnout and the brain. APS Observer, v. 29, n. 2, fev. 2016. Disponível em: https://www.psychologicalscience.org/observer/burnout-and-the-brain.

10. LINDSAY, Stacey. Why you're still tired: Dr. Saundra Dalton-Smith on the 7 types of rest we all need. mariashriversundaypaper.com, 19 dez, 2020. Disponível em: https://www.mariashriversundaypaper.com/

11. HEALTHY LIVING. Get enough sleep. MyHealthfinder. Disponível em: https://health.gov/myhealthfinder/healthy-living/mental-health-and-relationships/get-enough-sleep. Acesso em: 14 jun. 2022.

Capítulo 8: Construa resiliência e coragem

1. USC STAFF. "Bina Venkataraman: 'It Takes Courage to Ask: Is It Possible to Do What People Say Is Impossible?'", USC News, 17 mai. 2021. Disponível em: https://news.usc.edu/186442/usc-2021-commencement-speaker-bina-venkataraman/.

2. DALE CARNEGIE & ASSOCIATES, Inc. Developing resilience in the workplace. 2020. Disponível em: https://www.dalecarnegie.com/en/resources/developing-a-resilient-workforce-how-organizations-thrive-in-the-face-of-adversity.

3. HONE, Lucy. 3 Secrets of Resilient People," TEDxChristchurch, ago. 2019, vídeo, 16:05. Disponível em: https://www.ted.com/talks/lucyhone3secretsofresilient_people.

Capítulo 9: Fique conectado

1. CARNEGIE, Dale. How to Win Friends and Influence People. Nova Delhi: Sristhi Publishers & Distributors, 2020.

2. MINEO, Liz. Good genes are nice but joy is better. Harvard Gazette, 11 abr. 2017. Disponível em: https://news.harvard.edu/gazette/story/2017/04/over-nearly-80-years-harvard-study-has-been-showing-how-to-live-a-healthy-and-happy-life/.

3. WALDINGER, Robert. What makes a good life? Lessons from the longest study on happiness. TEDxBeaconStreet, nov. 2015. Disponível em: https://www.ted.com/talks/robert_waldinger_what_makes_a_good_life_lessons_from_the_longest_study_on_happiness.

4. TAKING CHARGE OF YOUR HEALTH & WELLBEING. Why personal relationships are important. Universidade de Minnesota. Disponível em: https://www.takingcharge.csh.umn.edu/why-personal-relationships-are-important.

5. TAKING CHARGE OF YOUR HEALTH & WELLBEING. Stress mastery. Universidade de Minnesota. Disponível em: https://www.takingcharge.csh.umn.edu/stress-mastery.

6. TAKING CHARGE OF YOUR HEALTH & WELLBEING. Why personal relationships are important. Universidade de Minnesota. Disponível em: https://www.takingcharge.csh.umn.edu/why-personal-relationships-are-important.

7. VAN EDWARDS, Vanessa. What makes someone charismatic?. LinkedIn, 9 mar. 2022. Disponível em: https://www.linkedin.com/pulse/what-makes-someone-charismatic-vanessa-van-edwards/?trk=pulse-article_more-

-articles_related-content-card. Acesso em: 16 jun. 2022.

8. "How Much of Communication Is Nonverbal?". UT Permian Basin online, 3 nov. 2020. Disponível em: https://online.utpb.edu/about-us/articles/communication/how-much-of-communication-is-nonverbal .

9. CARNEGIE, Dale. How to Win Friends and Influence People. Nova Delhi: Sristhi Publishers & Distributors, 2020.

10. BROWN, Brené. Brené Brown quotes. BrainyQuote. Disponível em: https://www.brainyquote.com/quotes/brenebrown553082. Acesso em: 16 jun. 2022.

11. HILEY, Catherine. How much of your time is screen time?. Uswitch, 15 jun. 2021. Disponível em: https://www.uswitch.com/mobiles/screentime-report/. Acesso em: 16 jun. 2022.

12. TWENGE, Jean. Teens have less face time with their friends—and are lonelier than ever. The Conversation, 20 mar. 2019. Disponível em: http://theconversation.com/teens-have-less-face-time-with-their-friends-and-are-lonelier-than-ever-113240. Acesso em: 16 jun. 2022.

Capítulo 10: Crie confiança

1. ERIKSON, Erik H. Childhood and Society. Nova York: W. W. Norton & Company, 1993.

2. "Where Trust Is High, Crime and Corruption Are Low".Pew Research Center's Global Attitudes Project, 15 abr. 2008. Disponível em: https://www.pewresearch.org/global/2008/04/15/where-trust-is-high-crime-and-corruption-are-low/.

3. ASHE, Arthur. Quotes. CMG Worldwide. Disponível em: http://www.cmgww.com/sports/ashe/quotes/.

Capítulo 11: Abandone a crítica

1. CARNEGIE, Dale. How to Win Friends and Influence People. Nova Delhi: Sristhi Publishers & Distributors, 2020.

2. LISITSA, Ellie. The four horsemen: Criticism, contempt, defensiveness, and stonewalling. The Gottman Institute, 24 abr. 2013. Disponível em: https://www.gottman.com/blog/the-four-horsemen-recognizing-criticism-contempt-

-defensiveness-and-stonewalling/.

3. SCHAUB, Callen (@callenschaub). Same sh*t different day! Haters as motivators let's keep making the world more colorful no matter what they say #fakeart #fakeartmovement. Post no Instagram, 29 mar. 2022. Disponível em: https://www.instagram.com/p/CbtAkssL8cz/?hl=en. Acesso em: 17 jun. 2022.

4. SCHAUB, Callen (@callenschaub). Eu ainda não desenvolvi isso completamente, mas aqui está um esboço inicial. Vamos trabalhar juntos nisso... Em qual nível você prefere, como podemos tornar este sistema melhor. Posso excluir mais tarde. Post no Instagram, 13 ago. 2021. Disponível em: https://www.instagram.com/p/CSh4fj6FGnl. Acesso em: 17 jun. 2022.

Capítulo 12: Lide com pessoas difíceis

1. PHILLIPS, Hedy. How to more effectively set boundaries, according to therapists. POPSUGAR Fitness, 22 dez. 2020. Disponível em: https://www.popsugar.com/node/48026080.

2. Phillips, "How to More Effectively Set Boundaries."

3. NOOYI, Indra. The Best Advice I Ever Got. Fortune, 30 abr. 2018. Disponível em: https://archive.fortune.com/galleries/2008/fortune/0804/gallery.bestadvice.fortune/7.html.

4. DAWSON, Kelly. How to leave a toxic relationship, according to a psychologist. Brides, atualizada em 23 mai. 2022. Disponível em: https://www.brides.com/how-to-leave-a-toxic-relationship-5105346. Acesso em: 18 jun. 2022.

Capítulo 13: Veja as coisas do ponto de vista de outra pessoa

1. GOLEMAN, Daniel. Emotional Intelligence: Why It Can Matter More Than IQ, edição de 10º aniversário. Nova York: Bantam Books, 2012.

Capítulo 14: Viva uma vida com propósito

1. MANSON, Mark. Personal values: How to know who you really are. Mark Manson, 22 jan. 2021. Disponível em: https://markmanson.net/personal-values.

Capítulo 15: Desenvolva uma visão para a vida

1. Provérbios 29:18, Versão King James. Disponível em: https://www.biblegateway.com/passage/?search=Proverbs%2029%3A18&version=KJV. Acesso em: 19 jun. 2022.

Capítulo 16: Construa sua comunidade

1. Michael e eu recomendamos muito o best-seller American Icon, de Bryce Hoffman, que narra a experiência de Alan na liderança do fantástico turnaround da Ford.

Capítulo 17: Faça diferença no mundo

1. Lucas 12:47–49 Tradução Revisada de Geneva. Disponível em: https://www.biblegateway.com/passage/?search=Luke%2012%3A47-49&version=RGT. Acesso em: 19 jun. 2022.

SOBRE OS AUTORES

JOE HART começou sua carreira como advogado. Após fazer um Dale Carnegie Course, Joe reavaliou seu caminho profissional e futuro e acabou por deixar a prática do direito, indo trabalhar para uma das principais empresas imobiliárias e depois fundando uma empresa inovadora de e-learning chamada InfoAlly. Após vender esse negócio cinco anos depois, Joe tornou-se presidente da Asset Health, uma empresa de saúde e bem-estar sediada nos EUA, antes de se tornar presidente e CEO da Dale Carnegie em 2015. Em 2019, o CEO Forum Group nomeou Joe como um entre doze líderes transformacionais, concedendo-lhe o Prêmio de Liderança CEO Transformador na categoria de Pessoas. Ele é o apresentador de um dos principais podcasts globais, Take Command: A Dale Carnegie Podcast, e fala ao redor do mundo sobre temas como liderança, resiliência e inovação, entre outros. Joe e sua esposa, Katie, têm seis filhos, dois cachorros e um gato. Ele é um maratonista ativo, tendo corrido muitas provas, incluindo Boston, Nova York, Chicago, Berlim, Detroit e Toronto.

MICHAEL CROM aposentou-se após uma carreira de 35 anos na Dale Carnegie Training. Ele atuou mais recentemente como diretor de aprendizado e vice-presidente executivo. Michael continua a servir no conselho de administração da Dale Carnegie. É um membro ativo de sua comunidade, servindo como ancião da igreja, facilitador da Financial Peace University e professor no Boys & Girls Club local. Antes de *Assuma o comando*, Michael coautorou *The sales advantage* (*A vantagem em vendas*) e *O líder em você*. Michael e sua esposa, Nancy, têm dois maravilhosos filhos adultos, Nicole e Alex.

Impressão e Acabamento | Gráfica Viena
www.graficaviena.com.br